労務トラブル予防・解決に活かす "菅野「労働法」"

3訂版

弁護士 高倉光俊 監修
労使関係実務研究会 著

日本法令

３訂版刊行にあたり

菅野和夫先生は近著『労働法の基軸・学者五十年の思惟』*の中で、ご著書『労働法』について次のように述べていらっしゃいます。

菅野：頁数の増加の影響もあって、私の『労働法』は学生の教科書ではなくなり、実務家のための体系書になったと思っています。そのこともあって、相次ぐ法改正の経緯と背景を正確に記述すること、当該立法の実際の機能も概説することを心がけています。

岩村：『労働法』にかける先生の思いということですね。

菅野：今では、自分の仕事は、実務家のために変化の激しい労働法の最新の全体像を正確に提供し続けることだと思っております。

この菅野先生の「思い」からすれば、本来は労働関係の実務家こそ菅野『労働法』の全体を日々の実践に生かし、創造的労働関係の構築に寄与していかなければならないところですが、労働現場では様々な労務トラブルが依然、跡を絶たない実態があることからそれらを未然に防ぎたいとの願いを込めて本書の３訂版を企画し、あえて、菅野先生の「思い」の一端を引用させていただきました。

ちなみに、「令和元年度個別労働紛争解決制度の施行状況」（厚労省令 2-7-1）によれば「総合労働相談件数は 118 万 8,340 件で、12 年連続で 100 万件を超え、高止まり」しており、そのうち労働基準法等法令違反の疑いがあるものが 28 万件にのぼるとしています。

この 28 万件は、労働関係の当事者、とりわけ使用者側にいま少しの法的知識と余裕があればその発生を防止できたはずで、労使関係にかかわる弁護士、社会保険労務士としては残念な思いを抱かざるを得ないところです。

言うまでもなく、労務トラブルの惹起は、労働関係の当事者双方に時間的、経済的損失をもたらし、ケースによっては企業イメージの低下など事業活動への影響も免れません。

本書が、労働関係当事者の業務に少しでも役立てば執筆者としては幸甚、これに勝るものはありません。

初版、改訂版に引き続いてご了解をいただきました菅野先生に心から御礼を申し上げ、併せて、株式会社弘文堂様にも御礼申し上げます。

株式会社日本法令の伊藤隆治氏には、今回も企画から出版までお世話になりました。ありがとうございました。

＊『労働法の基軸・学者五十年の思惟』（有斐閣。2020・5・20 初版）（96 頁）……岩村正彦東大名誉教授・中労委会長、荒木尚志東大法学部教授を聞き手とする、菅野先生の労働法学探求・確立 50 年の回想。

令和 2 年 10 月

執筆者一同

３訂版監修にあたり

改訂版刊行から３年半あまりが経ち、時代は平成から令和へと移り変わりました。東京オリンピック・パラリンピックに沸くはずであった令和２年は、新型コロナウイルスの感染拡大により社会生活の自粛が余儀なくされ、経済活動は大きく停滞することになりました。「戦後最大の危機」と呼ばれる情勢の中、本書を発行することができ、関係者の皆様には深く感謝申し上げます。

この間、「働き方改革関連法」による労働基準法・労働安全衛生法の改正、在留資格「特定技能」を新設した出入国管理法の改正、「同一労働同一賃金」の実現に向けたパートタイム・有期雇用労働法および労働者派遣法の改正など、労働法制においても大きな改正がありました。

同時に、「労働」に対する私たちの捉え方についても、大きな変化があったと思います。「副業」「プレミアムフライデー」「ワークライフバランス」「フリーランス」など、働き方に関する新しい単語がいくつもメディアを賑わせています。新型コロナウイルス感染拡大による緊急事態宣言がされると、外出自粛要請の下、テレワークが急速に拡大しました。令和における「働き方」は、われわれが経験したことのない姿に変わるのかもしれません。また、「ギグワーカー」と呼ばれる単発の仕事の従事者が、「労働者」として労働法の対象になるのか、という新しい法律上の争点も現れ始めています。

このような時代であるからこそ、法規としてルール化されている労働法を理解し、「いきいきと働くことができる職場」をつくることがより一層重要になると思います。

新しい働き方が現れれば、新しい形での労働紛争が現れることでしょう。紛争を予防・解決するためには、日頃の備えが必要になります。人事労務にかかわる職業にある方にとっては、最新の法令、裁判例、業界の慣習など、紛争を予防・解決するために必要な知識を日々アップデートしてゆかなければなりません。

本書は菅野和夫先生の著作である『労働法［第12版］』(弘文堂。2019年11月）をもとに、事例を交え、労務トラブルの予防・解決策についてわかりやすく解説した書籍です。社会保険労務士、企業の人事担当者のみならず、司法修習生や法科大学院の学生にとっても、労働法の入門書として最適だと思います。本書を労働法の勉強の足掛かりとしていただければ､監修者としてこれに勝る喜びはございません。

令和2年10月

監修者　弁護士　高倉 光俊

目次

3訂版刊行にあたり
3訂版監修にあたり

第1章　労働契約・就業規則

1　労働条件の明示 …… 12
2　採用内定 …… 19
3　試用期間 …… 26
4　就業規則の効力 …… 34
5　就業規則の不利益変更 …… 41
6　労働者代表 …… 55
コラム①　就業規則と労働協約 …… 63

第2章　職場のハラスメント

1　パワーハラスメント …… 68
2　セクシュアル・ハラスメント …… 78
3　マタニティハラスメント …… 87
コラム②　ＳＯＧＩハラスメント …… 95

第3章　休職・休業・年次有給休暇

1　私傷病休職 …… 100
2　育児休業制度およびその他の取組み …… 108
3　年次有給休暇―年休権の成立と消滅 …… 119
4　年次有給休暇―時季変更権と不利益取扱い …… 131

第4章　賃　金

1　賃金の意義と民法上の諸原則 …… 144
2　労基法による賃金の保護 …… 154
3　賃金債権の履行確保―未払賃金の立替払 …… 163
4　割増賃金と固定残業代 …… 170
コラム③　民法改正の影響 …… 179

第5章　労働時間

1　労働時間・休憩時間の原則 …… 186
2　休日 …… 193
3　労働時間の概念 …… 200
4　事業場外労働のみなし制 …… 208
5　労働時間の適用除外 …… 221
6　時間外および休日労働 …… 234
コラム④　労働基準監督官による検察官送致 …… 241

第6章　配転・出向・人事

1　配転 …… 246
2　出向 …… 254
3　転籍 …… 262
4　降格 …… 268

第7章　多様な労働関係

1　有期雇用労働者—無期転換権と雇止め …… 276
2　パートタイム労働者 …… 287
3　非正規社員の待遇に関する説明義務 …… 293
4　短時間・有期雇用労働者法—均衡・均等待遇— …… 298
5　労働者派遣 …… 305
6　外国人労働者 …… 313
コラム⑤　最低賃金制度 …… 318

第8章　労働安全衛生

1　労働災害と安全配慮義務 …… 322
2　民法上の損害賠償請求 …… 331
3　健康診断と受診義務 …… 339
4　ストレスチェックとメンタルヘルス …… 347

第9章　企業秩序と懲戒

1　企業秩序・服務規律 …… 358
2　懲戒権の根拠と限界 …… 364
3　懲戒の手段・事由・相当性 …… 369
4　秘密保持義務 …… 376
5　競業避止義務 …… 382
6　インターネットの私的利用 …… 388
7　個人情報保護 …… 394
コラム⑥　労働局における紛争解決制度 …… 399

第10章　解　雇

1　解雇に対する法規制 …… 404
2　懲戒解雇 …… 412
3　整理解雇 …… 418
コラム⑦　裁判所における労働審判 …… 424

第11章　解雇以外の労働関係の終了

1　依願退職・辞職 …… 430
2　退職勧奨 …… 436
3　定年制 …… 442
コラム⑧　労働基準監督署による是正勧告 …… 448

第12章　合同労組、コミュニティ・ユニオン

合同労組、コミュニティ・ユニオン …… 452

● 凡　　例 ●

1　判例の標記は次の例によるほか、一般の慣例による。

最大判（決）昭63・1・1 ＝最高裁判所昭和63年1月1日大法廷判決（決定）	
最一小判（決）	最高裁判所第一小法廷判決（決定） ＊最二小判（決）、最三小判（決）も同様の例による。
高判（決）	高等裁判所判決（決定）
地判（決）	地方裁判所判決（決定）

2　略語表

(1)　判例集・雑誌等

民集	最高裁判所民事判例集
裁判集	〔民〕最高裁判所裁判集〔民事〕
労判	労働判例
命令集	不当労働行為事件命令集（中央労働委員会）
判時	判例時報（判例時報社）
判タ	判例タイムズ（判例タイムズ社）
労経速	労働経済判例速報

(2)　教科書・講座他

菅野「労働法」	菅野和夫・労働法「第12版」(弘文堂)

(3)　法令

憲法	日本国憲法
国賠法	国家賠償法
民法	民法
個人情報保護法	個人の情報の保護に関する法律
労基法	労働基準法
労基則	労働基準法施行規則
労基令	労働基準法施行令
労災保険法	労働者災害補償保険法
安衛法	労働安全衛生法
職安法	職業安定法
職安法施行規則	職業安定法施行規則
労契法	労働契約法
均等法	雇用の分野における男女の均等な機会及び待遇の確保等に関する法律
最賃法	最低賃金法

働き方改革法	働き方改革を推進するための関係法律の整備に関する法律
短時間・有期雇用労働法	短時間労働者及び有期雇用労働者の雇用管理の改善等に関する法律
育介法	育児休業、介護休業等育児又は家族介護を行う労働者の福祉に関する法律
雇対法	雇用対策法（労働施策の総合的な推進並びに労働者の雇用の安定及び職業生活の充実等に関する法律）
派遣法	労働者派遣事業の適正な運営の確保及び派遣労働者の保護等に関する法律
健保法	健康保険法
厚年法	厚生年金保険法
雇保法	雇用保険法
職安法	職業安定法
高年法	高年齢者等の雇用の安定等に関する法律
個紛法	個別労働関係紛争の解決の促進に関する法律
ADR 法	裁判外紛争解決手続の利用の促進に関する法律
労審法	労働審判法
労組法	労働組合法
労調法	労働関係調整法
賃確法	賃金の支払の確保等に関する法律

(4) 通達等

発基	厚生労働省労働基準局関係の厚生労働事務次官通達
発婦	厚生労働省女性局関係の労働事務次官通達
基発	厚生労働省労働基準局長通達
基収	厚生労働省労働基準局長の疑義回答通達
労収	（旧）労働省労政局長の疑義回答通達
職発	厚生労働省職業安定局長通達
女発	厚生労働省女性局長通達
厚労告	厚生労働省告示
雇児発	厚生労働省雇用均等・児童家庭局長通達
能発	厚生労働省職業能力開発局長通達

(5) 行政機関

厚労省	厚生労働省
労働局	都道府県労働局
労基署	労働基準監督署

職安	公共職業安定所
労基局	厚生労働省労働基準局

⑹　その他

社労士	社会保険労務士
中退共	中小企業退職金共済（法）

（注）本書で引用している菅野「労働法」の頁は、第12版1刷（令和元年11月30日刊）によっており、内容の解釈については、執筆者が責任を負っています。

第 1 章
労働契約・就業規則

1	労働条件の明示
2	採用内定
3	試用期間
4	就業規則の効力
5	就業規則の不利益変更
6	労働者代表
コラム①	就業規則と労働協約

1-1

労働条件の明示

トラブル事例

中途採用した従業員（30 歳）から人事担当者に対し、「求人票の『（例）30 歳で月額 25 万円』を見て応募し、面接時にも社長から『給与は求人票の通り』と言われて入社したが、最初の賃金額は 20 万円で求人票とは異なっている」と問い合わせがありました。

社長に確認したところ、「求人票の通りという表現はしていないと思う。当社の 30 歳前後は求人票のような水準である。3 か月間の試用期間中の賃金は一定の減額をしたものとなる」などを説明したということでした。

人事担当者は社労士からアドバイスを受け、当該従業員に対し、「社長が言ったのは、当社の現行賃金制度の話であり、30 歳入社時の賃金が 25 万円という意味ではない」旨を説明しました。さらに就業規則および賃金規程における試用期間中の取扱いや指導体制、試用期間満了後の賃金額や査定制度について詳細に説明したところ、従業員も納得し円満に解決しました。

なお、社長には、求人票の労働条件の内容が労働契約締結時の労働条件と異なる場合はその旨を明示すべきこと、労働条件については口頭によるものであっても労働契約の内容となる場合があることを説明しました。

II 問題の所在

1 求人票の内容と労働契約締結時の労働条件が異なる場合は、その旨を表示しなければならないのにその表示をしていなかったこと

2 採用面接時の説明内容があいまいだと求人票の内容が入社時の労働条件とされる場合があることを理解していなかったこと。

III 実務上の留意点

(1) 労働条件の明示義務

労基法により、会社には、採用する者との労働契約の締結に際して労働条件を明示することが義務付けられています。

その際に明示しなければならない事項は労基則5条1項に列挙されている14項目です。この明示については、「明示しなければならない労働条件を事実と異なるものとしてはならない」（労基則5条2項)、「明示された労働条件が事実と相違する場合においては、労働者は、即時に労働契約を解除することができる。」とされています（労基5条2項)。

菅野「労働法」より

使用者は、労働契約の締結に際し、労働者に対して賃金、労働時間その他一定の労働条件を明示しなければならない（労基15条1項)。「労働契約の締結」とは、新卒採用や中途採用のみならず、転籍、事業譲渡先企業による採用、定年後の嘱託再雇用なども含むと解される。(228頁)

労働条件の明示事項の多くは就業規則の必要記載事項と重なっているが、労働条件の明示は個々の労働者の労働条件を明らかにする

ものであり、就業規則は事業場の労働条件の制度を明らかにするものであるという基本的な違いがあるので、両者の具体的内容には違いが生じる。（228 頁注記）

(2)　書面による労働条件の明示

労働条件明示については、労基法（15 条1項後段）および労基則（5条4項）により、賃金、労働時間等主要な事項については書面の交付（労働者が希望した場合は、ファクシミリまたは電子メール等でも可）を義務付けています。

しかし、労契法の理念やトラブル防止の観点からも、義務付けられている事項以外の事項であっても書面によって労働条件を明確化しておくことが望ましいのはいうまでもありません。

菅野「労働法」より

労規則は（中略・筆者）、最初に付加した３つの事項（筆者注＊1）と、上記二の事項（筆者注＊2）および「三　賃金」（退職手当及び昇給を除く）「の決定、計算及び支払の方法、賃金の締切り及び支払の時期に関する事項」ならびに「四　退職に関する事項」（解雇の事由を含む）については、その明示の方法を書面の交付に限定して要求していた。これについても、2018 年労規則改正は、明示の方法をファクシミリや電子メールその他の電気通信による送信でもよいこととした（労基則5条3項）。（229 頁）

＊1　①労働契約の期間、②期間の定めのある労働契約の更新基準、③就業の場所及び従事業務

＊2　始業・終業の時刻、休憩時間、休日、休暇等

(3) 他の法律による労働条件の明示義務

従業員が従事する業務内容や就業形態により、明示すべき労働条件が労基法以外の法律に規定されている場合があります。その例として、菅野「労働法」では、①短時間労働者の雇用管理の改善等に関する法律、②建設労働者の雇用の改善等に関する法律、③労働者派遣法を挙げています。

菅野「労働法」より

パートタイム労働者（短時間労働者）については、「短時間労働者の雇用管理の改善等に関する法律」（平５法 76、「短時間労働者法」）において、労基法が労働契約締結の際に書面で明示すべきとする上記労働条件に加えて、昇給、退職手当および賞与の有無についても文書の交付による明示を義務づけ、ただし明示の方法については、労働者が希望する場合にはファクシミリまたは電子メールによる送信でもよい、としていた（同法６条１項、短時則２条）。また、労基法および短時間労働者法が明示を義務づけた上記事項以外の労働条件についても、短時間労働者法は、文書等で明示するように努めるべきものとしていた（６条２項）。2018 年の働き方改革関連法（平 30 法 81）は同法を短時間・有期雇用労働者法に拡大したことによって、上記の労働条件明示義務は有期雇用労働者のためにも拡大された。

また、雇い主や労働条件が不明確となりがちな建設労働者については、建設労働者の雇用の改善等に関する法律（昭 51 法 33）が、雇い入れる事業主の氏名または名称、雇入れに係る事業所の名称および所在地、雇用期間、従事すべき業務の内容を明らかにした文書の交付を事業主に義務づけている（同法７条）。

さらに、（中略・筆者）労働者派遣においては、派遣元事業主は、労働者派遣をしようとするときは、派遣労働者に対しその旨および派遣就業の諸条件（中略・筆者）を一定の方法（中略・筆者）で明示しなければならないとされている（労派 34 条、労派則 26 条）。（229 頁）

⑷　求人広告や求人票に記載する賃金見込額

求人票は労働契約の誘因とされており、必ずしも実際の契約内容がそれに拘束されるわけではありませんが、過大な表現や実際と異なることを記載することは当然許されません。例えば、求職者にとって最も重要な賃金額については、提示している見込額の前提条件や、見込額どおりになるとは限らない点（他の条件により記載した額を下回る場合や試用期間中は提示した額より少ない額を設定する等）については、労働契約締結前に十分な説明が必要です。

菅野「労働法」より

労働条件の明示義務は、公共職業安定所への求人の申込みや労働者の募集に際しても課せられており、従事すべき業務の内容、労働契約の期間、試用期間、就業の場所、始業および終業の時刻、所定労働時間をこえる労働の有無、休憩時間・休日、賃金（臨時に支払われる賃金、賞与、精勤手当、勤続手当、奨励加給・能率手当を除く）、健康保険・厚生年金保険・労災保険・雇用保険などに関する事項と、労働者を雇用しようとする者の氏名・名称を明示すべきとされている（職安５条の３・42 条、職安則４条の２）。しかしこの段階での明示は、たとえば賃金については、求人ないし募集の時点での現行賃金額を記載すること以上には求められていない。（229 頁）

そこで、企業は、現行初任給額や初任給見込額などを求人票に記載し、入社日において賃金確定額を明示することがある。法律的には見込額は確定額ではないので、賃金確定額が見込額より低かった場合にも、必ずしも見込額どおりの請求権が生じるわけではない。（中略・筆者）他方、企業が求人票などにおいて前年度の賃金や労働条件を採用年度にこれだけは払うという趣旨で明示したといえる場合には、それが契約内容となり、請求権を発生させる場合もあろう。

なお、採用過程において賃金額の約定成立が認められない場合にも、求人者に信義則上の説明責任の違反が認められる場合がある。（230頁）

裁判例

(1) 八州測量事件（東京高判昭58·12·19 労判421号33頁）

新規学卒者の採用において、求人票に明示された賃金見込額と実際の賃金確定額との差額請求を否定した例

新規学卒者の採用時の賃金額について、「本件求人票に記載された基本給額は『見込額』であり、文言上も、また次に判示するところからみても、最低額の支給を保障したわけではなく、将来入社時までに確定されることが予定された目標としての額であると解すべきである」とし、「求人は労働契約申込みの誘因であり、求人票はそのための文書であるから、労働法上の規制（職業安定法18条）はあっても、本来そのまま最終の契約条項になることを予定するものではない。」ため、「本件採用内定時に賃金額が求人票記載のとおり当然確定したと解することはできないといわざるをえない」し、「かように解しても、労働基準法15条の労働条件明示義務に反するものとは思われない。」

⑵　日新火災海上保険事件（東京高判平 12･4･19 労判 787 号 35 頁）

会社が中途入社者に対し採用時に給与規則に関し実際の運用基準と異なる説明をしたことを不法行為として慰謝料の支払いを命じた例

⑶　美研事件（東京地判平 20-11-11 労判 982 号 81 頁）

試用期間満了時に支払われる基本給額が、試用期間中に支払われていた募集広告上の基本給額より減額された事案について、試用期間満了後に引き下がることについて会社の説明および労働者の同意が認められない以上、減額は無効とされた例

関係法令等

① 労基法 15 条（労働条件の明示）
② 労基則５条（労働条件）
③ 労契法４条１項（労働契約の内容の理解の促進）
④ 短時間・有期労働者法６条（労働条件に関する文書交付等）
⑤ 短時間・有期労働者法施行規則２条（明示事項・方法）
⑥ 職安法５条の３（労働条件等の明示）、42 条（募集内容の的確な表示）、65 条（罰則）
⑦ 平成 11 年　労告 141 号
⑧ 平成 27 年　厚労告 406 号
⑨ 平成 11 年１月 29 日　基発 45 号（労働条件の明示）

1-2

採用内定

Ⅰ　トラブル事例

　Ａ社は、採用試験を受けた学生の中から８人に対し、前年8月１日に内定通知を出しました。そのうちの一人は、コミュニケーション能力が懸念されたものの筆記試験の成績が良かったため、４月１日の入社日までに改善されるであろう、という見込みの下に採用内定としました。

　しかし、2月に内定者全員に対し集団実習を含む研修を行ったところ、やはりこの者に対する印象は変わっておらず、Ａ社の従業員としてふさわしくないと判断し、3月１日に内定を取り消しました。

　内定を取り消された学生は直ちにハローワークへ相談に行き、「会社から採用内定通知を受け就職できるものと信じていたので、他に就職活動はしていない。内定取消通知も遅かったことから他の企業への就職も事実上不可能となった」ことを訴えました。この相談を受け、ハローワークはＡ社に対して職安法に基づく指導を行い、その結果、Ａ社は内定取消しを撤回しました。

Ⅱ　問題の所在

1　内定取消日（３月１日）が、入社日（４月１日）の１か月前であったため、Ａ社としては、雇用契約は未だ成立していないと考えたこと。

2　前年の８月１日に採用内定を通知したが、これは内定の段階であり、内定取消には、解雇のような要件を満たす必要はないと考えたこと。

Ⅲ　実務上の留意点

（1）　新規学卒者の採用内定の法的性質

　採用内定の法的性質について、菅野「労働法」では次のようにしています。

📖 **菅野「労働法」より** ・・・・・・・・・・・・・・・・・・・・・・・・・・・

　採用内定取消しの適法性に関する初の高裁判例（＊）以来、裁判例の判断は次のように固まっていった。すなわち、企業による募集は労働契約申込みの誘因であり、これに対する応募（受験申込書・必要書類の提出）または採用試験の受験は労働者による契約の申込みである。そして、採用内定（決定）通知の発信が、使用者による契約の承諾であり、これによって試用労働契約（見習社員契約）が成立する。ただしこの契約は、始期付であり、かつ解約権留保付である。（中略）

　採用内定に関する以上のような法的構成および判断（＊）は、最高裁の２つの判例（大日本印刷事件および電電公社近畿電通局事件・筆者）においても踏襲され、確定した。いずれも、当該事実関係のもとにおいて、採用内定通知のほかには労働契約締結のための特段の意思表示をすることが予定されていなかったことを考慮するとき、企業からの募集（申込みの誘引）に対し、労働者が応募したのは、労働契約の申込みであり、これに対する企業からの採用内定通知は、その申込みに対する承諾であって、これにより両者間に解約権を留保した労働契約が成立した、と判示した。（232〜233頁）

＊　森尾電機事件（東京高判昭47-3-31労民23巻2号149頁）

＊＊

⑵　内定取消しの適法性

　採用内定取消しについては、留保されていた解約権の行使が適法であるかどうか、という点が問題となります。一般的に採用内定通知書や誓約書では、成績不良による卒業延期、健康状態の著しい悪化、虚偽の申告、犯罪を犯したことなどを取消し理由としていますが、留保解約権の行使は、解約事由が、解約権留保の趣旨、目的に照らして客観的に合理的で社会通念上相当として是認することができるものであることとされています。

　客観的に合理的で社会通念上相当として是認できる事由の存否について菅野「労働法」は次のように述べています。

菅野「労働法」より・・・・・・・・・・・・・・・・・・・・・・・・・・・・・・

　たとえば、採用内定通知書ないし誓約書における「提出書類への虚偽記入」という取消事由（解約事由）も、その文言どおりには受け入れられず、虚偽記入の内容・程度が重大なもので、それによって従業員としての不適格性あるいは不信義性が判明したことを要する、とされる。（234頁）

・・・

⑶　経営悪化による内定取消し

　経営悪化を理由とする内定取消しが、有効とされるのは、経営悪化が新規採用を困難とするような状態であり、かつ、内定当時予測できなかった要因によるものであった場合などが考えられます。

📖 **菅野「労働法」より** ・・・・・・・・・・・・・・・・・・・・・・・・・・・・・・・・・・・・・・・

　　解約権行使が適法か否かに関する具体的判断においては、裁判所は概して使用者のなした取消しに厳しい態度をとる傾向にある。経済変動による経営悪化に際しての採用内定取消しについても、整理解雇に準じた検討（必要性、回避努力、人選、説明）が必要となる（234〜235頁）。

・・

　　本書執筆時において、新型コロナウイルス感染症に伴う経営不振を理由とする新卒者の内定取消しが発生しています。内定取消しは使用者による解約権の行使であり、整理解雇（第10章3　整理解雇（本書418頁））に準じた4要件（要素）の問題となります。

　　政府は、経済団体等へ内定者への特段の配慮を求める要請を行うとともに、厚労省から新卒者採用予定企業に対し、取消し防止とハローワークへの相談を要請しました。

(4)　採用内内定の意義

　　正式な内定日よりかなり前に、大学卒業見込者に対して口頭により、いわゆる採用内内定を表明をする会社が多くなっています。

　　この内内定は、会社、応募者双方とも、労働契約関係にあたるとの意識が希薄であることが多いため、始期付解約権留保付労働契約の成立（採用内定）とは認めにくいとされています。しかし、ケースによっては始期付解約権留保付労働契約の成立とされることもあります。

📖 **菅野「労働法」より** ・・・・・・・・・・・・・・・・・・・・・・・・・・・・・・・・・・・・・・

　　これは個々のケースによって異なりうる問題であるから、「採用内内定」は、当該ケースにおける拘束関係の度合いによっては、

「採用内定」と認められることもありうるし、またその「予約」として、恣意的な破棄について損害賠償責任を生じさせる意義をもつこともありうる（中略・筆者）。(234 頁)

(5) 新規学卒者の採用内定取消しに対する行政指導

職安法施行規則では、①ハローワークによる内定取消し事案の一元的把握、②事業主がハローワークに通知すべき事項の明確化、③2年度以上連続して内定取消しを行ったなど厚労大臣が定める内容に該当した企業名の公表ができるなどとしています（17 条の 4。35 条 2 項）。

なお、青少年雇用促進法に基づく指針においても採用内定に関する規定があり、内定取消しを行う場合は十分な配慮が必要です。

Ⅲ 裁判例

(1) 大日本印刷事件（最二小判昭 54・7・20 労判 323 号 19 頁）

留保解約権に基づく大学卒業予定者の採用内定取消しが権利の濫用に当たるとして無効とした例

企業の留保解約権に基づく大学卒業予定の採用内定取消事由は、採用内定当時知ることができず、また、知ることが期待できないような事実であって、これを理由として採用内定を取り消すことが解約権留保の趣旨、目的に照らして客観的に合理的と認められ、社会通念上相当として是認することができるものに限られる。本件についてみると、企業が、大学卒業予定者の採用にあたり、当初からその者がグルーミーな印象であるため従業員として不適格である思いながら、これを打ち消す材料がでるかも知れないとしてその採用を内定し、その後になって、右不適格性を打ち消す材料が出なかったとして留保解約権に基づき採用内定を取り消すことは、解約権留保の趣旨、目的に照らして社会通念上相当として是認することができず、解約権の濫用というべきであり、同旨の高裁判断は正当であって、違法はないとした。

⑵　電電公社近畿電通局事件（最二小判昭55･5･30労判342号16頁）

採用を内定したのち、その者が反戦青年委員会の指導的地位にあって大阪市公安条例等違反の現行犯として逮捕され、起訴猶予処分を受ける程度の違法行為をしたことが判明したとして留保解約権に基づき採用内定を取消すことは有効であるとした例

⑶　オプトエレクトロニクス事件（東京地判平16･6･23労判877号13頁）

中途採用者の内定の取消しに用いた情報は、あくまで伝聞にすぎず、噂の域をでないものばかりであり、噂が真実であると認めるに足りる証拠は存在しないとし、当該内定取消は解約権を濫用するものというべきであるとした例

⑷　コーセーアールイー事件（福岡高判平23･3･10労判1020号82頁）

本件における採用内内定の合意により労働契約の成立は認められないものの、労働契約が確実に締結されるであろうという期待が法的保護に値する程度に高まっていたと判断することができ、会社による不合理な内々定の取消しが不法行為に該当するとし、損害賠償責任を認めた例

関係法令等

① 労基法2章（労働契約）

② 労契法16条（解雇）

③ 職安法54条（雇入方法等の指導）

④ 職安法施行規則17条の4第1項、平21・1・19厚労令4号、平21・1・19厚労告5号）

⑤ 職安則第17条の4、35条2項

⑥ 青少年雇用促進法13条、14条

⑦ 新型コロナウイルス感染症への対応を踏まえた2020年度卒業・修了予定者等の就職・採用活動及び2019年度卒業・修了予定等の内定者への特段の配慮に関する要請（内閣官房　令2・3・13）

⑧ 新型コロナウイルスが原因で内定取消しを受けた学生・生徒等の方・新卒者採用予定の事業主の方へ（厚労省　令2・5・7）

1-3

試用期間

トラブル事例

Ａは、４月１日付でコンサルティング会社Ｂ社に雇用されました。採用面接で社長から、「契約期間は一応１年だが、その間の勤務状態を勘案して契約更新するか否かの判定をする」などの説明があり、雇用契約期間が４月１日より翌年３月31日と記載された労働契約書に署名捺印しました。その後勤務を続けていましたが、ある日突然Ｂ社より、翌年３月31日をもってＡの労働契約は期間満了により終了する旨の通知を受けました。

この通知を不本意に思ったＡは、労働局へあっせん申請を行いました。申請理由は、「この労働契約は、期間満了により終了する契約ではない。入社後は、他の正規従業員と同じ職場で同じ職務に従事し、勤怠や待遇にも異なるところはなかったことから、１年の期間は正規従業員への移行を前提とした試用期間（解約権留保付労働契約）にあたるはずである。留保解約権の行使は、趣旨・目的に照らして客観的で合理的な理由があり、社会通念上相当として認められる場合にのみ許されるとされており、Ｂ社は留保解約権を行使する理由がない。」とするものです。

最終的にはＢ社は、労契法19条１項２号に基づき、Ａに労働契約が更新されることに合理的期待があったものと認め、解決金を支払い、Ａは退職をすることで相互に合意しました。

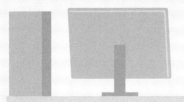

ⅠⅠ 問題の所在

1 B社社長の、雇用契約の際の言動が、正社員移行を前提とした試用期間(解約権留保付労働契約)なのか、期間の定めのある労働契約なのかあいまいであったこと。

2 試用期間の法的位置づけをB社が理解していなかったこと。

ⅠⅠⅠ 実務上の留意点

(1) 試用の定義

大多数の会社では本採用の前に、正社員としての適格性判断のための試用期間を設けています。この「試用」の法的位置づけについて最高裁判例により「長期雇用システム下の通常の試用は解約権留保付労働契約」とされています。

菅野「労働法」より・・・・・・・・・・・・・・・・・・・・・・・・・・・・

試用については、(中略・筆者)学説上、諸種の法的構成が提唱されたが、裁判所は、1957年のもの(＊1)以来、ほぼそのうちの解約権留保付労働契約説に依拠して試用労働関係に関する問題を処理し、通常の試用は使用者の解約権が留保された労働契約であるとの処理基準を定立してきた。

その後、最高裁判例は(＊2)(中略・筆者)試用契約の法的構成が個別の試用契約ごとの具体的な問題であることに注意をうながしつつも、長期雇用システム下の通常の試用は解約権留保付労働契約として構成するという考え方を確立した(中略・筆者)。(237～238頁)

＊1 東京コンクリート事件(東京地決昭32・9・21労民8巻5号688頁)

＊２　三菱樹脂事件（最大判昭48·12·12 民集27巻11号1536頁）

(2)　留保解約権の行使

試用期間中の言動、勤怠等により、正社員としての適格性が認められないとして本採用しないことや、正社員に適用される解雇事由に該当するとした解雇が認められる場合があります。

この、本採用拒否や解雇が「留保解約権の行使」となりますが、実際の「行使」に当たっては適法性に注意しなければなりません。

実務的には、就業規則において試用期間の定義・目的・試用期間中の解雇理由、本採用拒否事由の規定をしておき、採用面接時に、労働条件として示しておくことがトラブル防止のために必要です。

菅野「労働法」より

最も肝要な点は、留保解約権の行使も、「解約権留保の趣旨、目的に照らして、客観的に合理的な理由が存し社会通念上相当として是認されうる場合にのみ許される」ことである（中略・筆者）。すなわち、企業側は適格性欠如の判断の具体的根拠（勤務成績・態度の不良）を示す必要があり、またその判断の妥当性が客観的に判定される。しかし、この判定は、留保解約権行使については通常の解雇よりも広い範囲において解雇が認められるとの前提でなされる（中略・筆者）。実際上、試用期間にはなお実験観察期間としての性格があり、職務能力や適格性の判断に基づくより広い留保解約権が行使されうるからである。（239頁）

(3)　試用的期間雇用に関する法理

試用的雇用に関する最高裁判例では、平成２年の神戸広陵学園事件判決があったところ、平成28年の福原学園（九州女子短期大学）事件判決によって事実上、法理が修正されています。

菅野「労働法」では、平成28年判決以前から、平成2年判決に疑問を呈していましたが、12版では、平成2年判決について改めて批判的整理をした上で、平成28年判決を「期間雇用本来の法理」としています。

📖 菅野「労働法」より ・・・・・・・・・・・・・・・・・・・・・・・・・・・・・・・・・

　（神戸広陵学園事件において・筆者）最高裁は、（中略・筆者）雇用契約に期間を設けた場合において、その設けた趣旨・目的が労働者の適性を評価・判断するためのものであるときは、期間の満了により雇用契約が当然に終了する旨の明確な合意が成立しているなどの特段の事情が認められる場合を除き、同期間は契約の存続期間ではなく、期間の定めのない労働契約下の試用期間（解約権留保期間）と解すべきものと判示した。

　しかしながら、第1に、（中略・筆者）判旨の上記一般論は、利用目的を制限していないわが国の有期労働契約法制の基本的あり方にそぐわず、そのあり方を利用した雇用政策をも阻害しかねない。第2に、三菱樹脂事件最高裁判決が樹立した試用期間の法理は、採用当初から長期雇用システムに入る者を採用する場合に関するもので、適用類型を異にしている。第3に、有期労働契約の雇止めについては、（中略・筆者）解雇権濫用法理を類推適用するという法理が判例上確立され、（中略・筆者）この法理によって適切に保護されうるのであって、判旨のような一般論は必要性にも乏しい。

　（中略・筆者）（これに対し、福原学園（九州女子短期大学）事件では・筆者）期間雇用本来の法理での処理が行われている。

　（中略・筆者）今後は、3年のような期間の有期労働契約が試用目的で設定された場合の本採用可否については、有期労働契約の期間

満了と本採用としての無期労働契約の締結の有無として処理されて
いくであろう。そこでは、本採用の可否の通常の判断がなされてい
る場合は本採用に関する裁量（採用の自由）が尊重され、手続や理
由の上で恣意的な本採用拒否の場合には期待権侵害の不法行為とさ
れうるし、事案によっては三菱樹脂判決の試用期間法理の類推適用
という処理も考えられないわけではない（241〜243頁）。

・・

⑷　試用期間の長さと延長

　試用期間の長さについては、法的制限はありませんが、（独法）
労働政策研究・研修機構の「従業員の採用と退職に関する実態調
査」（2014-3-20）では2012年の正規従業員の試用期間は、新卒採
用・中途採用のいずれの場合も「3か月程度」が65％台となって
います。

　試用期間の延長については、菅野「労働法」では、就業規則等に
延長規定がない場合は原則認めるべきではないとしています。

📖 菅野「労働法」より ・・・・・・・・・・・・・・・・・・・・・・・・・・・・・・・・・・・・・

　試用期間の長さは（中略・筆者）3ヵ月が最も多く、1〜6ヵ月
にわたるのが大多数であるが、格別の制限はない。ただし、合理的
理由（必要性）なくあまりにも長期に試用期間に留めおく場合は、
公序良俗違反となりえよう。（中略・筆者）

　試用期間の延長は、就業規則などで延長の可能性およびその事
由、期間などが明定されていないかぎり、試用労働者の利益のため
に原則として認めるべきでない。とくに、解約権留保付きの労働契
約と解される通常の試用関係においては、解約権が行使されないま
ま試用期間が経過すれば、労働関係は留保解約権なしの通常の労働

関係に移行するのが原則である（243頁）。

(5) 試用期間中に注意すること

① 試用期間中の労働条件

試用期間中の労働条件が通常と異なる場合は、その内容も含め、採用時に「労働条件通知書」等により明示することが重要です。（第1章1 労働条件の明示〈本書12頁参照〉）

② 解雇予告・解雇予告手当

試用期間中の解雇については、労基法により最初の14日間以内であれば、解雇予告手続を取ることなく即時解雇ができますが、14日を超えてからは、少なくとも30日前に予告するか、または予告をしない場合は平均賃金の30日分以上の解雇予告手当の支払いが必要です。

③ 試用期間は年次有給休暇発生要件の期間

年次有給休暇の発生要件をみる場合、試用期間中の期間は含めなければなりません。しかし、退職金制度や永年勤続表彰などの対象期間とするかどうかは、会社が独自に設定できます。

④ 試用期間は、従業員教育の期間

試用期間は、正社員としての教育期間でもあります。「教育によってたやすく矯正し得る言動、性癖等の欠陥を何ら矯正することなく放置して、それをとらえて解雇事由とすることは許されない。」とした裁判例（日本軽金属事件・東京地昭44·1·28労働民例集20巻1号28頁）もあります。なお、試用期間中の教育・訓練の記録は、本採用拒否がトラブルになった場合の1つの資料となり得ます。

Ⅲ 裁判例

(1) 福原学園事件（最一小判平28・12・1労判1156号5頁）

短期大学の教員として１年の有期労働契約を締結していたＸに対し、当該短大を運営していたＹ社が、契約期間満了として無期労働契約へ移行させなかった事案。Ｙ社の規定には、契約の更新限度が３年であり、その満了時に労働契約を期間の定めのないものにすることができるのは、労働者の勤務成績を考慮して大学が必要であると認めた場合である旨の明確な定めがあり、労働者もこのことを十分に認識した上で労働契約を締結したとして、３年の更新限度期間満了をもって雇用契約は終了するとした。

(2) 神戸弘陵学園事件（最三小判平2・6・5労判564号7頁）

使用者（学校法人）が労働者（常勤講師）を新規に採用するに当たり、その雇用契約に期間を設けた場合において、その設けた趣旨・目的が労働者の適性の評価・判断のためのものであるときは、この期間の満了によりこの雇用契約が当然に終了する旨の明確な合意が当事者間に成立しているなどの特段の事情が認められる場合を除き、この期間は雇用契約の存続期間ではなく、期間の定めのない労働契約下の試用期間（解約権留保期間）と解すべきとした。

(3) ヤマダコーポレーション事件（東京地判令元-9-18労経速71巻9号3頁）

試用期間満了時の解雇が有効であるとして解雇無効地位確認請求及び損害賠償等請求が斥けられた例

(4) 日本基礎技術事件（大阪高判平24-2-10労判1045号5頁）

新卒採用者が勤務態度不良について指導、教育を受けていたにもかかわらず改善しなかったことを理由とした、試用期間中における留保解約権行使による解雇が、解雇権の濫用に当たらず有効とされた例

(5) ブラザー工業事件（名古屋地判昭59・3・23　労判439号64頁）

労働者の労働能力や勤務態度等についての価値判断を行うのに必要な合理的範囲を越えた長期の試用期間の定めは公序良俗に反し、無効とした例

関係法令等

① 民法90条（公序良俗）
② 労基法15条1項（労働条件の明示）、第20条（解雇の予告）、第21条、89条（作成及び届出の義務）
③ 労契法7条、16条（解雇）

1-4

就業規則の効力

Ⅰ　トラブル事例

　Ａ社は、社労士の助言に従い、懲戒条項を含む就業規則全般を、経営の実態に合わせて見直し、労働者代表を社長の親戚である事務担当者として郵送により労働基準監督署へ届け出ました。社長は「会社の実態に合わせた部分的な改訂だから」と軽く考え、改定後の就業規則については社員への周知はしませんでした。

　あるとき、普段から何かと他の社員との折り合いが悪い社員Ｂが、仕事中に他の社員に暴行を加え、けがを負わせるという事態が発生しました。会社は、職場の秩序を乱したことを理由として新就業規則に基づいて、Ｂを懲戒解雇しました。

　しかしＢは、Ｂが勤務する職場に新就業規則が備え付けられておらず、周知もされていなかったことから新就業規則には効力がないとして、Ａ社の懲戒解雇は無効であり、従業員としての地位の確認と損害賠償を請求する裁判を起こしました。裁判所は、懲戒解雇処分については就業規則上に根拠となる規定があるものの、従業員へ周知されていない就業規則は法的拘束力を持たないと判断し、Ａ社のＢに対する懲戒解雇処分は無効と判断しました。

Ⅱ　問題の所在

1　就業規則を労働基準監督署へ届け出てはいたものの、従業員への周知をしていなかったこと。

2 周知されていない就業規則に基づいてＢを解雇したこと。

Ⅲ 実務上の留意点

(1) 就業規則の労働契約規律効

労契法７条では、労働契約締結時における就業規則の労働契約としての効力を定めています。菅野「労働法」ではこの７条を就業規則の効力に関する労契法の基本的な規定として、次のように解説しています。

菅野「労働法」より

この規定は、「労働者及び使用者が労働契約を締結する場合」（つまりは労働者を採用する場合）において、当該事業場で労働者集団に周知させていた既存の就業規則が労働契約に対して有する効力を規定したものである。すなわち、前掲（202頁）の秋北バス事件大法廷判決の判旨を基礎に、労働契約当事者間に就業規則より有利な、個別的な特約が定められないかぎり、合理的な労働条件を定める就業規則が労働契約の内容を規律する（労働契約の内容は就業規則の定めによる）ことを明らかにしたものである（これを「労働契約規律効」と称しておく）。（204頁）

就業規則が労働契約の内容を規律（労働契約規律効）するための要件として、菅野「労働法」では二つの要件を挙げています。一つは使用者が当該就業規則を「労働者に周知させていた」ことです。この場合の周知は労基法106条、労基則52条に定める方法に限られず、当該事業場の労働者が、就業規則の内容を知りうる状態であればよいとしています。

　二つ目は、就業規則の内容において合理的な労働条件を定めていることです。

📖 菅野「労働法」より ・・・・・・・・・・・・・・・・・・・・・・・・・・・・・・

　「周知」は、労規則に列挙された方法に限定された労基法上の「周知」（106条）とは異なり、実質的に見て事業場の労働者集団に対して当該就業規則の内容を知りうる状態に置いていたことと解することができる。（中略・筆者）

　合理性は、就業規則が定める当該の労働条件それ自体の合理性であり、後記の就業規則の変更の場合の変更の内容とプロセスの全体にわたる総合判断としての合理性とは異なる。就業規則が定める労働条件それ自体の合理性は、秋北バス事件大法廷判決以来その効力の要件とされてきたものであるが、労働者が就業規則を前提とし、これを受け入れて採用されたという状況のなかで問題となる合理性なので、企業の人事管理上の必要性があり、労働者の権利・利益を不相当に制限してなければ肯定されるべきものといえよう。（中略・筆者）

　就業規則が労働契約を締結した当事者に対して労働契約を規律する効力を有するためには、上記のような「周知」と「合理性」の要件を満たすことで十分であり、契約当事者間で、労働契約の締結の際に、労働契約の内容は就業規則によることを明示または黙示に合意したことまでは必要ではない。（205〜207頁）

・・

　労契法7条但書では個別的特約のある場合について規定していますが「就業規則の労働契約規律効は、労働者と使用者間で就業規則よりも有利な条件を合意していた部分については生じない（労契7

条但書)。(中略・筆者) 就業規則とは別個の個別的な特約として効力を認められるのは、就業規則よりも有利な労働条件を定めるものに限られる」(207頁) とされています。

⑵ 就業規則の最低基準効

菅野「労働法」では賃金などその支払いの根拠となる就業規則の効力について、「就業規則で定める基準に達しない労働条件を定める労働契約は、その部分については、無効とする。この場合において、無効となった部分は、就業規則の定める基準による」(労契法12条) を挙げて、次のように述べています。

📖 菅野「労働法」より ・・・・・・・・・・・・・・・・・・・・・・・・・・・・・・

　これは、労働基準法の労働契約に対する強行的直律的効力 (13条) と同じ文言で規定された効力であって、これによって、就業規則が定める労働条件は、法令または労働協約に反しないかぎり (92条1項)、事業場の労働条件の最低基準として労働契約内容を強行的直律的に規律することとなっていた (就業規則の「最低基準効」と称される)。

　つまり、就業規則に規定された労働条件の基準は、企業経営の観点からこれを引き下げる必要が生じ、個々の労働者がこれに同意している場合であっても、個別的な労働契約によっては引き下げることはできず、労働協約の締結か就業規則の改正を必要としていた。(218～219頁)

・・・

　このように、労働契約と法令等の効力の関係は、労基法等の法令＞労働協約＞就業規則＞労働契約 (就業規則より有利な契約を除く) となります。

(3)　労使慣行の労働契約上の効果

長い間労使の間で続いてきたある取扱いが、明文化されたものがないにもかかわらず事実行為として反復・継続することによっていわゆる労使慣行となり、労働契約の内容として認められることがあります。ただし、仮に黙示の同意があったとしても「労働協約の労働条件規定に反する取扱いや、就業規則の労働条件基準より労働者に不利な取扱いは、協約の規範的効力（労組16条）ないし就業規則の最低基準効（労契12条）によって労働契約上の効力をもちえない」（168頁）ことに注意しておかなければなりません。

なお、就業規則よりも有利な労働契約または就業規則の効力を認められる労使慣行がある場合で、その慣行を就業規則の変更により破棄できるかについては、「就業規則によるその廃棄の可否は、就業規則規定の新設または変更による労働条件の不利益変更の問題となり、上記で述べてきた労働契約法のルール（９条～11条）に従って処理されるべきこととなる。」（220頁）としています。

Ⅲ　裁判例

(1)　秋北バス事件（最大判昭43･12･25民集22巻13号3459頁）

就業規則の改定により定年制を新設し、定年を超えた労働者に解雇通知した就業規則の不利益変更を有効とした例

「労働条件を定型的に定めた就業規則は、一種の社会的規範としての性質を有するだけでなく、それが合理的な労働条件を定めているものであるかぎり、経営主体と労働者との間の労働条件は、その就業規則によるという事実たる慣習が成立しているものとして、その法的規範性が認められるに至っている（民法92条参照）ものということができる。（中略）就業規則は、当該事業場内での社会的規範たるにとどまらず、法的規範としての性質を認められるに至っているものと解すべきであるから、当該事業場の労働者は、就業規則の存在および内容を現実に知っていると否とにかかわらず、また、これに対して個別的に同意を与えたかどうかを問わず、当然に、その適用を受けるものというべきである。

新たな就業規則の作成又は変更によって、既得の権利を奪い、労働者に不利益な労働条件を一方的に課することは、原則として、許されないと解すべきであるが、労働条件の集合的処理、特にその統一的かつ画一的な決定を建前とする就業規則の性質からいって、当該規則条項が合理的なものであるかぎり、個々の労働者において、これに同意しないことを理由として、その適用を拒否することは許されないと解すべきであり、(中略) 本件就業規則条項は、決して不合理なものということはできず、同条項制定後直ちに同条項の適用によって解雇されることになる労働者に対する関係において、被上告会社がかような規定を設けたことをもって、信義則違反ないし権利濫用と認めることもできないから、上告人は、本件就業規則条項の適用を拒否することができないものといわなければならない。」

⑵ 有限会社野本商店事件（東京地判平9・3・25労判718号44頁）

労働条件不利益変更（定期昇給および賞与支給を就業規則通り実施していないこと）について黙示の同意があったとした例

⑶ シオン学園事件（東京高判平26・2・26労判1098号46頁）

各種手当（勤続給、技術給、年齢給）の支給は労使慣行によるものであり就業規則の定めはなかったとしても、労働契約法10条にいう「就業規則の変更」には、労働契約の内容となった労使慣行上の労働条件を就業規則によって変更する場合も含まれ、文言上は従前と同一の就業規則を現状の労使慣行に変更する旨を周知する行為も、「就業規則の変更」に準ずる行為として、同条が類推適用されるとした例

関係法令等

① 民法92条（任意規定と異なる慣習）、415条（債務不履行による損害賠償）

② 労契法７条（労働契約の成立）、８条（労働契約の内容の変更）、９条・10条（就業規則による労働契約の内容の変更）、11条（就業規則の変更に係る手続）、12条（就業規則違反の労働契約）

1-5

就業規則の不利益変更

Ⅰ トラブル事例

ハイテク機器を企画製造する従業員400人のA社。賃金体系が近年の経営状況に合わないものとなっていました。そこで従来の年功序列の賃金体系を改定し、能力・成果主義制度を導入することにしました。これにより、一部の中堅層は賃金がアップしますが、他方で人事考課において格下げとなる高年齢層の月額賃金が、従前に比べ25〜30%程度減額することになります。A社はこの改定につき労働組合と交渉し同意が得られたことから、直ちに就業規則を変更し、新賃金体系により給与を支給しました。

その後、この就業規則の不利益変更に同意しなかった高年齢層の従業員Bが、退職に伴い、変更後の就業規則は合理性を欠き無効であるので、新賃金制度に拘束されないとして、変更前の就業規則による賃金と退職金（退職時の基本給をもとに算定）の差額を請求し提訴しました。A社は、就業規則の変更のうち一部の高年齢層のみに大きな不利益を与える賃金減額部分は、原告に効力を及ぼすことができないことを認め、金銭和解しました。

Ⅱ 問題の所在

1 一部の中堅層の労働条件は改善されたが、他方で高年齢層の労働条件が大幅に引き下げられたこと。

2　有効な代替措置もなく、経過措置を設けることもなかったこと。

3　労働組合の同意があれば、就業規則の不利益変更であっても全従業員に有効と考えたこと。

Ⅲ　実務上の留意点

(1)　就業規則の変更

経営実態からして既存の就業規則に定める労働条件の維持が困難になった場合は、迅速に就業規則を変更する必要があります。この場合、就業規則の規定を新設または変更することによって労働条件の変更ができるか否かが問題になります。

菅野「労働法」より

使用者による一方的不利益変更は原則として許されないが、変更に合理性が認められれば反対労働者をも拘束する、との秋北バス事件大法廷判決が出され、それ以降は、この処理基準をより精緻なものにする方向で判例処理が発展してきた。労働契約法は、このような判例法理を体系的な立法規定に結実させた。(208頁)

労働契約の変更について労契法では、①労働契約の内容の変更(8条)、②就業規則による労働契約の内容の変更(9条・10条)を定めています。就業規則の変更によって労働条件を変更する場合には、②に即して行うこととなります。

菅野「労働法」より

前条(9条)と本条(10条)の実際上の関係としては、就業規則の変更による労働条件の不利益変更が行われた場合に、それに同意する従業員について前条（９条）が適用され、反対の従業員については本条（10条）が適用される、ということとなる。そして、同意した従業員については、変更の合理性の有無にかかわらず（反対従業員との関係で変更の合理性が否定されたとしても）変更就業規則が労働契約内容を規律することとなる。(212頁)

労契法８条、９条の合意については形式を規定していませんが、書面の合意のみならず口頭や明示、黙示の同意もあり得るとされています。ただし、この合意については重大な不利益変更の場合は労働者の真に自由な意思が必要とされており、特に黙示の合意は実務的には避けるべきです。なお、いずれの合意がある場合でも、就業規則の改定が行われなければ従前の就業規則は引き続き効力を有することとなり、変更の合意は無効になるので早急に改定を行い周知することが重要です。

(2) 就業規則の新設・変更による労働条件変更

会社の経営状況によって、賃金など実際の労働条件が就業規則の規定と違ってくることがしばしばあります。そのような重大な労働条件について、就業規則を変更せず放置していた場合、会社に多大なリスクが生じます。そこで、実態に合わせて就業規則に新設条項を設けたり変更を加えたりすることがありますが、その場合の効力発生要件について菅野「労働法」では以下のように述べています。

菅野「労働法」より

就業規則の効力に関する実際上最も重要な問題は、使用者が就業規則の規定を新設ないし変更することによって労働条件の内容を変更することができるかである。これについては、前記のとおり（202～３頁）、使用者による一方的不利益変更は原則として許されないが、変更に合理性が認められれば反対労働者をも拘束する、との秋北バス事件大法廷判決が出され、それ以降は、この処理基準をより精緻なものにする方向で判例処理が発展してきた。労働契約法は、このような判例法理を体系的な立法規定に結実させた。

（中略・筆者）最近の最高裁判決（＊１）も、労働条件は労働者・使用者間の合意によって変更できるが（労契８条・９条本文）、この合意を有効とするには、労働者の自由意思による合意であることを認めるに足る客観的事情が必要であり、それには、当該変更の必要性のみならず、不利益の具体的内容・程度についても情報提供・説明が必要であるとして、そのような情報提供・説明がなされていない退職金規程の不利益変更につき、署名押印による同意の効力を否定する判断を導いた（210 頁）。同判旨は、本書第 10 版以来述べてきた上記私見（＊２）を発展させたものとして支持できる。

なお、この規定は就業規則による労働条件の不利益変更についてのみ合意原則を規定しているが、それは、有利な変更の場合には就業規則の最低基準効（12 条）が働くので、当事者の合意の有無にかかわらず、就業規則で新たに定められた有利な労働条件が事業場の最低基準として労働契約の内容を規律するからである。（208～210 頁）

＊１　山梨県民信用組合事件（最二小判平 28・２・19 民集 70 巻２号 123 頁）（筆者）

＊２　「就業規則の不利益変更に対する労働者の合意（同意）は慎重に認定すべきであって、その旨の労働者の自由な意思を首肯させる客観的事情が認められる場合にのみ首肯すべきものである」（209 頁）

⑶ 就業規則変更の合理性判断

就業規則変更の合理性の判断要素として、第四銀行事件では、7つの要素が指摘されましたが、労契法10条では、①労働者の受ける不利益の程度②労働条件の変更の必要性③変更後の就業規則の内容の相当性④労働組合との交渉の状況⑤その他就業規則の変更に係る事情に照らして合理的なものであるとき、として5つの要素が規定されています。

合理性の判断手法は5つの諸要素を総合的に考慮して行われます。判例は、「合理性」の判断は上記の諸要素を「総合考慮して判断すべきである」（第四銀行事件）としており、この手法も労契法10条に継承されています。

菅野「労働法」より

就業規則の変更が合理的なものかどうかについては、前述の第四銀行判決（203頁）で明らかにされた判例の判断要素が、「労働者の受ける不利益の程度、労働条件の変更の必要性、変更後の就業規則の内容の相当性、労働組合等との交渉の状況その他の就業規則の変更に係る事情に照らして合理的なものであるとき」、として整理された（10条）。

（中略・筆者）体系的にとらえれば、就業規則変更の合理性判断は、〔図表1〕のように、変更の内容（変更による不利益の程度、変更後の労働条件の相当性）と変更の必要性の比較較量を基本とし、これに労働組合や従業員集団との交渉の経緯や変更の社会的相当性を加味して総合判断するというものであるといえるが、今回、判断要素が整理されて法定された以上は、今後は規定された要素に即して判断が行われることとなる。（212～214頁）

［図表 - 1］　就業規則変更の合理性判断の構造

- 「合理性」の総合判断
  - 「変更の内容」
    - 「労働者の受ける不利益の程度」
    - 「変更後の就業規則の内容の相当性」
  - 「労働条件の変更の必要性」
  - 「労働組合等との交渉の状況」
  - 「その他就業規則の変更に係る事情」

以上は就業規則の不利益変更についてですが、従来、就業規則がなかった事業所において、就業規則の新設によって労働条件を変更する場合をどのように考えるべきでしょうか。

菅野「労働法」より

秋北バス事件大法廷判決も「新たな就業規則の作成または変更によって」労働条件を変更する場合について合理的変更法理を定立していた。これらのことを考えれば、就業規則それ自体の新設による労働条件の変更についても、「就業規則の変更による労働条件の変更」に関する本条（労契法 10 条・筆者注）を類推適用してその労働契約に対する効力を判断するのが妥当であろう。（211～212 頁）

⑷　就業規則の不利益変更

会社が経営不振に陥ったときなどでは、就業規則の変更によって労働条件を引き下げる場合があります。この、就業規則の不利益変更について、菅野「労働法」では、労契法 10 条の解釈に因るべきとし、合意原則が確認された上での合理的なものであるときは変更後の就業規則が有効となるとしています。

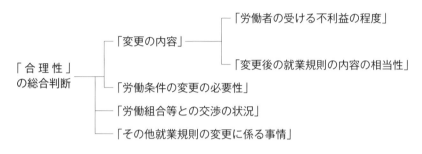

菅野「労働法」より

本条（労契法10条・筆者注）は前条の合意原則の但書を受けて規定されているものであり、前条と同じく就業規則の不利益変更の場合のその効力に関する規定と解される。（中略・筆者）合意原則からすれば、労働者が不利益であるとして反対する労働条件の変更があれば、その労働者へ就業規則の労働契約規律効を及ぼすには本条の合理性の要件を満たすべきこととなる。（中略・筆者）

前条（9条）と本条（10条）の実際上の関係としては、就業規則の変更による労働条件の不利益変更が行われた場合に、それに同意する従業員について前条（9条）が適用され、反対の従業員については本条（10条）が適用される、ということとなる。そして、同意した従業員については、変更の合理性の有無にかかわらず（反対従業員との関係で変更の合理性が否定されたとしても）変更就業規則が労働契約内容を規律することとなる。」（212頁）

⑸ 過半数労働組合の同意

合理性の判断要素のひとつに「労働組合等との交渉の状況」がありますが、過半数組合の同意が得られ協定を結んだにもかかわらず、合理性の判断要素として評価されなかった判例（みちのく銀行事件）がありますので注意しなければなりません。

一般的には「従業員の過半数を組織するような代表的組合が存在する場合には、労働条件の変更は、基本的に当該組合との労使交渉によって解決されるべき問題となり、交渉の結果の合意は組合員に対しては労働協約に成文化されるとともに、就業規則にも規定されて従業員全体に及ぼされる」（214頁）ことになりますが、組合に未加入の従業員がいるケース等での労使交渉については以下のような注意が必要だとしています。

菅野「労働法」より

労働条件変更が従業員の大多数を代表する組合との交渉による合意を経て行われ、当該組合に加入していない労働者がこれに反対しているという場合には、裁判所が合理性判断において判断すべきは、主として、当該組合による従業員集団の利益代表行為が、労使それぞれの検討や折衝のプロセスに照らして、真剣かつ公正に行われたかどうかである（反対者が少数組合に属している場合には少数組合との交渉の誠実性もこの判断の一部となる）。(214 頁)

⑹　合理的変更の手続的要件

就業規則の変更による労働条件の変更が合理的であるためには手続的要件が適正でなければなりません。

労契法 10 条は、就業規則変更による労働条件不利益変更の主な有効要件として「変更が合理的なとき」としていますが、もう１つの要件として「変更後の就業規則を労働者に周知させたとき」としています。

この 10 条の「周知」の意義については、判例（フジ興産事件）を立法化したとされる労契法７条の「周知」(労働契約を締結する場合の「周知」) と同意義とされ、この手続きを取らない場合は効力がないとされています。

菅野「労働法」より

この「周知」の意義については、採用に際しての労働契約規律効のための「周知」(労契法７条・筆者注) と同じ意味であり、それに関する前記の説明（205～206 頁）が妥当する。(＊１) すなわち、「周知」は事業場の労働者集団に対し変更内容を知りうる状態におくという「周知」であって、変更内容を個別的に認識させることではなく、また、そのような「周知」は、労働基準法上限定された方法に限られず、実質的に上記の「周知」にあたれば他の方法でもよい。

（中略・筆者）変更された就業規則の条項が労働者に周知され、変更に合理性が認められる場合には、（中略・筆者）変更された就業規則の条項が労働契約内容を規律する。これは、労働契約に関する合意原則の例外としての法定の効力である。これを「合理的変更の労働契約規律効」と称しておく。（216～217 頁）

＊1　フジ興産事件最高裁判決の同旨の判旨

⑺　過半数代表の意見聴取と労基署への届出

労契法 11 条では、「就業規則の変更の手続に関しては、労働基準法 89 条及び 90 条の定めるところによる」と規定していますが、過半数代表の意見聴取、労基署への届出が行われていなかった場合の効力については直接規定していません。この手続きが就業規則の変更による労働条件の不利益変更の有効要件とされるかどうかは、肯定・否定の両説がありますが、菅野「労働法」では、「労働基準法上の届出と意見聴取の履践が、変更された就業規則が労働契約を規律するための絶対的要件ではないが、変更の合理性の判断要素である「その他の就業規則変更に係る事情」の１つとして考慮されることを明らかにしたものと解される。要するに、意見聴取と届出をしたことが合理性判断におけるプラスの材料になるということである」（216～217 頁）と述べています。

⑻　変更の合理性が認められない場合の効力の有無

就業規則の変更による労働条件の変更に合理性が認められない場合には、就業規則上の労働条件は労働契約を規律する効力を認められないことになります。その場合は、従前の労働契約上の労働条件が効力を持続することになりますが、変更後の就業規則は無効となるのかが問題になります。

菅野「労働法」より

変更の合理性が認められなくても、変更後の就業規則が無効とされたり、その存在が否定されたりするわけではない。変更の合理性が否定された就業規則も、その変更に対して同意を与えた労働者に対しては、合意原則によって労働契約上の効力を取得する（８条・９条）。また、変更の合理性は否定されたとしても、当該労働条件そのものには合理性が認められるという場合には、変更後に採用された労働者に対しては労働契約規律効を認められる（７条）。そこで、最低基準効を認められるのも、このようにして存在し機能し続ける変更後の就業規則であって、変更前の就業規則ではないと解される。(217 頁)

(9)　個別の特約と不利益変更の関係

労契法 10 条但書では、「ただし、労働契約において、労働者及び使用者が就業規則の変更によっては変更されない労働条件として合意していた部分については、第 12 条に該当する場合を除き、この限りでない」としています。つまり、個別の特約のある労働条件については、就業規則が変更されても効力が及ばないことになり、合意していた部分についての労働条件は変更されないこととなります。この場合の特約は、①就業規則の労働条件とは別の「個別的労働条件の特約」(例：勤務地限定、職種限定など) と②就業規則の労働条件が、就業規則変更によっては変更されないとする「合理的変更排除の特約」(例：従前の就業規則で退職金支給と規定されているものが変更後の就業規則が退職金不支給とされた場合など）が考えられます。ただし、「就業規則によっては変更されないとの特約は、より有利な労働条件を定める就業規則変更が行われた場合には、就業規則の最低基準効によって効力を有しない。」（218頁）としています。

Ⅲ 裁判例

⑴ 大曲市農業協同組合事件（最三小判昭63・2・16労判512号7頁）

■退職給与規程の不利益変更を有効とした例

「当該規則条項が合理的なものであるとは、当該就業規則の作成又は変更が、その必要性及び内容の両面からみて、それによって労働者が被ることになる不利益の程度を考慮しても、なお当該労使関係における当該条項の法的規範性を是認できるだけの合理性を有するものであることをいうと解される。特に、賃金、退職金など労働者にとって重要な権利、労働条件に関し実質的な不利益を及ぼす就業規則の作成又は変更については、当該条項が、そのような不利益を労働者に法的に受忍させることを許容できるだけの高度の必要性に基づいた合理的な内容のものである場合において、その効力を生ずるものというべきである。これを本件についてみるに、（中略）新規程への変更によって被上告人らが被った不利益の程度、変更の必要性の高さ、その内容、及び関連するその他の労働条件の改善状況に照らすと、本件における新規程への変更は、それによって被上告人らが被った不利益を考慮しても、なお上告組合の労使関係においてその法的規範性を是認できるだけの合理性を有するものといわなければならない。したがって、新規程への変更は被上告人らに対しても効力を生ずるものというべきである。」

⑵　第四銀行事件（最二小判平9・2・28労判710号12頁）

定年の延長と同時に賃金減額となる就業規則の不利益変更を有効とした例

「新たな就業規則の作成又は変更によって労働者の既得の権利を奪い、労働者に不利益な労働条件を一方的に課することは、原則として許されないが、労働条件の集合的処理、特にその統一的かつ画一的な決定を建前とする就業規則の性質からいって、当該規則条項が合理的なものである限り、個々の労働者において、これに同意しないことを理由として、その適用を拒むことは許されない。そして、右にいう当該規則条項が合理的なものであるとは、当該就業規則の作成又は変更が、その必要性及び内容の両面からみて、それによって労働者が被ることになる不利益の程度を考慮しても、なお当該労使関係における当該条項の法的規範性を是認することができるだけの合理性を有するものであることをいい、（中略）右の合理性の有無は、具体的には、就業規則の変更によって労働者が被る不利益の程度、使用者側の変更の必要性の内容・程度、変更後の就業規則の内容自体の相当性、代償措置その他関連する他の労働条件の改善状況、労働組合等との交渉の経緯、他の労働組合又は他の従業員の対応、同種事項に関する我が国社会における一般的状況等を総合考慮して判断すべきである。」

⑶　みちのく銀行事件（最一小判平12・9・7労判787号6頁）

就業規則の変更について過半数組合の同意があっても合理的内容でないとした例

「行員の約73パーセントを組織する労組が本件第一次変更及び本件第二次変更に同意している。しかし、上告人らの被る前示の不利益性の程度や内容を勘案すると、賃金面における変更の合理性を判断する際に労組の同意を大きな考慮要素と評価することは相当ではないというべきである。（中略）上告人らのような高年層の行員に対しては、専ら大きな不利益のみを与えるものであって、他の諸事情を勘案しても、変更に同意しない上告人らに対しこれを法的に受忍させることもやむを得ない程度の高度の必要性に基づいた合理的な内容のものであるということはできない。したがって、本件就業規則等変更のうち賃金減額の効果を有する部分は、Xらにその効力を及ぼすことができないというべきである。」

⑷ 山梨県民信用組合事件（最二小判平28・2・19民集70巻2号123頁）

労働条件の不利益変更には、自由意思による合意と認めるに足りる合理的な理由が客観的に存在することが必要であり、それには不利益の内容・程度に関する具体的な情報提供や説明がされる必要があったが、そのような情報提供や説明がなされなかったとして個別合意の効力を否定した例（差戻審・東京高裁平28-11-24で確定）

⑸ 羽後銀行事件（最三小判平12・9・12労判788号23頁）

完全週休二日制導入に伴い、所定労働時間を平日につき10分、特定日につき60分延長した就業規則の変更が、必要性があるとして変更の合理性を認めた例

⑹ フジ興産事件（最二小判平15・10・10労判861号5頁）

就業規則が法的規範としての性質を有するものとして、拘束力を生ずるためには、その内容の適用を受ける事業場の労働者に周知させる手続が採られていることを要するとした例

関係法令等

①　労基法第89条（就業規則の作成及び届出の義務）、第90条（作成の手続き）、第92条（法令及び労働協約との関係）、第106条（法令等の周知義務）、労基法施行規則第52条の２（法令等の周知方法）

②　労契法第７条（労働契約の成立）、第８条（労働契約の内容の変更）、第９条・第10条（就業規則による労働契約の内容の変更）、第11条（就業規則の変更に係る手続）、第12条（就業規則違反の労働契約）第13条（法令及び労働協約と就業規則の関係）

③　労組法第17条（一般的拘束力）

1-6

労働者代表

Ⅰ トラブル事例

　首都圏に 10 店舗を展開する飲食店チェーンを経営する会社で、労働組合はありません。ある店舗に勤務するアルバイト学生が、連続した長時間労働と、休日に急にシフトを入れられることに疑問を持ち、労基署へ相談しました。

　労基署が調査した結果、時間外労働・休日労働に関する協定（以下、「三六協定」という）は届け出ているものの、協定締結当事者の一方である労働者の過半数を代表する者は親睦会の代表者としており、またアルバイトをはじめとした従業員に協定内容がまったく周知されていないことが判明しました。

　労基署の指摘を受けて、会社は、三六協定を締結する労働者代表を店舗ごとに適正に選出したうえで、協定内容を全従業員に周知徹底することとしました。

Ⅱ 問題の所在

1　会社が、労働者代表の選出方法を適正に行っていなかったこと。

2　会社が、三六協定の内容を従業員に周知していなかったこと。

Ⅲ 実務上の留意点

⑴　労働者代表の意義

労契法では、労働契約の成立・変更に関する最も基本的な原則は、労働者と使用者が対等な立場に立った合意原則であるとしています（８条・９条）。この原則に基づき、労働諸条件の制定、改廃については、労働者代表と使用者との間で合意した事項等を、書面による労使協定として表すこととしています。

この労働者代表については、労基法で「当該事業場に、労働者の過半数で組織する労働組合がある場合においてはその労働組合、労働者の過半数で組織する労働組合がないときは労働者の過半数を代表する者」(36条ほか）と規定しています。事例のように労働組合がない場合、「労働者の過半数を代表する者」が労働者代表となりますが、その任務は重要で、各種労使協定締結の当事者となる、使用者が就業規則を作成、変更するときの意見を述べる当事者になるなどがあります。

⑵　労働者代表の要件

労働者代表の要件については、労基則にその定めがあり注意しなければなりません。

菅野「労働法」より

過半数代表者については、その任務の重要性にもかかわらず、従来、資格や選出方法について格別法規定が存在しなかった。しかし、親睦団体代表を自動的に代表者とした三六協定を無効にした東京高裁判決（トーコロ事件―東京高判平9-11-17労判729号44頁、最二小判平13-6-22が例文で上告棄却）を契機に、1998年に労基則が改正され、その選出方法について、労基法上の管理監督者（41条2号）でないこと、選出目的を明らかにした投票、挙手等の方法により選出されること、との要件が設定された(労基則6条2項1項)。また、時間外労働の上限を設定した2018年の労基法改正を契機に、使用者の意向に基づき選出された者でないこと、という要件が追加され（労基則同項)、また使用者は過半数代表者が法に規定する協定等に関する事務を円滑に遂行できるよう必要な配慮を行わなければならない、との規定も追加された（同条4項)。(171頁)

(3) 労働者代表の選出方法

労働者代表の選出方法については、労基則や通達により次の2つの要件をいずれも満たすものとされています。

① その者が労働者の過半数を代表して労使協定を締結することの適否について判断する機会が、当該事業場の労働者に与えられている（使用者の指名などその意向に沿って選出するようなものではない）こと

② 当該事業場の過半数の労働者がその候補者を支持していると認められる民主的な手続きがとられている（労働者の投票、挙手等の方法により選出される）こと

さらに、次に掲げる場合は、協定自体が無効となるとされています。

① 労働者を代表する者を使用者が一方的に指名している場合

② 親睦会の代表者が自動的に労働者代表となっている場合

③ 一定の役職者が自動的に労働者代表となることとされている場合

④ 一定の範囲の役職者が互選により労働者代表を選出している場合

具体的な選出にあたっては、賛成・反対が明確であることが必要とされ、「反対の人は、○月○日までに連絡をするように……」というような意思表示の方法は、不適切であると考えられます。また、「投票、挙手などの方法」にどのような手続きが含まれるかについては、「労働者の話合い、持ち回り決議等労働者の過半数の当該者の選任を支持していることが明確になる民主的な手続きが該当する」とされています。

電子メールによる配信とそれに対するメールでの意思表示については、配信の記録、各従業員からの意思表示の記録が、労基署等から求められた際に直ちに明らかにできる状態にある等の場合は、適切な手続きであると認められる可能性があると考えられます。

(4) 「労働者代表を選出する労働者」の範囲

「労働者代表を選出する労働者」の範囲について、法律は明確な規定をしていません。この労働者は、協定や就業規則が適用される事業場で働く労働者であることから、労基法９条の定義による「職業の種類を問わず、事業又は事務所に使用される者で、賃金を支払われる者」と解するのが適当と考えられます。

したがって、労基法上の管理監督者を労働者代表に選出することはできませんが、一般的な管理職やパートタイマー、アルバイト等、ほとんどすべての従業員が「労働者代表を選出する労働者」となります。

それぞれ個別の協定においては、協定内容と無関係な従業員がいる場合がありますが、労務管理全体を考えれば必ずしもそれら無関係な従業員に影響がまったくないということはできません。このことから労働時間規制の適用を除外されている管理監督者、時間外労働等が禁止されている年少者、育児・介護によって時間外労働に制限がある者、出張中の者、長期欠勤者、休業中の者、休職者、出向者等、在籍するすべての者が、「労働者代表を選出する労働者」となると考えられます。

令和　　年　　月　　日
従業員各位

労働者代表の選任について

労働者代表選出発起人会
発起人代表　製造課　○○○○

先般、公募した下記の就業規則変更届、各種労使協定等の労働者代表に、○○課　○○さんから立候補がありました。従いまして、○○課○○さんが労働者代表になることを信任される方は、別紙にご署名をお願いいたします。

記

1．対象となる書類名
① 就業規則変更届及び意見書
② 時間外労働・休日労働に関する労使協定
③ 1か月単位の変形労働時間制に関する労使協定
④ ○○○○

2．任期
令和　　年　　月　　日　～　令和　　年　　月　　日

【別紙】
私は、○○課　○○さんを労働者代表とすることに賛成します。

記入年月日	署　名	記入年月日	署　名
○年○月○日	○○○○	○年○月○日	○○○○

(5) 労働者代表となったことに対する不利益取扱いの禁止

使用者は、従業員が労働者代表となったことや労働者代表になろうとしたこと、労働者代表として正当な行為をしたことを理由として、不利益取扱いをしてはなりません。

労働者代表は、協定締結の当事者の一方として当然に、労使協定の締結を拒否したり、協定内容に不同意を表明したりすることができます。

Ⅲ 裁判例

(1) トーコロ（上告）事件（東京高判平9·11·17労判729号44頁）

残業命令拒否を解雇理由とした事案において、当該命令の前提である36協定が有効とは認められないことから当該命令は有効と認められず、当該命令拒否を解雇理由とすることはできないとされた例

「いかなる場合に使用者の残業命令に対し労働者がこれに従う義務があるか」についてみるに、使用者が当該事業場の労働者の過半数で組織する労働組合等と書面による協定（36協定）を締結し、これを労基署へ届出を行い、就業規則に定めているときは、就業規則の内容が合理的なものである限り、それが具体的労働契約の内容をなすから、就業規則の適用を受ける労働者は、労働契約に定める労働時間を超えて労働をする義務を負うものと解するのが相当である。そして、右36協定は、実体上、使用者と労働者の過半数で組織する労働組合がある場合にはその労働組合、そのような労働組合がない場合には労働者の過半数を代表する者との間において締結されたものでならないことは当然である。

ところで協定の当事者は、Yと「労働者の過半数を代表する者」として「営業部のA」であったが、Aが「労働者の過半数を代表する者」であったか否かについて検討するに、適法な選出といえるためには、当該事業場の労働者にとって、選出される者が労働者の過半数を代表して36協定を締結することの適否を判断する機会が与えられ、かつ、当該事業場の過半数の労働者がその候補者を支持していると認められる民主的な手続きが必要というべきである。

この点について「友の会」は、役員を含めた全従業員で構成され、「会員相互の親睦と生活の向上、福利の増進を計り、融和団結の実を上げる」（規約）ことを目的とする親睦団体であるから労働組合でないことは明らかであり、このことは、仮に「友の会が」親睦団体としての活動の他に、自主的に労働条件の維持改善その他経済的地位の向上を目的とする活動をあることによって変わるものではなく、したがってAが「友の会」の代表者として自動的に36協定を締結したにすぎないときは、Aは労働組合の代表者でもなく、「労働者の過半数を代表する者」でもないから本件36協定は無効というべきである。

以上、本件36協定が有効であるとは認められないから、その余の点について判断するまでもなく、これを前提とする残業命令も有効であるとは認められず、Xは残業命令に従う義務があったとは言えないから、残業命令を拒否して残業をしなかったからといって、就業規則の所定の解雇理由があったとはいえない。」（上告棄却（上告審：最高裁第2小法廷平成13年6月22日判決労判808号11頁）により確定）

関係法令等

① 労基法18条（強制貯金）、24条（賃金の支払）、32条の2（1箇月単位の変形労働時間制）、32条の3（フレックスタイム制）、32条の4（1年単位の変形労働時間制）、32条の5（1週間単位の非定型的変形労働時間制）、34条（休憩）、36条（時間外及び休日の労働）、37条（時間外、休日及び深夜の割増賃金）、38条の2（事業場外労働）、38条の3（専門業務型裁量労働制）、38条の4（企画業務型裁量労働制）、39条（年次有給休暇）、90

条（作成の手続）

②　労契法８条（労働契約の内容の変更）、９条（就業規則による労働契約の内容の変更）

③　育介法６条（育児休業申出があった場合における事業主の義務等）

④　労基則６条の２（過半数代表者）

⑤　平10労働省令45号全面改正、平11労働省令51号一部改正

⑥　昭36･９･７基収4932号、昭46･１･1845基収6206号、昭63･１･１基発１号、昭63･３･14基発150号、平11･３･31基発168号、平11･３･31基発169号

コラム①　就業規則と労働協約

労働協約とは、労働組合と使用者との間で、労使関係のルールや組合員の労働条件に関して合意した事項を書面にしてまとめたものです。ここで定められる労使関係のルールとしては、組合活動に関すること、団体交渉に関すること、争議に関することなどがあり、組合員の労働条件としては、賃金、労働時間、休日、休暇などがあります。労働協約は、労働組合と使用者との間の合意なので、労使関係のルールが定められることは当然です。

他方で、組合員の労働条件については、個々の労働者と使用者との間の合意である労働契約や、就業規則、あるいは、労働基準法（以下、「労基法」といいます。）等の労働法令によっても定められています。

それでは、これらの決まり事の関係性はどのようになっているのでしょうか。

1　法令（労基法）・就業規則と労働契約の関係

まず、労基法13条は、労基法が定める基準に達しない労働条件を定める労働契約は、その部分については無効となり、無効となった部分は、労基法が定める基準がそのまま契約の内容になることを定めています。つまり、法令（労基法）＞労働契約となります。

また、労働契約法（以下、「労契法」といいます。）12条は、就業規則で定める基準に達しない労働条件を定める労働契約は、その部分については無効となり、無効となった部分は、就業規則で定める基準が労働契約の内容になることを定めています。つまり、就業規則＞労働契約となります。

もっとも、労基法や就業規則はあくまで最低基準を定めているだけなので、労基法や就業規則が労働契約に取って代わるのは、その基準に「達しない」労働条件のみであり、基準を「上回る」内容の労働条件はもちろん有効です。

例えば、「労働時間７時間、休憩なし」という契約（労基法34条１項違反）は「労働時間７時間、休憩45分」という契約に変わりますが、「労働時間７時間、休憩１時間」という契約はそのまま有効です。また、就業規則に「時給1,000円」と書いてあった場合、「時給900円」の契約は「時給1,000円」の契約に変わりますが、「時給1,100円」の契約はそのまま有効です。

２　労働協約と労働契約の関係

労働組合法（以下、「労組法」といいます。）16条は、労働協約に定める労働条件その他に関する基準に違反する労働契約の部分は無効となり、無効となった部分は当該協約で定める基準が労働契約の内容になることを定めています。つまり、労働協約＞労働契約です。なお、労働協約の効力は、その協約を締結した当事者である労働組合の組合員にしか及ばないのが原則ですが、一定の場合には、非組合員にもその効力が及びます（一般的拘束力、労組法17条・18条）。

ただし、労基法や就業規則と異なって、労働協約の定める基準は、原則として、基準に「達しない」労働条件だけではなく、基準を「上回る」内容の労働条件にも取って代わります。例えば、「時給900円」や「時給1,100円」の労働契約を締結したとしても、労働協約が「時給1,000円」と定めていた場合、契約内容は「時給1,000円」となってしまいます。

3　法令・労働協約と就業規則との関係

労基法92条1項および労契法13条によれば、就業規則は、法令または当該事業場について適用される労働協約に反してはならないとされています。また、労働協約は、労組法を根拠規定として効力が与えられています。したがって、これらの関係は、法令＞労働協約＞就業規則となります。

なお、就業規則が労働協約よりも有利な条件を定めていたとしても、労働協約と労働契約の関係と同様に、労働協約の内容が優先します。ただし、労働協約の内容が優先するのは、当該労働協約を締結した労働組合の組合員のみ（一般的拘束力が及ぶ労働者も含みます。）です。

4　まとめ

以上を整理すると、労働者の労働条件に関する決まり事の関係は、法令＞労働協約＞就業規則＞労働契約となります。

これらは、内容が重複することも多いので、上記の優先関係には注意が必要です。

これまで労働契約書のみで労働条件を変更してきた場合や、今後労働協約を締結している使用者が就業規則の変更を行う場合などは、これを機に、それぞれの決まり事の全体的な整合性を確認してみるのがよいかもしれません。

第2章 職場のハラスメント

1 パワーハラスメント

2 セクシュアル・ハラスメント

3 マタニティハラスメント

コラム② ＳＯＧＩハラスメント

2-1

パワーハラスメント

トラブル事例

複合商業施設内の婦人服専門店。販売員として配置されたＡは店舗担当の営業社員Ｂから、売上について厳しい指導を受けていました。Ｂは、Ａの配属にあたって上層部より、「Ａの販売能力は非常に高い」と聞かされていましたが、実際のＡの成績は期待はずれでした。

ある日、売り場のパソコンにＢからＡ宛てのメールが送られてきました。「お前のせいで売上が落ちている」「使えない」などの誹謗中傷メールでした。またその日以降、今までＢからメールにより伝達されていた会社の連絡事項が届かなくなりました。その後もＢの態度は冷たく、時にはＡへの指示の最中に、他の従業員の前でカウンターを叩きながら叱責するなど威圧的な行為もありました。

Ａはどこに相談してよいのかわからず、その後精神的にバランスを崩し、病気休職をするに至りました。会社はその事態を受け、メールの送受信履歴を調査、他の従業員の証言も得てＢに事実確認をしたところ、Ｂが事実を認めたため、２等級降格の懲戒処分とし、管理職教育、相談窓口の設置と周知など再発防止対策を講じました。

II 問題の所在

1 メールにより誹謗中傷し、他の従業員の前でカウンターを叩きながら叱責、必要事項を連絡しないなどの行為があったこと。

2 いじめ・嫌がらせやパワーハラスメントは、あってはならないことであることの従業員への周知または指導が不十分であったこと。

3 従業員が相談できる窓口の設置、周知がなされていなかったこと。

III 実務上の留意点

(1) パワハラの立法化

パワハラについては、これまで直接規定する法律がありませんでしたが、2019年、労働施策総合推進法により「職場において行われる優越的な関係を背景とした言動であって、業務上必要かつ相当な範囲を超えたものによりその雇用する労働者の就業環境が害されること」と定義されました。

そして、同法は事業主に対し、「当該労働者からの相談に応じ、適切に対応するために必要な体制の整備その他の雇用管理上必要な措置を講じなければならない」と事業主の措置義務を設けた上で(30条の2第1項)、労働者が上記の相談を行ったこと、また事業主による当該相談への対応に協力した際に事実を述べたことを理由として、当該労働者に対して解雇その他の不利益な取扱いをしてはならないこと(同条2項)、また、措置義務違反の事業主が都道府県労働局長の勧告に従わないときは、企業名等を公表できることを定めています(33条2項)。

同法は、大企業は2020年6月から、中小企業は2022年4月から適用されます。

⑵　パワハラの類型

同法を受けて2020年１月に告示された指針では、パワハラの代表的なケースを、事例を挙げて次のように整理しています。

①　身体的な攻撃（暴行・傷害）
- 殴打、足蹴りを行うこと
- 相手に物を投げつけること

②　精神的な攻撃（脅迫・名誉棄損・侮辱・ひどい暴言）
- 人格を否定するような言動を行うこと（相手の性的指向・性自認に関する侮辱的な言動を行うことを含む）
- 業務の遂行に関する必要以上に長時間にわたる厳しい叱責を繰り返し行うこと
- 他の労働者の面前における大声での威圧的な叱責を繰り返し行うこと
- 相手の能力を否定し、罵倒するような内容の電子メール等を、当該相手を含む複数の労働者宛てに送信すること

③　人間関係からの切り離し（隔離・仲間外し・無視）
- 自身の意に沿わない労働者に対して、仕事を外し、長期間にわたり、別室に隔離したり、自宅研修させたりすること
- 一人の労働者に対して同僚が集団で無視をし、職場で孤立させること

④　過大な要求（業務上明らかに不要なことや遂行不可能なことの強制・仕事の妨害）
- 長期間にわたり、肉体的苦痛を伴う過酷な環境下で勤務に直接関係のない作業を命ずること
- 新卒採用者に対し、必要な教育を行わないまま到底対応できないレベルの業績目標を課し、達成できなかったことに対し

厳しく叱責すること
・労働者に業務とは関係のない私的な雑用の処理を強制的に行わせること

⑤ 過小な要求（業務上の合理性なく能力や経験とかけ離れた程度の低い仕事を命じることや仕事を与えないこと）
・管理職である労働者を退職させるため、誰でも遂行可能な業務を行わせること
・気にいらない労働者に対して嫌がらせのために仕事を与えないこと

⑥ 個の侵害（私的なことに過度に立ち入ること）
・労働者を職場外でも継続的に監視したり、私物の写真撮影をしたりすること
・労働者の性的指向・性自認や病歴、不妊治療等の機微な個人情報について、当該労働者の了解を得ずに他の労働者に暴露すること

上記は代表的な例であり、その他これに当てはまらないケースも多々あります。また、パワハラは上司から部下に対するものばかりとは限らず、部下から上司へのパワハラもあり得ます。会社は、いじめ・嫌がらせ、パワハラは「人権侵害」であるという認識をもち、職場にその防止を周知徹底する必要があります。

⑶ 労災認定基準に「パワハラ」項目

2020年6月より、精神障害をめぐる労災認定基準が改正され、「パワハラ」が独立した認定項目となりました。これまでは「いじめ・嫌がらせ」の項目でパワハラ内容が判断されていましたが、労働施策総合推進法により、同月、大企業に対して職場でのパワハラ防止が義務化されたことに合わせたものであり、今後、パワハラに関する労災申請の増加が予想されます。

精神障害の労災認定基準は、経験した出来事から受けた心理的負荷の程度を「強」「中」「弱」で評価しますが、新たに設けられたパワハラ項目では、上司等から「人格や人間性を否定するような、業務上必要性がない又は業務の目的を大きく逸脱した精神的攻撃」「必要以上の長時間にわたる厳しい叱責、他の労働者の面前における大声での威圧的な叱責」が執拗に行われた場合などを「強」としています。

⑷　会社の法的責任

職場において、いじめ・嫌がらせによる違法行為が行われた場合、その責任を負う主体が、加害者であることはいうまでもありませんが、その加害者が管理職である場合は、会社としての行為とみなされ、その責任は会社も共同で負う可能性があります。また、加害者が管理職でない場合も、そのいじめ・嫌がらせ行為等の人権侵害行為を知りながら放置していたような場合や防止策等の措置を講じていなかった場合は、不法行為または債務不履行として、同様に会社の責任が問われることがあります。

菅野「労働法」より

いじめ・嫌がらせやパワーハラスメントは、法的問題としては、加害者である上司や同僚の被害労働者に対する身体、名誉感情、人格権などを侵害する不法行為責任や、企業の被害労働者に対する労働契約上の安全配慮義務違反の責任の有無の問題となる。不法行為責任の場合には、違法なパワーハラスメントについては、まず、その行為者である上司自身の不法行為責任（民 709 条）が認められ、この責任が会社に使用者責任（民 715 条）として帰責される。

特に、パワーハラスメントが相当期間にわたり執拗に繰り返された場合や長時間労働とともに行われて、労働者の自殺という痛ましい事態を惹起した場合には、当該上司と企業は多額の損害賠償責任を課されうる。企業は、パワーハラスメントを大きな経営リスクとしてとらえて、その防止、早期発見、迅速適切な対応に努めるべき時代となった。（258～259頁）

加害者が代表取締役であった場合は会社法350条（代表者の行為についての損害賠償責任）により、また取締役など役員であった場合は会社法429条（役員等の第三者に対する損害賠償責任）により責任を問われる場合もありますので、代表取締役をはじめ会社役員の言動にも注意が必要です。

(5) 会社がとるべき対策

前出の指針では、事業主がパワハラ問題に関し雇用管理上講ずべき措置を次のように示しています。

① 事業主の方針等の明確化、周知・啓発
　i パワーハラスメントの内容・方針の明確化、周知・啓発
　ii 行為者への対処方針・対処内容の就業規則等への規定、周知・啓発
② 相談等に適切に対応するために必要な体制の整備
　i 相談窓口の設置
　ii 相談窓口の担当者による適切な相談対応の確保
　iii 他のハラスメントと一体的に対応できる体制の整備
③ 事後の迅速・適切な対応
　i 事実関係の迅速・正確な確認
　ii 被害者に対する配慮のための対応の適正な実施
　iii 行為者に対する対応の適正な実施
　iv 再発防止に向けた対応の実施

④　上記①から③までの対応と併せて行う対応

ⅰ　相談者・行為者等のプライバシーを保護するために必要な対応、周知

ⅱ　パワーハラスメントの相談・事実確認への協力等を理由とした不利益取扱いの禁止、周知・啓発

職場ごとに何がパワハラにあたるかを整理し、「指導すべき事由」や「指導すべき時間・場所」、また「どの立場の上司」が「どのように指導する」かなど詳細なマニュアルをつくり職場に周知することで、パワハラとみなされるリスクは低くなると思われます。また、どのような行為に対してどのような懲戒処分が科されるかについても、あらかじめ規定しておくことが有用です。

Ⅲ　裁判例

⑴　山県貨物運送（控訴）事件（仙台高判平26･6･27労判1100号26頁）

被告会社上司からの日常的な叱責にさらされるまま過度の肉体的・心理的負担を伴う勤務状態に置いていたにもかかわらず、労働者の業務の負担や職場環境などに何らの配慮をすることなく、その長時間勤務等の状態を放置していた被告会社上司の注意義務違反により、上司個人に対する不法行為責任を認め、被告会社にも使用者責任を認めた例

「使用者に代わって労働者に対し業務上の指揮監督を行う権限を有する者（以下使用者と併せて「使用者ら」という。）は、使用者のこの注意義務の内容に従ってその権限を行使すべきであるところ、適応障害の発症及びこれによる自殺は、長時間労働の継続などにより疲労や心理的負荷等が過度に蓄積し、労働者が心身の健康を損なう態様の一つであるから、使用者らはそのような結果を生む原

因となる危険な状態の発生自体を回避する必要があるというべきである。そうすると、労働者が死亡した事案において、事前に使用者らが当該労働者の具体的な健康状態の悪化を認識することが困難であったとしても、これを予見できなかったとは直ちにいうことができないのであって、当該労働者の健康状態の悪化を現に認識していたか、あるいは、それを現に認識していなかったとしても、就労環境等に照らし、労働者の健康状態が悪化するおそれがあることを容易に認識し得たというような場合には、結果の予見可能性が認められるものと解するのが相当である。」

(2) ザ・ウインザーホテルズ・インターナショナル事件（東京高判平25·2·27労判1072号5頁）

酒にきわめて弱い体質であるにもかかわらず飲酒を強要、前日の飲酒による体調不良の状態での運転の強要、帰社命令に従わず直帰したことに対して、深夜、複数回にわたって怒りをあらわに非難した留守番電話のメッセージやメールを残した行為、夏季休暇中の原告に対し、「ぶっ殺すぞ」などという言葉を用いて口汚くののしり、辞職を強いるかのような発言をしたことを違法なパワハラと判断、慰謝料の支払いを命じた例

(3) X産業事件（福井地判平26·11·28労判1110号34頁）

高卒の新入社員が約半年後に自殺したことについて、手帳に残された「詐欺、泥棒と同じ」「死んでしまえばいい」などの言動は、叱責を超えた人格否定であり、極めて強度の心理的負荷を受け精神障害を発症したとして、自殺との相当因果関係を認め、会社および上司個人に対する損害賠償請求を認めた例

⑷　メイコウアドヴァンス事件（名古屋地判平26･1･15労判1096号76頁）

仕事のミスが多い社員に対し社長がミスの度に暴言・暴行を行ったために、当該社員の心理的ストレスが増大し、急性ストレス反応で自殺したのは、仕事のミスに対する叱責の域を超えた不法行為に該当し、同社員の自殺との因果関係を肯定し、損害賠償請求を認めた例

⑸　前田道路事件（高松高判平21･4･23労判990号134頁）

社員がうつ病を発症し自殺したのは、上司から、社会通念上正当と認められる職務上の業務命令の限界を著しく超えた過剰なノルマ達成の強要や執拗な叱責を受けたことによるとして損害賠償等を請求した事案につき、自殺の有力原因と主張された不正経理に対する上司による叱責は、正当な業務遂行の範囲内であるとし、会社の安全配慮義務違反、不法行為責任を認めなかった例

関係法令等

① 民法1条（信義則）、90条（公序良俗）、415条（債務不履行）、709条（不法行為）、715条（使用者責任）

② 安衛法71条の2（快適な職場環境を形成するために事業者が講ずる措置）

③ 労契法5条（労働者の安全への配慮）

④ 労災保険法　平23･12･26基発1226第1号（心理的負荷による精神障害の認定基準について）

⑤ 会社法350条（代表者の行為についての損害賠償責任）、429条（役員等の第三者に対する損害賠償責任）

⑥ 労働施策総合推進法4条14号、第8章（職場における優越的

な関係を背景とした言動に起因する問題に関して事業主の講ずべき措置等）

⑦　令２年厚労告５号（事業主が職場における優越的な関係を背景とした言動に起因する問題に関して雇用管理上講ずべき措置等についての指針）（令２・１・15）

2-2

セクシュアル・ハラスメント

Ⅰ　トラブル事例

総合病院勤務の医師Ａは日常的に看護師のＢに対し、挨拶代わりだとして肩を揉んだり、ときには臀部を触るなどの行為をしていました。ＢはＡに直接抗議しましたが「コミュニケーションだよ」と言って意に介さず、車に同乗して二人で検診に向かう際には、車内での性的発言や太ももに手を置くなどの行為もありました。

Ｂは、病院のセクハラ相談窓口である看護師長にセクハラの事実を告げ相談しましたが、看護師長は「今時の若い子は神経質すぎる」といわんばかりの対応で相談に乗ろうとせず、Ｂはさらにショックを受けました。

Ｂは次に病院長に対し事実を伝えましたが、病院長は「Ａ先生は病院にとって必要な人。よく指導しておくから今回は大目にみてやってほしい」とＡを擁護するような発言を繰り返しました。その後もＡの態度は改まらないため、再度病院長に相談しましたが、今度は相手にされませんでした。

Ｂは精神的苦痛に耐えかね心療内科に通うこととなり、最終的には退職せざるを得なくなりました。後日Ｂは、Ａの行為と病院の対応をめぐり慰謝料および治療費の請求をしましたが病院が応じなかったため、労働局の雇用環境・均等室に調停を申請し、結果として和解に至りました。

II 問題の所在

1 医師Aが性的な言動を日常的に反復継続して行っていたこと。

2 相談窓口が形骸化しており、2次被害を与えたこと。

3 病院長および看護師長が被害者の心情を理解しない発言をし、加害者への指導も十分行われていないなど、均等法における措置義務を果たしていないこと。

III 実務上の留意点

(1) セクハラの類型

一般的にセクハラは「相手方の意に反する性的言動」と言われることが多いですが、均等法では、「職場」における「性的な言動」への労働者の対応により、当該労働者が「不利益を受ける」こと、また「性的な言動」により当該労働者の「就業環境が害される」こととしています（11条1項）。

そして、同条に基づく指針においては、「性的な言動」への対応により労働者が解雇、降格、不利益配転など労働条件について直接的な不利益を受ける「対価型セクハラ」と、性的な情報の流布やヌードポスターの掲示などにより就業環境が害される（苦痛、就業意欲の低下、仕事が手につかないなど）「環境型セクハラ」に分類しています。

各セクハラ類型の典型例を挙げると次のとおりです。

《対価型セクハラ》

① 事務所内において事業主が労働者に対して性的な関係を要求したが拒否されたため、当該労働者を解雇すること

② 出張中の車中において上司が労働者の腰、胸等に触ったが抵抗されたため、当該労働者について不利益な配置転換をするこ

と

③　営業所内において事業主が日頃から労働者に係る性的な事柄について公然と発言していたが抗議されたため、当該労働者を降格すること

《環境型セクハラ》

①　事務所内において上司が労働者の腰、胸等に度々触ったため、当該労働者が苦痛に感じてその就業意欲が低下していること

②　同僚が取引先において労働者に係る性的な内容の情報を意図的かつ継続的に流布したため、当該労働者が苦痛に感じて仕事が手につかないこと

③　労働者が抗議をしているにもかかわらず、事務所内にヌードポスターを掲示しているため、当該労働者が苦痛に感じて業務に専念できないこと

⑵　セクハラの判断基準

セクハラの状況は多様であり、判断に当たり個別の状況を斟酌する必要があります。「相手方の意に反する性的言動」および「就業環境が害される」の判断に当たっては、労働者の主観を重視しつつも、事業主の防止のための措置義務の対象となることを考えると一定の客観性が必要です。

一般的には、意に反する身体的接触によって強い精神的苦痛を被る場合には、一回でも就業環境を害することとなり得ます。また、継続性あるいは繰返しが要件となるものであっても「明確に抗議しているにもかかわらず放置された状態」または「心身に重大な影響を受けていることが明らかな場合」には、就業環境が害されていると判断し得るものです。

さらに、男女の認識の違いにより生じている面があることを考慮

すると、被害を受けた労働者が女性である場合には「平均的な女性労働者の感じ方」を基準とし、男性である場合には「平均的な男性労働者の感じ方」を基準とすることが適当とされています。

(3) 均等法上の措置義務

前出の指針で示されている事業主が雇用管理上講ずべき措置義務は、次のとおりです。

① 事業主の方針等の明確化およびその周知・啓発

事業主が「セクハラは絶対にあってはならない」という方針を明確化するとともに、セクハラの行為者に対しては厳正に対処する旨を就業規則等の諸規程に規定し、労働者に周知啓発する必要があります。トップの決意表明を周知するだけでも従業員の意識が変わり良い影響が出てきます。就業規則、社内報やパンフレットへの記載、研修会の実施など周知方法はいろいろあります。また、行為者についての懲戒規定を整備し、行為者はこれに基づいて処分対象となることも明確にしておくことも重要です。

② 相談（苦情を含む。以下同じ。）に応じ、適切に対応するために必要な体制の整備

相談窓口をあらかじめ定め、その窓口担当者が内容や状況に応じ適切に対応できるようにしなければなりません。社内での設置が難しい場合は社外窓口を設けることも可能です。相談窓口の設置は形骸化しやすく、いざ対応しなければならない時に適切な対応ができないことも多々あります。日頃から研修を受けさせるなどして自覚を促すことも大切です。

また、この相談窓口への連絡手段は、電話、メールなど複数の方法を提示し、利用しやすい体制を整えましょう。相談はセクハラか否かがはっきりしないものであっても幅広く対応することが重要です。

③　職場におけるセクハラに係る事後の迅速かつ適切な対応

事実関係を迅速かつ正確に把握し事実確認ができた際は、行為者および相談者に対する措置を適正に行うこと、そして再発防止に向けた措置を講ずることが重要です。

④　上記①から③までの措置と併せて講ずべき措置

セクハラ事案について会社は、相談者・行為者の両者のプライバシーに配慮する必要があります。相談者・行為者等のプライバシーを保護するために必要な措置を講じるほか、相談者が相談したこと、事実関係の確認に協力したこと等を理由として不利益な取扱いをしない旨を就業規則に定めるなど、社内に周知することも大切です。

なお、上記の措置義務に関しては、2019年の均等法改正において、「不利益な取扱いをしてはならない」こと（11条２項）、他の事業主から措置義務実施への協力を求められた場合「これに応ずるように努めなければならない」こと（同条３項）が追加されました。

菅野「労働法」より

上記（均等法・筆者注）の規定（11条１項）は、セクシュアル・ハラスメントに関する法規制として、事業主に指針に従ったその防止と苦情処理のための雇用管理上の措置を義務づけるものであるが、作為・不作為の請求権や損害賠償請求権を与えるような私法上の効力をもつものではない。しかし、これについては、厚生労働大臣（都道府県労働局長へ権限を委任できる）の行政指導（29条）がありうるのみならず、企業名の公表の制度の対象とされ（30条）、また都道府県労働局長による紛争解決の援助（調停も含めて）の対象ともされている（16条）。

私法上は、セクシュアル・ハラスメントについては、従来どおり一般の不法行為法理のなかで直接の加害者（上司、同僚労働者、等）と事業主の損害賠償責任が問われ続ける。その場合、事業主は、指針に従った雇用管理上の対応を十分にしていれば使用者責任（民715条）を免れることになろう。(280～281頁)

⑷ 行為者・企業の責任

セクハラは、裁判において行為者および使用者の不法行為責任や、安全配慮義務違反等による債務不履行責任が問われています。とりわけ近年は、被害者が加害者の雇い主である企業に対して損害賠償を請求する裁判例が増えているほか、その責任は一企業の枠にとどまらず、グループ会社の就労者に対する親会社の相談体制の整備や信義則上の対応義務などにも向けられてきています（イビデン社事件）。

会社は、セクハラが「性差別」的な行為というだけでなく、広く「人格権侵害」にあたるものという認識を改めて自覚する必要があります。

菅野「労働法」より

セクシュアル・ハラスメントが社会的・法的に広くかつ強く是正を求められるのは、それが性差別行為としての性格を有しているばかりでなく、より根本的に女性（ないし男性）労働者の人格権侵害の性格をもつためであるといえる。セクシュアル・ハラスメントとは何か、なぜ是正されるべきかに関する議論は、労働者の人格権一般に関する認識を広めるのにも貢献したとみられる。(257頁)

裁判例

(1) イビデン社事件（最一小判平30･2･15労判1181号5頁）

親会社が、自社及び子会社等のグループ会社における法令遵守体制を整備し、法令等の遵守に関する相談窓口を設け、現に相談への対応を行っていた場合において、親会社が子会社の従業員によるセクハラに係る相談の申出の際に求められた対応をしなかったことについて、信義則上の義務違反が認められる場合があるとした例（ただし、同判例の事案では信義則上の義務違反を否定している）

「Ｘは、勤務先会社の指揮監督の下で労務を提供していたのであって、Ｙ１社は、Ｘに対し、指揮監督権を行使する立場にあったとか、Ｘから実質的に労務の提供を受ける関係にあったとみるべき事情はない。Ｙ１社において整備したコンプライアンス体制の仕組みの具体的な内容が、勤務先会社が使用者として負うべき雇用契約上の付随義務をＹ１社自らが履行し又はＹ１社の直接間接の指揮監督の下で勤務先会社に履行させるべきものであったとみるべき事情はない。

以上によれば、Ｙ１社は、自ら又はＸの使用者である勤務先会社を通じて、本件付随義務を履行する義務を負うものということはできず、勤務先会社が本件付随義務に基づく対応を怠ったことのみをもって、Ｙ１社のＸに対する信義則上の義務違反があったものとすることはできない。

もっとも、Ｙ１社は、本件相談窓口を設け、相談への対応を行っていたものである。このことからすると、本件グループ会社の事業場内で就労した際に、法令等違反行為によって被害を受けた従業員等が、本件相談窓口に対しその旨の相談の申出をすれば、Ｙ１社は、相応の対応をするよう努めることが想定されていたものといえ、上記申出の具体的状況いかんによっては、当該申出をした者に対し、当該申出を受け、体制として整備された仕組みの内容、当該申出に係る相談の内容等に応じて適切に対応すべき信義則上の義務を負う場合があると解される。」

⑵　下関セクハラ事件（広島高判平16·9·2労判881号29頁）

良好な職場環境を整備すべき義務違反の不作為が本件セクシュアル・ハラスメントの一因になったと認められるから、使用者たる会社は被害者に対し、不法行為責任を負うというべきであるとされた例

⑶　横浜セクハラ（建設会社）事件（東京高判平9·11·20労判728号12頁）

出向先の上司によるセクハラ行為につき、出向先会社の使用者責任があるとした例

⑷　東レエンタープライズ事件（大阪高判平25·12·20労判1090号21頁）

派遣先は、直接雇用の関係にある従業員と同様に、派遣労働者に対しても職場環境配慮義務を負っており、派遣元は派遣先が同義務を適切に履行するよう適切な配慮をすべき義務があるとして、派遣労働者が派遣先においてセクシャルハラスメント被害を受けた事案につき、派遣元の不法行為を認めた例

⑸　大阪海遊館事件（最一小判27-2-26労判1109号5頁）

管理者が女性派遣社員に行ったセクハラ行為は言語によるものではあるが、内容が常軌を逸しており、懲戒処分およびこれに伴う降格処分は相当とした例

関係法令等

① 民法415条（債務不履行）、709条（不法行為）、715条（使用者責任）

② 均等法11条（職場における性的な言動に起因する問題に関する雇用管理上の措置）、11条の2、11条の4、16条（紛争解決の促進に関する特例）〜30条（公表）

③ 労契法5条（労働者の安全への配慮）

④ 平18·10·11厚労告615号・平28改正（事業主が職場における性的な言動に起因する問題に関して雇用管理上講ずべき措置についての指針）

2-3

マタニティハラスメント

Ⅰ トラブル事例

従業員約30人の商社に10年間勤務していたAは、復職の意思を伝えた上で、昨年から育児休業を取得していました。Aは、2か月後の復職に備えて、会社に対し、半年間の業務の負担軽減を願い出たところ、前例がないということでパートへの身分変更を執拗に求められました。Aがこれを拒否すると、正社員の身分は保たれましたが、2等級降格（会社の基準では入社3年目の従業員と同じ等級）となり、復帰の際には、人員過多を理由に所属部署も異動となってしまいました。異動先の仕事はAにとって経験がなく、身体への負担は多くはないものの、精神的にはかなりの負担を強いるものでした。

会社は、人事権の範囲であり、従業員は従う義務があるという理由で、降格および異動を取り消さず、結果としてAの給料は月8,000円の減額となりました。これについてAが労働局に相談したところ、会社は指導を受けることとなり、Aの降格・異動は取り消されました。

Ⅱ 問題の所在

1 パートへの身分変更は、あくまでも提案であり、問題はないと思っていたこと。

2　業務の負担軽減は一時的な措置であるにもかかわらず、合理性のない降格をしてしまったこと。

3　Ａの復帰後を見据えた人事計画を行っていなかったこと。

III　実務上の留意点

⑴　マタハラとは？

マタニティハラスメントは、「マタハラ」という略語とともに広く知られるようになってきましたが、実際に何がマタハラにあたるのか、セクハラやパワハラと何が違うのか等、判断に迷うことが多いのも事実です。

いわゆる「マタニティハラスメント」とは、妊娠・出産、育児休業等を理由として嫌がらせをされること等を指し、事業主による不利益取扱いは、均等法、育介法において既に禁止されています。

現在、働く女性の約６割が第１子の出産を機に退職しているとされていますが、その理由の一つとして、マタハラや妊娠・出産をすると働き続けにくい職場環境であることが指摘されています。女性の活躍が求められる社会において、マタハラを理由に職場や仕事を辞めなければならないことは、働く者にとっても組織にとっても大きな損害になることは間違いありません。

⑵　不利益取扱いの判断基準

均等法９条では「婚姻、妊娠、出産等を理由とする不利益取扱いの禁止等」が定められ、育介法10条では「事業主は、労働者が育児休業申出をし、又は育児休業をしたことを理由として、当該労働者に対して解雇その他不利益な取扱いをしてはならない」としています。

このように、妊娠・出産、育児休業等を理由とする解雇・雇止め・降格等の「不利益な取扱い」は禁止されていますが、その判断基準について、育介法に基づく指針では「労働者が育児休業等の申出等をしたこととの間に因果関係がある行為であること」としています。

平成26年の最高裁判決（広島中央保健生協事件）を踏まえた通達では、妊娠・出産、育児休業等の事由の終了から１年以内の不利益取扱いについては、これらの事由を「契機」とした不利益取扱いであるとしています。また、事由の終了から１年を超えている場合であっても、その後初めて到来する人事異動や契約期間満了までの間に不利益取扱いがなされた場合も「契機として」いると解されています。会社が安全配慮のつもりで負担の軽い仕事に異動することも、本人が望まない場合であれば、不利益取扱いとされる可能性がありますので、注意が必要です。

(3) 違法とならない例外

一方、不利益取扱いが違法とならない例外として、次の２つのケースがあります。

① 業務上の必要性が不利益取扱いの影響を上回る特段の事情がある場合
- 経営状況が悪化しており、不利益取扱いをしなければ業務運営に支障が生じる状況にあり、不利益取扱いを回避する合理的な努力がなされ、人員選定が妥当である等
- 妊娠等の事由の発生前から能力不足等が問題とされており、不利益取扱いの内容・程度が能力不足等の状況と比較して妥当で、改善の機会を相当程度与えたが改善の見込みがない等

② 本人が同意し一般的労働者が同意する合理的理由が客観的に存在する場合
- 契機となった事由や取扱いによる有利な影響（労働者の求め

に応じて業務量が軽減される等）があって、それが不利な影響を上回り、不利益取扱いによる影響について事業主から適切な説明があり、労働者が十分理解した上で応じるかどうかを決められた等

⑷　マタハラの防止措置

マタハラの防止措置については、均等法、育介法の平成28年改正（平成29年1月1日施行）において、次のとおり雇用管理上の事業主が講ずべき防止措置義務が示されています。

①　事業主の方針の明確化およびその周知・啓発

②　相談（苦情を含む）に応じ、適切に対応するために必要な体制の整備

③　職場における妊娠、出産、育児休業等に関するハラスメントにかかる事後の迅速かつ適切な対応

④　職場における妊娠、出産、育児休業等に関するハラスメントの原因や背景となる要因を解消するための措置

⑤　①から④までの措置と併せて講ずべき措置

・相談者・行為者等のプライバシーを保護するために必要な措置を講じ、周知すること

・相談したこと、事実関係の確認に協力したこと等を理由として不利益な取扱いを行ってはならない旨を定め、労働者に周知・啓発すること

さらに、2019年の女性活躍推進法等改正法では、育介法上の事業主が講ずるべきハラスメント防止策として、次のように明文化し強化・拡充しました。

①　労働者が事業主に相談等を行ったこと等を理由とする解雇その他の不利益取扱いの禁止（25条２項）

②　労働者に対しマタハラへの関心と理解を深めるための研修の

実施その他必要な配慮（25条の2第2項）

③　事業主自らマタハラへの関心と理解を深め、労働者に対する言動に必要な注意を払う努力（25条の2第3項）

会社が行う防止策の具体的な例としては、研修の実施などによる周知・啓蒙のほか、つわりなどの体調不良による不就労が生じた場合の業務上の援助、相談・苦情窓口の設置、実態調査のためのアンケート調査などがあります。

(5)　行政指導と私法上の効力

事業主は、労働者から苦情の申出を受けたときは、社内の苦情処理機関に処理を委ねる等、自主的な解決に努めなければなりませんが、都道府県労働局長は、紛争当事者から援助を求められた場合、必要な助言、指導、勧告をすることができ、さらに、勧告を受けた事業主が従わなかった場合には、大臣名で企業名が公表されることになります。

均等法9条、育介法10条は強行法規であり、私法上の効力を有するとされています。均等法・育介法違反というだけではなく、民事訴訟にもなり得ることを視野にいれて、会社の体制整備を行う必要があるでしょう。

菅野「労働法」より

男女雇用機会均等法の「～しなければならない」（5条）、「～してはならない」（6条・7条・9条1項～3項）との諸規定は、いずれも私法上の強行規定である。したがって、それらに違反する行為は、法律行為（法的効果）としては無効であり（妊娠中の軽易業務転換を理由とする不利益取扱い禁止（9条3項）につき、広島中央保健生協事件（中略・筆者））、また対象労働者に財産的・精神的損害を与えれば、不法行為として賠償責任を生じさせる（中略・筆

者）。また、それら規定に反する就業規則については、労働基準監督署が変更命令を発しうる（労基92条２項）。（274頁）

Ⅲ 裁判例

⑴ 広島中央保健生協事件（最一小判平26･10･23労判1100号５頁）

女性労働者につき妊娠中の軽易な業務への転換を契機として降格させる事業主の措置について、均等法９条３項の禁止する不利益取扱いの該当性について争われた事案につき、均等法９条３項の趣旨および目的に実質的に反しないものと認められる特段の事情の存在を認めることはできないとした例

「一般に降格は労働者に不利な影響をもたらす処遇であるところ、上記のような均等法１条及び２条の規定する同法の目的及び基本的理念やこれらに基づいて同法９条３項の規制が設けられた趣旨及び目的に照らせば、女性労働者につき妊娠中の軽易業務への転換を契機として降格させる事業主の措置は、原則として同項の禁止する取扱いに当たるものと解されるが、当該労働者が軽易業務への転換及び上記措置により受ける有利な影響並びに上記措置により受ける不利な影響の内容や程度、上記措置に係る事業主による説明の内容その他の経緯や当該労働者の意向等に照らして、当該労働者につき自由な意思に基づいて降格を承諾したものと認めるに足りる合理的な理由が客観的に存在するとき、又は事業主において当該労働者につき降格の措置を執ることなく軽易業務への転換をさせることに円滑な業務運営や人員の適正配置の確保などの業務上の必要性から支障がある場合であって、その業務上の必要性の内容や程度及び上記の有利又は不利な影響の内容や程度に照らして、上記措置につき

同項の趣旨及び目的に実質的に反しないものと認められる特段の事情が存在するときは、同項の禁止する取扱いに当たらないものと解するのが相当である。」

本件については、被上告人において上告人につき降格の措置を執ることなく軽易業務への転換をさせることに業務上の必要性から支障があったか否か等は明らかではなく、本件措置により上告人における業務上の負担の軽減が図られたか否か等も明らかではない一方で、上告人が本件措置により受けた不利な影響の内容や程度は管理職の地位と手当等の喪失という重大なものである上、本件措置による降格は、軽易業務への転換期間の経過後も副主任への復帰を予定していないものといわざるを得ず、上告人の意向に反するものであったというべきであるから、本件措置については、被上告人における業務上の必要性の内容や程度、上告人における業務上の負担の軽減の内容や程度を基礎付ける事情の有無などの点が明らかにされない限り、均等法9条3項の趣旨および目的に実質的に反しないものと認められる特段の事情の存在を認めることはできないものというべきであると判断した。

なお、櫻井龍子裁判官の補足意見については、第3章2　育児休業制度およびその他の取組み〈本書116頁〉を参照してください。

関係法令等

① 均等法9条3項（婚姻、妊娠、出産を理由とする不利益取扱いの禁止等）、11条2項（妊娠・出産に起因する雇用管理上の措置）
② 育介法10条ほか（不利益取扱いの禁止）、25条（育児休業等に起因する雇用管理上の措置）
③ 女性活躍推進法
④ 平28厚労告312号（事業主が職場における妊娠、出産等に関

する言動に起因する問題に関して雇用管理上講ずべき措置についての指針）

⑤　平28厚労告第313号（子の養育又は家族の介護を行い、又は行うこととなる労働者の職業生活と家庭生活との両立が図られるようにするために事業主が講ずべき措置に関する指針の一部を改正する告示）

⑥　平27･1･23雇児発0123第1号（「雇用の分野における男女の均等な機会及び待遇の確保等に関する施行について」及び「育児休業・介護休業等育児又は家族介護を行う労働者の福祉に関する法律の施行について」の一部改正について）

⑦　平28･08･02職発0802第1号・雇児発0802第3号（育児休業、介護休業等育児又は家族介護を行う労働者の福祉に関する法律の施行について）

コラム②　SOGIハラスメント

「SOGI」ハラスメントという言葉をご存知でしょうか。「ソジ」ハラスメント、または、「ソギ」ハラスメントと読みます。

「SOGI」とは、Sexual Orientation and Gender Identityの略で、性的指向及び性自認に関するハラスメントのことをいいます。ここで、性的指向とは、自分がどの性に対して恋愛感情を抱くかという、恋愛対象の方向性のことをいいます。性的指向が同性であれば同性愛者（ゲイ）、異性であれば異性愛者（ヘテロセクシュアル）、どちらの性に対しても恋愛感情を持たないのであれば無性愛者（アセクシュアル）等といわれます。他方で、性自認とは、自分がどの性に属しているかについての認識のことをいいます。生物学的性と性自認が一致している場合はシスジェンダー、一致していない場合はトランスジェンダー、男女どちらでもない（男女どちらでもある）などいずれか一方に限定しない性別と認識している場合はX（エックス）ジェンダー等といわれます。

よく耳にする「LGBT」は、レズビアン（女性同性愛者）、ゲイ（男性同性愛者）、バイセクシュアル（両性愛者）、トランスジェンダーを表すアルファベットの頭文字を取った言葉ですが、特定のセクシャルマイノリティ（性的少数派）をカテゴライズするために使用されがちで、そのカテゴリーに当てはまる人が特異な存在であるかのような印象を生んでしまいます。他方で、「SOGI」とは、上述のように、人の属性を表しており、すべての人に関係する概念です。

「SOGI」という概念が提唱された背景には、これらの問題を、特定のマイノリティにのみ配慮が必要な課題として捉えるのではなく、すべての人の人権の課題として捉えるべきであるという考え方があります。

さて、令和元年6月5日に「女性の職業生活における活躍の推進等に関する法律等の一部を改正する法律」が公布され、同法第3条に基づいて「労働施策の総合的な推進並びに労働者の雇用の安定及び職業生活の充実等に関する法律」(以下、「労働施策総合推進法」といいます。)の改正が行われました。そして、労働施策総合推進法30条の2第3項を受けて、令和2年1月15日、厚生労働省により、「事業主が職場における優越的な関係を背景とした言動に起因する問題に関して雇用管理上講ずべき措置等についての指針」(令和2年厚生労働省告示第5号。以下、「指針」といいます。)が告示されました。

当該指針では、SOGIは個人情報であり、プライバシー保護の対象であることや、SOGIに対する否定や侮辱、本人の了解を得ない暴露がパワーハラスメントに該当することが明記されています。

また、当該指針では、職場におけるパワーハラスメント防止策として、事業主に対し、以下の措置を講じることを義務付けています。

①事業主のパワーハラスメントに関する方針の明確化及びその周知・啓発

②労働者からの相談(苦情を含む。)に応じ、適切に対応するために必要な体制の整備

③職場におけるパワーハラスメントに係る事後の迅速かつ適切な対応

④相談者・行為者等のプライバシーの保護及びその周知、相談者等の不利益取扱いの禁止及びその周知・啓発

これを受けて、事業主としては、例えば、①就業規則その他の職場における服務規律等を定めた文書に、職場におけるパワーハラスメントを行ってはならない旨の方針を規定し、管理監督者を含む労働者に周知・啓発すること、②パワーハラスメントに関する相談窓

口・担当者をあらかじめ定め、労働者に周知すること、③パワーハラスメントに係る事実関係を迅速かつ正確に確認し、事案の内容や状況に応じ、被害者と行為者の関係改善に向けての援助、被害者と行為者を引き離すための配置転換、被害者のメンタルヘルス不調への相談対応、行為者に対する懲戒処分等を講ずること、④相談者・行為者等のプライバシーの保護のために必要な事項をあらかじめマニュアルに定めてある旨や、パワーハラスメントの相談等を理由として労働者が解雇等の不利益な取扱いをされない旨を社内報等に掲載し、配布等すること、などが求められます。

なお、労働施策総合推進法33条1項は、厚生労働大臣は、同法の施行に関し必要がある場合には、事業主に対して、助言、指導又は勧告をすることができる旨定めています。そして、同法30条の2第1項に違反して必要な措置を講じない事業主や、同条2項に違反して労働者に対して不利益な取扱いをする事業主が、厚生労働大臣の勧告に従わなかった場合、その旨が公表される場合があります(同法33条2項)。

また、各都道府県労働局が、同法30条の2第1項に基づく事業主が講じるべき措置の実施状況等について報告を求めた際に、事業主がこれに応じなかったり、虚偽の報告を行ったりした場合、当該事業主は、20万円以下の過料に処せられるおそれがあります（同法36条1項、41条)。

以上の「SOGIハラスメント」を含む職場におけるパワーハラスメント防止措置について、大企業では、令和2年6月1日から、これらの実施が義務になります。なお、中小事業主に関しては、令和4年4月1日までの間、これらの実施が努力義務とされています。

第3章
休職・休業・年次有給休暇

1 私傷病休職
2 育児休業制度およびその他の取組み
3 年次有給休暇―年休権の成立と消滅
4 年次有給休暇―時季変更権と不利益取扱い

3-1

私傷病休職

Ⅰ トラブル事例

うつ状態となり６か月ほど私傷病休職をしていた従業員Ａが、休職開始時のＢ社との取り決め（毎月１回の会社への連絡）を守らなかっただけでなく、「今日から復職したい」と突然出社してきました。

Ｂ社は、医師の治癒診断書を求めるとともにリハビリ（短時間）勤務とそれに伴う給与減額を提案しましたが、Ａは「考えさせてほしい」と返事を保留したまま帰宅しました。その後Ｂ社は３回ほど「話し合いたいので出社するように」と電話しましたが、Ａは出社拒否を続けていました。

ところが４か月後、Ａがいきなり提訴（①復職申出日以後の賃金全額支払、②慰謝料として給与15か月分請求）してきたため、Ｂ社はやむを得ず争うことになりました。最終的には、第４回公判後、裁判所より退職を前提とする金銭和解の提案があり、Ｂ社はこれに同意しました。

Ⅱ 問題の所在

1 従業員Ａが休職開始時のＢ社との取り決め（毎月１回の会社への連絡）を履行していなかったにもかかわらず、Ｂ社がフォローしていなかったこと。

2 復職後の就労条件についての話し合いを従業員Aが長期間拒否していながら、B社は何の対応もしていなかったこと。

3 長期休職を想定した就業規則になっておらず、リハビリ出勤等復職時の制度も定めていなかったこと。

4 うつ病等精神疾患発症者へのB社の対応意識が希薄であったこと。

III 実務上の留意点

(1) 就業規則等による休職制度

休職は法律的な定義や規定がないことから、その利用者は従業員ではあるものの、当然に従業員の権利として存在するわけではありません。必要の都度、会社が休職命令として意思表示することによって具現化するものです。しかし、会社が休職命令を発するには、その根拠として就業規則や労働協約の定め（客観的、合理的理由）が必要です。

近年、長期私傷病に関する休職・復職に関するトラブルが増えていますが、争いになった場合、裁判所は就業規則等の合理的解釈という手法を採っています。その観点からも、就業規則や労働協約への明確な規定や、必要に応じた見直しが重要です。それはまた労務管理上、公平・公正な基準を設ける観点からも求められるものです。

菅野「労働法」より

「休職」とは、最大公約数的にいえば、ある従業員について労務に従事させることが不能または不適当な事由が生じた場合に、使用者がその従業員に対し労働契約関係そのものは維持させながら労務への従事を免除することまたは禁止すること、と定義できる。休職は就業規則の定めに基づく使用者の一方的意思表示（形成行為）によってなされるのが普通であるが、労働者との合意によってなされることもある。（742 頁）

裁判所は、これら休職制度を、その目的、機能、合理性、労働者が受ける不利益の内容等を勘案して、就業規則の合理的解釈という手法で法規制している。（中略・筆者）休職は、賃金不払のみならず、就労の禁止（免除）、勤続年数への不算入（一部算入）などの諸効果を合体した措置であり、それらが一体として有効性を判定されるべきものである。（743 頁）

⑵　企業実態に見合った休職制度の制定

休職制度は会社ごとに自由に定めることができますが、それだけに会社の規模、業種等の実態に見合った内容にしておかなければなりません（休職の種類、適用要件、休職期間中の待遇・手続き、復職の要件・手続き等）。

近年、うつ病等精神疾患による長期休職者が増加しています。それに伴って休職期間満了時の待遇を巡るトラブルが増えており、欠勤期間が長期に及ぶと考えられる場合の休職制度を明確にしておくことが重要になっています。所定の休職期間満了時の待遇、復職する場合の要件、リハビリ出勤や短時間勤務等の完全復職に向けた過渡的措置の手続きや就労条件等を定めておくとともに、行政通達や裁判例も踏まえた随時の見直しが必要です。

菅野「労働法」より

主要なものとしては、第１に、「傷病休職」（「病気休職」）がある。これは業務外の傷病による長期欠勤が一定期間（３カ月～６カ月が普通）に及んだときに行われるもので、休職期間の長さは通常勤続年数や傷病の性質に応じて異なって定められる。この期間中に傷病から回復し就労可能となれば休職は終了し、復職となる。これに対し回復せず期間満了となれば、自然（自動）退職または解雇となる。以上のとおり、この制度の目的は解雇猶予である。

第２に、「事故欠勤休職」がある。これは、傷病以外の自己都合による欠勤（事故欠勤）が一定期間（「１カ月」が多いようである）に及んだときになされる休職措置であり、休職の期間は「１カ月」や「２カ月」として制度化される。（中略・筆者）これも解雇猶予措置である。

第３には、刑事事件に関し起訴された者を一定期間または判決確定までの間休職とする「起訴休職」がある。（中略・筆者）

休職にはこのほか、（中略・筆者）出向休職、（中略・筆者）自己都合休職、組合専従期間中の休職などがある。これらの場合には、休職をもたらした事由が終了すれば復職することが予定される。

（742～743 頁）

⑶　裁判例における「治癒」概念の変化

私傷病休職後における復職の前提は、原則として、当該私傷病が治癒していることです。けがの場合は比較的容易に判断できますが、病気の場合は基本的には医学的所見に従うことになり、併せて業務遂行の可否についても判断する必要があります。

実務的には、主治医の治癒証明診断書や復職診断書等の提出に加えて産業医の所見を求めることになりますが、会社としては、当該従業員の復職に伴う安全配慮義務、および不完全な状態での復職により当該従業員の行為が第三者に損害を及ぼした場合の使用者責任についても考慮した上で、最終的に判断しなければなりません。

裁判例では、復職の要件としての「治癒」について、かつては「従前の職務を通常の程度に行える健康状態に復したとき」（平仙レース事件・浦和地判昭40･12･16労民16巻1113頁）としていましたが、その後、当初は軽易業務に就かせ、ほどなく通常業務への復帰可能という回復状況であれば、会社はそのような配慮をする義務があるとする裁判例（エールフランス事件・東京地判昭59･１･27労判423号23頁）が現れ、今日的には、職種を限定していない従業員が復職を申し出た場合は、従前の業務は無理であっても他に従事できる業務があると思われる場合はその業務への配置の可能性を検討しなければならないとする考え方（片山組事件、JR東海事件など）がほぼ定着しているといえます。

菅野「労働法」より

裁判例は、傷病休職期間の満了時において、従前の業務に復帰できる状態ではないが、より軽易な業務には就くことができ、そのような業務での復職を希望する者に対しては、使用者は現実に配置可能な業務の有無を検討する義務があるとするようになった。そして、休職期間満了者に対して、そのような検討によって軽減業務を提供せずに退職扱いや解雇を行った場合には、それらを就業規則上の要件不該当ないし解雇権濫用とし無効としている。（744～745頁）

⑷　うつ病等精神疾患による休職への対応

うつ病等精神疾患による休職は長期に及ぶのが特徴ですが、近年、この疾患に関するトラブルと裁判が激増しています。うつ症状の態様は近年多様化していることから、それらの情報を不断に収集し、症状に応じた適切な対応の工夫や休職後の復職への配慮が重要となっています。長期間の休職の満了時に、軽減された勤務によって復職可能性を判定することも行われるようになっています。

なお、この疾患に関連して労災の申立てや損害賠償を請求された場合は、過重労働の実態やセクハラ、パワハラなど労契法（5条）に抵触するような事実の存在が重要な判断要素になりますので、それらの事実関係を詳細に確認しておかなければなりません。

菅野「労働法」より

精神疾患による休職においては、企業は、医師の専門的判断を参考にしつつ、労働者の協力を得て段階的に回復を図り復帰させていく配慮を要請されており、休職期間満了の際に復職困難（退職）との判断をする場合には、そのような配慮を尽くしたか否かを問われるようになったといえよう。（746頁）

裁判例

(1) 片山組事件（最一小判平10・4・9労判736号15頁）

職種限定のない労働者が私傷病休職後に行った債務の本旨に従った労務提供の申出に対し、会社は配置可能業務を検討する義務があるとした例

「X（従業員）は、Y（会社）に雇用されて以来21年以上にわたり現場監督業務に従事してきたものであるが、労働契約上その職種や業務内容が現場監督業務に限定されていたとは認定されておらず、また（中略）自宅治療命令を受けた当時、事務作業に係る労務の提供は可能であり、かつ、その提供を申し出ていたというべきである。そうすると、右事実から直ちにXが債務の本旨に従った労務の提供をしなかったものと断定することはできず、同人の能力、経験、地位、Y会社の規模、業種、Y会社における労働者の配置・異動の実情及び難易等に照らしてXが配置される現実的可能性があると認められる業務が他にあったかどうかを検討すべきである。」

(2)　JR東海事件（大阪地判平11·10·4労判771号25頁）

私傷病による後遺障害はあっても、復職の申出があり、配置可能職場が現にある場合の解雇を無効とした例

(3)　NHK［名古屋放送局］事件（名古屋高判平30·6·26労判1189号51頁）

うつ病休職者に対し休職期間満了直前に無給のテスト出勤をさせて、職務復帰は無理と判定して解雇した措置につき、同人の疾病が根本的な原因解決に至っていない可能性があるとする医師たちの意見は首肯できるとして、復職可能性を認めなかった会社の判断を支持した例

(4)　綜企画設計事件（東京地判平28·9·28労判1189号84頁）

うつ病で２年間の傷病休職となった建築設計技師の復職について、抑うつ状態だが従前の勤務が可能、残業制限も解除可の旨の診断書が提出されたにもかかわらず、解雇通知を行ったことにつき、解雇を無効とし、休職状態は消滅していることから賃金請求権を失わないとした例

(5)　日本電気事件（東京地判平27·7·29労判1124号５頁）

アスペルガー症候群と診断された社員が職場復帰可能との診断書を提出したが、試験出社を実施した結果、コミュニケーション能力や社会性に改善が見られず休職期間満了により退職としたことにつき、同人の地位確認等の請求を棄却した例

関係法令等

① 民法415条（債務不履行による損害賠償）、709条（不法行為による損害賠償）、715条（使用者等の責任）

② 労基法89条（作成及び届出の義務）、90条（作成の手続き）

③ 労契法5条（労働者の安全への配慮）、6条（労働契約の成立）、7条（周知）

④ 平23･12･26基発1226第1号「心理的負荷による精神障害の認定基準について」

⑤「心の健康問題により休業した労働者の職場復帰支援の手引き」の改訂について（平21･3･23）

3-2

育児休業制度および
その他の取組み

Ⅰ トラブル事例

従業員Aは、産前産後休業および育児休業を取得した後に復職し、業務にあたっていました。勤務は短時間勤務としていましたが、子供の体調不良や健診などで頻繁に有給休暇を取得していました。

有給休暇の残日数が残りわずかとなったある日、Aは子供の予防接種に行く必要から、半日の看護休暇を請求してきました。会社は「半日の看護休暇は認められない」として、看護休暇より半日の有給休暇を使うように促し、Aの請求を拒否しました。しかし、Aは「法律で認められた権利です」と主張し、看護休暇に固執しました。子供の運動会などのために有給休暇を残しておきたい気持ちは理解できるものの、会社は、このまま半日欠勤すれば単なる私事欠勤または遅刻として処理するつもりでした。

このような場合、賞与の査定を下げて良いものか確認するため、顧問社労士に相談したところ、子の看護休暇は半日単位で取得することができ拒否できないこと、看護休暇を取得したことを理由として賞与の査定を下げることは不利益取扱いにあたることがわかり、会社はAの請求を認め、賞与への影響もないものとしました。

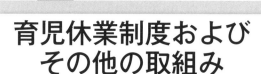

II 問題の所在

1 子の看護休暇より優先して有給休暇を取得させようとしたこと。

2 育介法における改正点（2017年1月1日より、看護休暇は半日単位で取得が可能となったこと）を知らなかったこと。

III 実務上の留意点

(1) 育介法の到達点

育介法は、1995年の育児休業法制定から改正を繰り返し、2017年改正によって現在の制度となりました。育児関連の制度を整理すると概要は次のとおりです。

① 育児休業

・子が1歳に達するまでの連続した期間（最長2歳まで延長可能）

・ただし、配偶者が育児休業をしているなどの場合は、子が1歳2カ月に達するまで出産日と産後休業期間と育児休業期間を合計して1年以内の休業が可能

② 子の看護休暇

・小学校就学の始期に達するまでの子を養育する労働者は、1年に5日（当該子が2人以上の場合10日）まで、病気・けがをした子の看護または子に予防接種・健康診断を受けさせるための休暇が取得可能

・半日（所定労働時間の2分の1）単位でも取得可能（1日の所定労働時間4時間以下の労働者等は除く）

③ 所定外労働の制限

・3歳に満たない子を養育する労働者が請求した場合、所定労働

時間を超えて労働させてはならない

④　時間外労働の制限

・小学校就学の始期に達するまでの子を養育する労働者が請求した場合、制限時間（１カ月24時間、１年150時間）を超えて労働時間を延長してはならない

⑤　深夜業の制限

・小学校就学の始期に達するまでの子を養育する労働者が請求した場合、午後10時から午前５時において労働させてはならない

⑥　所定労働時間の短縮措置等

・３歳に満たない子を養育する労働者であって育児休業をしていないものが希望する場合、１日の所定労働時間を原則６時間とする措置を含む措置を講じなければならない

・所定労働時間の短縮措置を講ずることが困難なときは、①育児休業に準ずる措置、②フレックスタイム制、③始業・終業時刻の繰上げ・繰下げ、④事業所内保育施設の設置運営等のいずれかの措置を講じなければならない

なお、2021年１月改正により、子の看護休暇、介護休暇については時間単位取得が可能となり、これは所定労働時間４時間以下の労働者にも適用されます。

⑵　2017年改正育介法のポイント

2017年改正育介法のうち、育児関連の改正点は主に次の内容となっています。自社の就業規則等に反映されているか、改めて確認しておきましょう。

①　育児休業等の対象となる子の範囲の拡充により、次の子が追加されました。

ａ）　特別養子縁組の監護期間中の子

b）　養子縁組里親に委託されている子

② 有期契約労働者の育休取得要件が緩和されました。

a）　申出時点で過去1年以上継続し雇用されていること

b）　子が1歳6か月になるまでの間に雇用契約がなくなることが明らかでないこと

③ 子の看護休暇の取得単位が柔軟化され、半日（所定労働時間の2分の1）単位での取得が可能となりました。この「半日」は、労使協定により所定労働時間の2分の1以外を「半日」とすることができます。なお、所定労働時間が4時間以下の従業員については適用除外とし、1日単位とされています。

また、業務の性質や業務の実施体制に照らして、半日を単位として取得することが困難と認められる業務に従事する従業員については、労使協定により除外できます。これらは、介護休暇の半日単位取得についても同様です。

④ ハラスメント防止のために必要な雇用管理上の措置が義務付けられました（後述「不利益取扱いの禁止」参照）。

なお、この改正についての詳細は、指針によって示されています。

(3)　不利益取扱いの禁止、私法上の効果

育介法においては、育児休業の取得等を理由とする不利益取扱いの禁止が定められています（10条、16条の4、16条の7、16条の10、18条の2、20条の2、23条の2）。

また、2017年改正では、職場における育児休業等に関する言動に起因する問題に関する雇用管理上の措置（25条）が設けられ、事業主がハラスメント防止のため適切な雇用管理上の措置を講ずることができるようにするため、防止の対象とするべき職場における育児休業等に関するハラスメントの内容および事業主が雇用管理上

措置すべき事項を指針によって定めています。

事業主による不利益取扱いのみならず、職場の管理職や同僚などからの不利益な言動により、就業環境が害されることのないよう、職場における育児休業等に関するハラスメントを防止するため、その雇用する従業員からの相談に応じ、適切に対応するために必要な体制の整備その他の雇用管理上必要な措置（例として、育児介護に関する規定の整備・周知・啓発、ハラスメントを懲戒処分の根拠として就業規則等に記載する等）を講ずることが必要です。

育介法における不利益取扱いとは、次の①②の理由により③のような行為をすることをいいます。

①　妊娠中・産後の女性労働者の妊娠、出産・妊婦検診などの母性健康管理措置・産前・産後休業・軽易な業務への転換・つわり、切迫流産などで仕事ができない、労働能率の低下・育児時間・時間外労働、休日労働、深夜業をしない

②　子供をもつ労働者の・育児休業・短時間勤務・子の看護休暇・時間外労働、深夜業をしない

③　解雇すること、期間を定めて雇用される者について契約の更新をしないこと、あらかじめ契約の更新回数の上限が明示されている場合に当該回数を引き下げること、退職または正社員を非正規社員とするような労働契約内容の変更の強要を行うこと、不利益な自宅待機を命ずること、降格させること、減給または賞与等において不利益な算定を行うこと、不利益な配置の変更を行うこと、昇進・昇格の人事考課で不利益な評価を行うこと、仕事をさせずもっぱら雑務をさせるなど就業環境を害すること

菅野「労働法」より

育児介護休業法上の上記の不利益取扱い禁止規定は男女雇用機会

均等法上の不利益取扱い禁止規定と同様の強行規定であり、違反の行為について法律行為としての無効性と不法行為としての違法性を生ぜしめると解される（広島中央保健生協事件ー最一小判平26·10·23（中略・筆者）における桜井裁判官補足意見参照)。(634頁)

育児介護休業法上の短時間勤務による勤務時間の減少を賞与の支給要件としての出勤率において欠勤扱いとすることは、育児介護休業法の権利保障の趣旨を実質的に失わせるほどの不利益を与える場合には、公序良俗違反として許されない、というのが判例である（学校法人東朋学園事件ー最一小判平15·12·4（中略・筆者))。しかし、上記のように不利益取扱い禁止が強行規定として法定された以上、上記育児休業等の申出者ないし取得者に対する賃金面でのノーワーク・ノーペイ原則を超えた不利益取扱いは、当該取扱いを首肯させる特段の合理的事情がない限り（不利益の程度を問わず）違法（無効、不法行為）となったと解される。(634頁)

なお、育介法における不利益取扱いについては、第２章３　マタニティハラスメント〈本書87頁〉でも解説しています。

⑷　実効性の確保措置

育介法の実効性の確保措置については、2009年改正で強化されました。具体的には次のとおりです。

①　苦情の自主的解決の努力義務（法52条の１）

②　労働局長による助言、指導、勧告の紛争解決援助制度（法52条の４）

③　労働局長による紛争解決の援助および調停委員による調停制度（法52条の６）

④　勧告に従わない企業名の公表制度（法56条の２）

⑤　報告を求められたにもかかわらず報告をしないまたは虚偽の報告をした者への過料制度（法68条）

これらの援助や調停を申し出たことを理由として、解雇その他不利益な取扱いをすることも禁止されています。

会社においては、上記制度を把握し、①の苦情の自主的解決の努力義務については、労使からなる苦情処理機関を設け、苦情の自主的解決の仕組みがある旨を従業員へ周知することが望まれます。

⑸　次世代育成支援対策推進法による取組み

次世代育成支援対策推進法は、急速な少子化の進行等を踏まえ、次代の社会を担う子どもが健やかに生まれ、かつ育成される環境の整備を図るため、国・地方公共団体、事業主、国民のそれぞれの責務を宣言し、国・地方公共団体の環境整備の施策と事業主の環境整備の取組みを推進するため、2003年に10年間の時限立法として制定され、その後2025年３月まで延長されています。

企業においては、「一般事業主行動計画」の策定と都道府県労働局への届出が義務付けられており、対象となっている常時雇用従業員300人超の企業について、令和４年４月からは100人超企業へと対象が拡大されます。「行動計画」では①計画期間、②達成すべき目標、③実施する次世代育成支援対策の内容および実施時期を定めることとされています（100人以下の企業は努力義務）。

また、上記行動計画に定めた目標を達成するなど、一定の基準を満たした企業は、申請することにより厚労大臣の認定を受け、認定マーク「くるみん」を使用することができ、さらに、より高い水準の取組みを行い一定の基準を満たし「特例認定一般事業主」の認定を受けると、特例認定マーク「プラチナくるみん」が付与されます。これらのマークは、企業の商品、広告などに自由に使用することができ、企業のイメージアップ、採用・定着などに役立つほか、税制の優遇措置もあります。

また、同様の取組みとして、「仕事と介護を両立できる職場環境」整備促進のためのシンボルマーク「トモニン」があります。トモニンは仕事と介護の両立支援サイト「両立支援のひろば」に登録した企業で活用することができます。

(6) 労基法等におけるその他の母性保護制度

以上の諸制度のほか、労基法においても、母性保護に関する制度が次のとおり定められています。

① 妊産婦に対し重量物、有害ガスその他有害な業務への就業禁止

② 妊娠中および業務しない旨を申し出た産婦の坑内労働の制限

③ 産前産後休業

④ 妊娠中の女性の請求に対する軽易業務への転換

⑤ 妊産婦の請求に対する変形労働時間制の適用制限、時間外・休日・深夜労働の禁止

⑥ 育児時間

⑦ 生理日の就業が困難な女性の請求による休暇

⑧ 産前産後休業期間およびその後30日間の解雇制限

また、関連法でも次のような制度があります。

① 雇保法における育児介護休業給付

② 健保法における出産育児一時金、出産手当金

③ 健保法、厚年法における産前産後休業期間中および育児休業期間中の社会保険料の免除、産前産後休業終了時または育児休業終了時の月額変更届など

④ 均等法における母子保健法に定める保健指導または健康診査の時間の確保

実務的には、これらの制度についても把握し、就業規則に規定するなど従業員への周知および法令遵守に努める必要があります。

Ⅲ 裁判例

(1) 広島中央保健生協事件（最一小判平26·10·23労判1100号5頁）

女性労働者につき妊娠中の軽易な業務への転換を契機として降格させる事業主の措置について、均等法９条３項の禁止する不利益取扱いの該当性について争われた例

櫻井龍子裁判官は、次のような補足意見を述べている。

「本件においては、上告人が職場復帰を前提として育児休業をとったことは明らかであったのであるから、復帰後にどのような配置を行うかあらかじめ定めて上告人にも明示した上、他の労働者の雇用管理もそのことを前提に行うべきであったと考えられるところ、法廷意見に述べるとおり育児休業取得前に上告人に復帰後の配置等について適切な説明が行われたとは認められず、しかも本件措置後間もなく上告人より後輩の理学療法士を上告人が軽易業務への転換前に就任していた副主任に発令、配置し、専らそのゆえに上告人に育児休業から復帰後も副主任の発令が行われなかったというのであるから、これらは上記に述べた特段の事情がなかったと認める方向に大きく働く要素であるといわざるを得ないであろう。」

「なお、上告人は育児休業を取得する前に産前産後休業を取得しているため、本件措置２が育児・介護休業法10条の禁止する不利益な取扱いに該当すると認められる場合には、産前産後休業を取得したことを理由とする不利益な取扱いを禁止する均等法９条３項にも違反することとなることはいうまでもない。」

⑵ 学校法人東朋学園事件（最一小判平15·12·4労判862号14頁）

産前産後休業等の期間を賞与支給要件の出勤した日に含めないことは公序良俗違反であるとした例

⑶ 日欧産業協力センター事件（東京高判平17·1·26労判890号18頁）

契約社員であることを理由とした育児休業拒否は不法行為に当たるとした例

関係法令等

① 民法90条（公序良俗）、709条（不法行為）
② 労基法19条（解雇制限）、第6章の2（女性）
③ 育介法、育介則
④ 雇保法61条の4（育児休業給付金）
⑤ 健保法102条（出産手当金）、159条（保険料徴収の特例）
⑥ 均等法9条（婚姻、妊娠、出産等を理由とする不利益取扱いの禁止等）、12条（妊娠中及び出産後の健康管理に関する措置）
⑦ 次世代育成支援対策推進法
⑧ 平28厚労告第313号（子の養育又は家族の介護を行い、又は行うこととなる労働者の職業生活と家庭生活との両立が図られるようにするために事業主が講ずべき措置に関する指針の一部を改正する告示）
⑨ 平27・1・23雇児発0123第1号（「雇用の分野における男女の均等な機会及び待遇の確保等に関する施行について」及び「育児休業・介護休業等育児又は家族介護を行う労働者の福祉に関する法律の施行について」の一部改正について）
⑩ 平28・08・02職発0802第1号・雇児発0802第3号（育児休業、介護休業等育児又は家族介護を行う労働者の福祉に関する法律の施行について）

3-3

年次有給休暇
── 年休権の成立と消滅

トラブル事例

Ａ社は食品や日用品を主に扱う小売店です。従業員にはパート・アルバイトも多く働いています。

ある日、入社５年目のパート従業員Ｂから年次有給休暇（以下、「年休」という。）取得の申し出がありました。Ａ社にはそのような仕組みはなかったことから、Ｂに対しては「パート従業員に有給休暇はありません」と回答しました。するとＢは、事前に労基署に確認したらしく、「要件を満たせばパート従業員でも年休はある」と言います。後日、インターネットで調べたところ、６か月間継続勤務し、全労働日の８割以上出勤していれば年休を与えなければならないことがわかりました。

しかしＢは、週２日出勤の契約であり、会社で定める全労働日の８割以上の出勤になることはあり得ません。それを踏まえて再度、年休はないことを伝えましたが、Ｂは強引に休んでしまったため、会社としては､その日を欠勤の扱いとし賃金を支払いませんでした。

その後Ｂは労基署に申告をし、会社は労基署の指導を受けて、全労働日についての解釈に誤りがあることがわかり、Ｂの休んだ日を年休取得日と認め、賃金を支払いました。

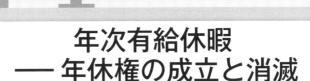

Ⅱ 問題の所在

1 パート従業員には年休権がないと思っていたこと。

2 全労働日を正社員の所定労働日だと思っていたこと。

Ⅲ 実務上の留意点

(1) 年休権の成立

年休権すなわち年休取得の権利は、従業員が６か月間継続して勤務し、全労働日の８割以上について勤務することにより、法律上当然に発生する権利です。正社員に比べて所定労働日数の少ないパート従業員についても年休は比例付与されるため、その範囲で年休権は発生します。

年休権の成立要件は以下のとおりです。

①　６か月間継続勤務

６か月間継続勤務とは、当該従業員の採用の日から６か月間継続して雇用されることをいいます。当該継続勤務要件は平成６年の法改正によって１年間から６か月間に改正されました。(改正法の経過措置で平成５年９月30日以前に雇い入れられた者については、従前の規定が適用)。継続勤務か否かは、在籍出向をしている、事業継承にあたり従業員の待遇等を含めた権利義務関係が新会社に引き継がれた、または正社員からパート従業員への身分の変更などによっては影響されず、また休職中でも在籍していれば継続勤務となります。なお、使用者が継続６か月間の満了前に従業員に対し年休を与えることも可能です。

②　全労働日の８割以上の出勤

全労働日とは、会社全体の労働日を指すのではなく、当該従業員が本来就労すべき労働日（労働契約上労働義務が課せられている日）を指します。また、８割以上の出勤か否かは、出勤日数を全労働日で除して算出し、労働義務の無い休暇の日などは、出勤日にも労働日にも含めません。

なお、出勤率算定にあたっては労使のバランスを考慮し、出勤日数に算入するのが相当でなく、全労働日にも含まれない場合として、ａ）不可抗力による休業日、ｂ）使用者側に起因する経営、管理上の障害による休業日、ｃ）正当な争議行為によって労務の提供が全くされなかった日などがあり、ｄ）**「就業規則上の慶弔休暇を取った日も同様の取扱いが通例であろう。」**（560頁）とされています。

また、全労働日に入り、かつ出勤したものとみなす場合として、ｅ）業務上の傷病により療養のため休業した期間、ｆ）産前産後の休業期間、ｇ）育児介護休業法に規定する育児ないし介護休業を取得した期間、ｈ）年休を取った日があります。

なお、当初は行政解釈により全労働日に算入されない日としてきたｉ）使用者の責めに帰すべき事由による休業日につき、最高裁が行政解釈と異なる判断を示しました（八千代交通事件最一小判平25・6・6）。

菅野「労働法」より

（中略・筆者）**争いがあったのは、⑨使用者の責に帰すべき事由による休業日であり、行政解釈は「全労働日」に算入されない日としていたが**（中略・筆者）**、有力学説は、全労働日には算入しつつ出勤したものとみなす日として取り扱うべきことを主張していた**（中略・筆者）**。最近、その典型ともいえる無効な解雇を争って職場復帰を果たすまでの期間について、最高裁が、後者のより有利な、出勤したものとみなす取扱いをすべきとの判断を示した。**（561頁）

上記の最高裁判決（八千代交通事件）を受けて前述の行政解釈も、労働者の責めに帰すべき事由によるとはいえない不就労日は、上記ａ）～ｃ）に該当する場合を除き、「出勤率の算定に当たっては出勤日数に算入すべきものとして全労働日に含まれるものとする。（中略・筆者）労働者が使用者から正当な理由なく就労を拒まれたために就労することが出来なかった日が考えられる」と改められました。

例えば、不当な解雇によるもののほか、病気休職後の復職を会社が拒否していた期間について争いになることなども考えられるでしょう。

なお、算定期間内の１年間において、この要件を満たさなければ、翌年の年休権は発生しません。出勤率の算定にあたっては、検討すべき期間が、通達の原則にあたるのか、例外にあたるのかを慎重に検討すべきでしょう。

⑵　年休の時季の指定

①　従業員による時季の指定

労基法においては、年休権をいつ、どのように行使するのかという従業員の時季指定権について定めています。

菅野「労働法」より

客観的要件充足（＊）によって当然に成立する年休権と、その目的物の特定のための時季指定権とは、相互に明確に区別される。（559頁）

労働者は取得した年休権の具体化の手段として、時季指定権を有する（労基法39条５項）。いいかえれば、時季指定は、労働者に権利として発生した年休の１つの特定方法（手続）である。（565頁）

＊　従業員が6か月間継続勤務し、全労働日の8割以上出勤すること（筆者）

時季の指定には、年休取得の希望を出し、その後に使用者との間で調整し、時期の決定に至る場合と、従業員自身が具体的時期を指定する場合があります。

なお、従業員の時季指定に一定日数前などの制限をかけることができるかという問題について、判例（電電公社此花電報電話局事件）では、合理的であるかぎり有効としました。

菅野「労働法」より

季節の指定と労働者・使用者間のその後の調整による年休日の特定も、時季指定のもう1つの方法である。この方法は、労働者個人と使用者の間で個人的に行われる場合と、労働者の集団または労働組合と使用者との間で集団的に行われる場合とがある。後者の集団的調整の結果、労使協定の締結に至れば、それは後述の計画年休となる。労使協定による計画年休と、時季指定による年休とは、この点で接合している。（566頁）

② 労使協定による計画年休

年休の取得促進の方法として労使協定による年休の計画的付与が挙げられます。これについては、計画的付与に反対の従業員を拘束しうるかという問題がありましたが、1987年の労基法改正により年休の計画的付与が認められることになりました。

なお、労使協定で年休の日が具体的に定められた場合には、これに反対する従業員に対してもその効力は及びます。また、計画年休に適さない従業員を、労使協定から除外することも可能です。

菅野「労働法」より

わが国の労働者が年休を取得しない理由としては、同僚・上司や職場の雰囲気への気がねが大きいので、年休取得を促進するには、職場で一斉にまたは交替で年休を計画的に消化するようにすることが効果的である。（中略・筆者）年休の計画的付与についての労使協定をすれば個々の労働者を拘束すること、このような意味で労使協定により年休日の特定をなしうることとした。ただし、労働者の完全な個人的使用のための年休も必要なので、これに５日の年休を留保し、５日を超える年休日についてのみ計画化できるようにした。そして、この計画年休を促進するためにも最低付与日数を６日から10日に引き上げた。（569頁）

⑶　使用者による時季指定

2018年の労基法改正により、年10日以上年休が発生した従業員に対し、基準日から１年ごとに区分した各期間に、労働者ごとにその時季を定めることにより、年５日の年休を与えなければならないとされました（労基法39条７項）。ただし、従業員の時季指定や計画年休により消化した年休日数は当該義務とされた５日から控除されます。

なお使用者がこの５日の年休を与える場合は、そのことを従業員に知らせたうえで、時季については当該従業員の意見を聴き、その意見を尊重するよう努めなければならないとされています。

この、使用者による時季指定について菅野「労働法」では、

「わが国従来の年休の労働者決定方式のなかに、欧州諸国におけ

る年休の使用者決定方式を部分的に導入したのである。ただし、労働者が時季指定した場合や計画的付与がなされた場合、あるいはその両方が行われた場合には、（中略・筆者）それらの日数が５日以上に達したときは、使用者は時季指定の義務から解放されることとしている。したがって、年休の労働者決定方式を優先させての部分的な使用者付与（決定）方式の導入であり、いずれかの方式を用いることにより最小限年５日の年休を必ず消化させようという施策である。」（564～565頁）としたうえで、指定時季に対する労働者の意見聴取とその尊重について「努力したうえで希望に添うことが要員管理上難しい場合には、有給休暇の時季を決定する権限と義務を与えられている、と解すべきものである。」（571頁）としています。

なお、使用者は従業員の時季指定、計画年休、使用者の時季指定によって年休を与えたときは、時季、日数および基準日を労働者ごとに明らかにした年次有給休暇管理簿を作成し、これを年休取得期間経過後、３年間保管しなければなりません。

⑷ 権利の消滅

民法の消滅時効が５年に改正されましたが、労基法において有給休暇の消滅時効は、令和２年現在、２年のままです。労基法は民法の特別法ですので、労基法の規定が優先されます。

また、通達によると「当該年度に使用し得なかった年次有給休暇は、次年度に限り繰越して行使し得るもの」とされており、また裁判例においても繰越しは認められています（国際協力事業団事件（東京地判平８·12·１労判729号26頁））。

そこで、繰り越された年休と新たに付与された年休は、どちらも使用可能となるわけですが、実際に年休を請求する際、どちらの年休を先に使用するのかでは、当年度限りで消滅する年休の日数、次年度の繰越日数に大きな差が生まれてきます。「従業員の時季指定は新規付与分からなされるべき」という根拠は、民法489条（弁済の充当）によるものですが、これは任意規定であり、労基法でもこれについては特に定めていないことから、当事者の合意によるものと解すことができます。

年休については、就業規則の絶対的記載事項ですので、就業規則に定めておく必要があります。また、指定された年休について、繰り越し分と当年度付与分のどちらから使用するのかについても定めておくべき事項と思われます。

なお、これについては、会社の慣習と従業員の理解度なども考慮したうえで、繰越し分から使用するという運用を選択することが、年休制度の趣旨と照らして妥当な判断と思われます。

菅野「労働法」より

労働者が繰越し年休と当年度の年休の双方を有する場合は、労働者の時季指定権行使は繰越し分からなされていくと推定すべきである（弁済の充当に関する民旧489条２号を引用して、当年の年休の時季指定と推定すべしとの反対説があるが、同号によるべき必然性はない）。（575頁）

繰越し分と新規付与分の年休のどちらを先に使用するのかについて、平成９年の労働省労働基準局編「全訂新版労働基準法（上）」（労務行政）では「民法489条により、当年度分が充当されたものと解すべきであろう」と記載されていました。

しかし、平成12年以降の同「改訂新版労働基準法（上）」においては、菅野「労働法」の上記記載内容をそのまま引用して解説されています。弁済の充当説についての記載はあるものの、反対説として紹介するにとどめており、厚労省もその見解を修正したということがうかがえます。

(5) 未消化年休の買上げ

年休の買上げを予約し、予約された日数について年休取得を認めないことは労基法39条に違反します。

しかし、時効により消滅してしまった年休や、退職することにより請求が不可能となった残余年休、法定以上の日数を付与していた部分についての買上げまでを禁止しているわけではありません。

その際の1日当たりの額については、法律で定めた年休という位置づけではないため、労使間で自由に設定することができます。

菅野「労働法」でも**「結果的に未消化の年休日数に応じて手当を支給することは違法でない。」**(575頁)と述べています。

(6) 消滅時効の起算日

年休の時効は労基法115条の規定により2年と定められていますが、その起算日について労基法では特段の定めがありません。この場合は民法166条1項により「権利を行使することができることを知った時から」または、「権利を行使することができる時から」と考えるべきであり、これを年休に当てはめると、年休の付与日または年休権を行使できることを知ったときから時効が進行するということになると考えられます。

例えば、入社時に年休を5日付与し、残りの5日については法定通り入社から6か月経過後に付与する場合には、入社時に付与された5日については入社日、残りの5日については、6か月経過後の日が時効の起算日となります。

(7) 労働契約の終了による年休の消滅

年休は労働契約の終了と共にその権利も消滅します。解雇などで会社の都合により一方的に労働契約関係が終了してしまうときであっても同様です。予告期間中に消化しない限り年休取得の権利は消滅してしまいますし、即時解雇の場合その権利を行使することはできません。

⑻　法定外年休と法定年休の違い

　法定外年休を定めた場合の取り扱い（請求権発生や消滅を含む）については、菅野「労働法」において次のように述べています。

　📖菅野「労働法」より ・・・・・・・・・・・・・・・・・・・・・・・・・・・・・・・

　法定日数を超える年休や法定要件が備わらないのに与えられる年休などの法定外年休については、その成立要件・法的効果などは当事者間の取決めに委ねられる。しかし、この年休が法定年休に上乗せする形で法定年休と同じ規定のなかに定められており、その要件・効果について特別の定めがなされていない場合には、法定年休と同様の要件・効果（私法上の）が約定されたと解釈できる。（576頁）

・・・

　以上のことから、法定外年休は、特別な定めをしていない場合は、法定年休と同様の性質をもち、特別な定めをした場合のみ法定年休とは別の性質を持たせることができるといえます。

　法定外年休と法定年休を区別して付与する場合には、就業規則においてその区別ができるように記載するなど、その日数および性質の違いなどを明確に示し、従業員に誤解を与えないよう周知することが必要です。法定外年休の運用にあたっては、繰越しの有無やその年数、買取りの可否、買い取る際は1日あたりの金額についてまで、会社独自に詳細な定めをしておきましょう。

法定外年休の具体的付与方法としては、①入社時に付与する、②法定日数より多く付与する、③消滅した年休を積み立てる、など様々な制度設計が可能です。

裁判例

(1) 八千代交通事件（最一小判平25･6･6民集67巻5号1187頁）

労働者が使用者から正当な理由なく就労を拒否されたことにより就労できなかった日は、有給休暇取得の成立要件である出勤率の算定に際しては、全労働日に含まれるとした例

「無効な解雇の場合のように労働者が使用者から正当な理由なく就労を拒まれたために就労することができなかった日は、労働者の責めに帰すべき事由によるとはいえない不就労日であり、このような日は使用者の責めに帰すべき事由による不就労日であっても当事者間の衡平等の観点から出勤日数に算入するのが相当でなく全労働日から除かれるべきものとはいえないから、法39条1項及び2項における出勤率の算定に当たっては、出勤日数に算入すべきものとして全労働日に含まれるものというべきである。」

(2) 電電公社此花電報電話局事件（最一小判昭57･3･18民集36巻3号366頁）

就業規則において年休の請求期限を原則として前々日までとした定めが有効とされた例

(3) 学校法人文際学園事件（東京地判　30･11･2　労判1201号55頁）

各有期契約間において約2か月の空白期間のある有期労働契約

が反復更新された事案において、講師契約の性質上に鑑み、かかる期間の存在を重視することは相当でないとし、年休の継続勤務要件を満たしているとされた例

⑷　国際協力事業団事件（東京地判平９・12・１労判729号26頁）

未消化年休の繰越しが有効とされた例

関係法令等

①　民法166条（消滅時効の進行）、489条（弁済の充当）

②　労基法39条（年次有給休暇）、115条（時効）、規則第24条の３第１項（比例付与）24条の６　１項２項（労働者の意見聴取等）24条の７（年休管理簿の作成）

③　昭和48・３・６基発110号（年次有給休暇の意義）、昭63・３・14基発150号（継続勤務）、昭33・２・13基発90号、昭63・３・14基発150号（全労働日）、平６・１・４基発１号、平11・３・31基発168号（育児・介護休業期間の取扱）、昭22・９・13基発17号（年休取得日の取扱）、平25・７・10基発0710第３号（全労働日の取扱い）、昭22・12・15基発第501号（年次有給休暇の繰越）、昭23・４・26基発651号（年次有給休暇請求権と解雇）、昭和30・11・30基収4718号（年次有給休暇と買上げの予約）平６・５・31基発330号（時効）

3-4

年次有給休暇
── 時季変更権と不利益取扱い

トラブル事例

金属加工業のＡ社は、会社業績も就労環境も非常に優良な企業です。100名余りいる従業員も、Ａ社で働くことに誇りをもっています。Ａ社は、入社後６か月経過しない従業員に対しても、入社月に応じて年次有給休暇（以下「年休」という。）を２日～10日、前倒し付与しているほか、年休の計画的付与について労使協定を締結。「年間休日カレンダー」を作成し、「年２日」の計画年休を運用していました。

あるとき、製造ラインの中心的存在である中堅従業員Ｂから、連続５日の年休の申請が提出されました。会社では、同社において過去に例のない連続年休であると考えながらも、それには触れず、①当該申請のあった年休期間は例年業務繁忙期であり、業務量の著しい増加が見込まれること、②従業員Ｂが休む期間、Ｂの仕事を担当する従業員を確保できないことなどを理由に、他の時季への変更を指示しました。

しかし納得できないＢは労基署に相談し、「繁忙期である」「他の従業員の確保が困難」という理由のみでは「時季変更権を行使するにあたっての配慮が足りない」と申し出てきました。

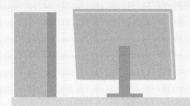

それを受けて会社は代替従業員について検討しましたが、社内で人員を確保することはやはり困難であり、派遣社員を増員して対応す

ることとしました。

Ⅱ 問題の所在

1 代替人員の確保を具体的に検討せずに時季変更権を行使しようとしたこと。

2 長期休暇請求に備えた組織的対応についての事前検討をしていなかったこと。

Ⅲ 実務上の留意点

(1) 時季変更権とは

時季変更権とは、従業員の時季指定権に基づき指定された時季を使用者が変更する権利のことです。使用者が有する時季変更権については、事業の正常な運営を保持するために必要あるときは従業員の意に反する場合においても年次有給休暇を与える時季の変更ができると解されますが、「事業の正常な運営を妨げる場合とは、個別的、具体的に客観的に判断されるべきものであると共に、事由消滅後能う限り速やかに休暇を与えなければならない」との行政解釈が示されています。

また、時季変更権の行使後は他の時季に年休を与える必要があり、年休を与えないということはできません。したがって、人員不足で常に代替要員の確保が困難であるとか、従業員が退職や解雇に伴い残余年休を一括請求した場合など、時季変更権を行使できないことが多々あるため、注意を要します。

なお、時季変更権行使後の年休は、従業員が別の日を指定できることから、会社が変更後の代替日を指定する必要はなく、菅野「労働法」では、「請求された年休を「承認しない」という使用者の意思表示も時季変更権行使の意思表示にあたる（中略・筆者）。」（566～567頁）と述べています。

(2)　時季変更権の適否

年休を何に使うのかは、従業員の自由であり、その目的次第で年休の取得を拒否、すなわち時季変更権を行使するようなことはできません（林野庁白石営林署事件・弘前電報電話局事件）。

ただし例外として、当然時季変更権を行使できる事案において、その権利を行使するか否かを判断するために休暇の目的を問うことは認められた判例があります（此花電報電話局事件）。

年休取得にあたっての時季指定の期限については、前述の此花電報電話局事件において、就業規則に定めた「原則として前々日の勤務時間終了時までに請求すること」という規定内容は、労基法39条に違反するものではなく合理的である限り有効であるとしています。また、会社の時季変更権行使については、時間的余裕がない状態で年休取得請求があった場合は、その時季変更が事後に行われたとしても適法であるとされています。

菅野「労働法」より

時季変更権行使の意思表示は、時季指定がなされたのち、事業の正常な運営を妨げる事由の存否を判断するのに必要な合理的期間以上には遅延させずに、できるだけ速やかに行われることを要する。（566～567頁）

なお、時季変更権行使が有効か否かは、事業の正常な運営を妨げるといえるか否かが重要な判断要素となりますが、この判断基準については、従業員の所属する事業場を基準として、①事業規模・内容、②担当する作業の内容、③作業の繁閑、④代行者の配置の難易、⑤労働慣行等諸般の事情、等を考慮して客観的に判断すべきとしています（此花電報電話局事件）。

　また、業務上必要な研修の日に年休の請求があった場合、その研修が従業員の能力の担保に必要不可欠なものであれば、時季変更権を行使する理由になるとの判例があります（日本電信電話事件・最一小判昭61・12・4労判486号6頁）。

(3)　配慮を欠いた時季変更権行使の違法性

　従業員が年休を取得すると、一時的にその部門に欠員が生じます。

　しかしながら、判例では使用者は「できるだけ労働者が指定した時期に休暇をとれるよう状況に応じた配慮をすること」「使用者がそのための配慮をしないことにより代替勤務者が配置されない時は、必要配置人員を欠くものとして事業の正常な運営を妨げる場合に当たるということはできない」（弘前電報電話局事件）とされており、通常の勤務割を変更して代替者を配置できる客観的な状況がある、もしくは代替要員を配置する配慮をせずに時季変更権を行使することは、事業の正常な運営を妨げる場合には当たらないと考えられます。

📖 **菅野「労働法」より** ･･････････････････････････････

　いいかえれば、業務運営に不可欠な者からの年休請求であっても、使用者が代替要員確保の努力をしないまま直ちに時季変更権を行使することは許されない。(567頁)

(4) 長期休暇取得時の従業員間の調整

従業員が長期休暇を取得する場合は、使用者の業務計画、他の従業員の休暇予定等との事前の調整を図る必要性を生じるのが通常です。これは、取得する休暇が長期であればあるほど、使用者において代替勤務者を確保することが困難となって、事業の正常な運営を妨げる要因になるからであり、このような会社との調整をせずに行った長期年休の請求については、会社にある程度、時季変更の裁量の余地があると認めざるを得ないと考えられます。なお、会社は時季変更権行使を検討する際、長期休暇については請求の一部のみを認めるという方法も可能です（時事通信社事件）。

実務上、会社の事情をまったく考慮しない長期の年休の時季指定というトラブルを回避するためには、時季変更権を行使して対処するほかありませんが、そのような事態を防ぐ意味でも年度当初に従業員の年休取得の予定を把握し、事前に必要な調整をしたり、長期休暇の請求時の対応については、他部門の従業員が応援に入る、もしくは派遣会社から派遣社員を受け入れるなどの方針決定をしておき、いざというときに慌てないよう、あらかじめ対策をとることも大切です。

菅野「労働法」より

結局、長期休暇の取得のためには、労働者による形成権行使としての時季指定と、これに対する使用者による時季変更権行使という仕組みは適合的ではなく、年度当初などにおける組織的調整による年休の計画化が必要といえる。（568 頁）

(5) 計画年休の時季変更

計画的に付与された年休の時季変更権は行使できない、と行政解釈により示されています。ただし労使協定により、やむを得ない特別な事由が生じた際の合理的な変更手続について定めた場合は、あらかじめ指定した年休の日を変更することは可能と考えられます。

菅野「労働法」より

すなわち、使用者による計画年休日の変更は、計画年休協定の関係規定に従って行われるべきものであるが、格別の規定がなければ、同協定の合理的解釈として、当該年休を実現するうえでの業務運営上の重大な支障が発生し、しかもこの支障発生が計画時には予測しえなかったことを要すると考えられる。（570 頁）

例えば、「計画当初は予測できないような事態が生じ、それによって事業の正常な運営を妨げるおそれがあるときは、会社は計画年休日の変更を申し出ることがある。この場合、従業員は特別の事情のない限りこれに応じなければならない」などと規定しておくことも有用でしょう。

(6)　不利益取扱いの違法性

使用者の誤解によって年休の取得に対する不利益取扱いが行われることがあります。年休取得に対する不利益取扱の禁止は努力義務規定ですが、努力義務規定の中には、「訓示的意味合いの努力義務規定」と、その具体的な努力義務の内容までを示した「具体的努力義務規定」があると考えられます。

昭和 62 年改正により、労基法附則 136 条は「不利益な取扱いをしないようにしなければならない」と規定され、努力義務の対象範囲が通達等により具体的に示された「具体的努力義務規定」となりました。

通達では「年次有給休暇を取得した日を欠勤として、または欠勤に準じて取り扱うことその他労働基準法上労働者の権利として認められている年次有給休暇の取得を抑制するすべての不利益な取扱いはしないようにしなければならないものであること」としています。改正前は、法39条の精神に反する、その程度によっては公序良俗に反する恐れがある、として労基署から指導対象とされていましたが、改正後は、附則136条に基づき更に指導を徹底することとした趣旨の通達が出され（昭63･1・1基発1号）、以後本件のような不利益取扱いは労基法附則136条違反として是正勧告の対象となりました。

一方判例では、労基法の規定は不利益取扱いの私法上の効果すなわち労使間で合意した契約内容を否定するまでの効力を有するものとは解されておらず、民法90条（公序良俗）を適用し、総合的にみてその不利益取扱いが無効か否かを判断しています。

これに対して、菅野「労働法」では、年休権保障の本旨、労基法改正の意義を重視し、疑問を呈しています。

菅野「労働法」より

労基法が、年休取得日につき一定額の賃金の支払を義務づけている趣旨には、精皆勤手当や賞与など年休取得日の属する期間に対応する賃金につき年休取得日を出勤した日と同様に取り扱うべきであるとの要請が含まれていると見るべきで、精皆勤手当や賞与の計算上年休取得日を欠勤扱いにすることは、私法上は違法（公序良俗違反）と解される。また、年休権保障の趣旨に照らせば、昇給・昇格などの処遇において年休取得を理由に不利益な取扱いをすることも同様に私法上違法であると解される。労基法の1987年改正法は、「使用者は……有給休暇を取得した労働者に対して、賃金の減額その他不利益な取扱いをしないようにしなければならない」と規定したが（附則136条）、これは年休権保障のなかに含まれる不利益取扱禁止の私法規範を確認したものと解すべきである。上記判例（（中略・筆者）沼津交通事件－最二小判）は、同規定を努力義務規定であり、私法上の効力は存しないと解釈したが、年休権保障の本旨と、1987年改正の意義を理解しない見解で賛成できない。（576頁）

以上のことから、年休取得の抑制につながるような、あらゆる不利益取扱いについて注意する必要があります。過去の判例においても、沼津交通事件とは別の見解を示しているもの（エス・ウント・エー事件）もあることから、労基法の趣旨をよく理解した判断が求められます。

Ⅲ　裁判例

(1)　電電公社此花電報電話局事件（最一小判昭57・3・18労判381号20頁）

■事後に行われた年次有給休暇の時季変更権行使を適法とした例

「使用者の時季変更権の行使が、労働者の指定した休暇期間が開始し、又は経過した後にされた場合であっても、労働者の休暇の請求自体がその指定した休暇期間の始期にきわめて接近してされたため使用者において時季変更権を行使するか否かを事前に判断する時間的余裕がなかったようなときには、それが事前にされなかったことのゆえに直ちに時季変更権の行使が不適法となるものではなく、客観的に右時季変更権を行使しうる事由が存し、かつ、その行使が遅滞なくされたものである場合には、適法な時季変更権の行使があったものとしてその効力を認めるのが相当である。」

なお、「原審は、その適法に確定した事実関係のもとにおいて、上告人らの本件各年次有給休暇の請求が就業規則等の定めに反し前々日の勤務終了時までにされなかったため、労働協約等の定めに照らし被上告人において代行者を配置することが困難となることが予想され、被上告人の事業の正常な運営に支障を生ずるおそれがあつたところ、上告人らが就業規則等の規定どおりに請求しえなかつた事情を説明するために休暇を必要とする事情をも明らかにするならば、被上告人の側において時季変更権の行使を差し控えることもありうるところであったのに、上告人らはその事由すら一切明らかにしなかったのであるから、結局事業の正常な運営に支障を生ずる場合にあたるものとして時季変更権を行使されたのはやむをえないことであると判断したものであって、所論のように、使用者が時季変更権を行使するか否かを判断するため労働者に対し休暇の利用目的を問いただすことを一般的に許容したもの、あるいはまた、労働者が休暇の利用目的を明らかにしないこと又はその明らかにした利用目的が相当でないことを使用者の時季変更権行使の理由としうることを一般的に認めたものでないことは、原判決の説示に照らし明らかである。」とした。

⑵ 林野庁白石営林署事件（最二小判昭48・3・2労判171号10頁）

年休の利用目的は使用者の干渉を許さない労働者の自由であるとした例

「年次有給休暇の権利は、労基法39条1、2項の要件の充足により、法律上当然に労働者に生ずるものであって、その具体的な権利行使にあたっても、年次休暇の成立要件として「使用者の承認」という観念を容れる余地のないことは、第1点につき判示したとおりである。年次休暇の利用目的は労基法の関知しないところであり、休暇をどのように利用するかは、使用者の干渉を許さない労働者の自由である、とするのが法の趣旨であると解するのが相当である」

⑶ 弘前電報電話局事件（最二小判昭62･7･10 労判 499 号 19 頁）

従業員が指定した時季に年休取得できるよう配慮せず、時季変更権を行使することは許されないとした例

⑷ 時事通信社事件（最三小判平４･６･23 労判 613 号６頁）

長期休暇の年次有給休暇取得の時季変更権行使につき適法とした例

⑸ エス・ウント・エー事件（最三小判平４･２･18 労判 609 号 12 頁）

賞与の算出に際して年休権行使を欠勤として扱うことは許されないとし、賞与の減額分の支払請求を認容した例

⑹ 日本シェーリング事件（最一小判平元･12･14 労判 553 号 16 頁）

賃上げ条件としての稼働率算定の基礎となる不就労日に年休取得日を含んだことにつき、公序に反し無効であるとした例

⑺ 沼津交通事件（最二小判平５･６･25 労判 636 号 11 頁）

勤務予定表作成後の年休取得による皆勤手当の減額は、公序に反する無効なものとはいえないとした例

関係法令等

① 民法90条（公序良俗）

② 労基法39条（年次有給休暇）附則136条（年次有給休暇取得に伴う不利益取扱い）

③ 昭23・7・27基収2622号（時季変更権の行使）、昭49・1・11基収5554号（解雇予定日を超える時季変更権の行使）、昭63・3・14基発150号（計画的年休付与と時季指定権・時季変更権の関係）、平25・7・10基発0710第3号（年次有給休暇算定の基礎となる全労働日の取扱い）、昭63・1・1基発1号（年次有給休暇取得に伴う不利益取扱い）

第4章
賃　金

1　賃金の意義と民法上の諸原則
2　労基法による賃金の保護
3　賃金債権の履行確保―未払賃金の立替払
4　割増賃金と固定残業代
コラム③　民法改正の影響

4-1

賃金の意義と民法上の諸原則

Ⅰ　トラブル事例

営業部門で働いている従業員Ａは最近成績が悪く、会社はその原因を探ろうと、Ａの過去数か月の仕事内容や営業実績を解析し、今後の対策を検討。それにより、会社は今後の営業方針・営業ルートについてＡに対して具体的な指示をしたつもりでいました。

しかし1か月後に確認したところ、やはりＡの営業成績は上がっていませんでした。不審に思った会社がＡに1か月間の活動報告書の提出を求めたところ、Ａは会社の指示した営業方針に従わず、独自の方針・ルートで動いていたことがわかりました。

それに立腹した会社が、その間の賃金（月額30万円）の支払いを拒否したところ、Ａは労基署に申告、会社は労基法24条違反として是正勧告を受けました。

会社は、業務遂行状況について一切把握していなかったなど労務管理に不備があったこと、一方的に賃金を支払わなかったことは会社に非があったことを認め、賃金の全額を支払うこととしました。

Ⅱ　問題の所在

1　Ａに対して、会社が指示した具体的な営業方針・ルート等は、業務命令であり、必ず従わなければならないものだという会社側の見解が正確に伝わっていなかったこと。

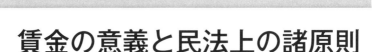

2 Aが会社の指示に従わなかったことを理由として、一方的に賃金を支払わなかったこと。

3 会社がAの業務遂行状況について日報等の提出を求めず、一切の管理をしていなかったこと。

Ⅲ 実務上の留意点

(1) 労基法24条の趣旨

本件のようなケースに遭遇した時、まず考えるべきことは賃金支払いの5原則（労基法24条）に違反する可能性についてです。この条文の趣旨は、会社が一方的に賃金を控除することを禁じて、従業員の生活の重要な糧である賃金を確実に受領させることにより、その生活を脅かすことのないよう保護を図ることですので、安易に賃金を支払わないという判断をすることは避けるべきです。

(2) 労務管理での解決を検討

本件トラブルの場合、会社が特別な指示を与えた従業員に対して、その指示に対する理解度の確認や業務遂行状況について一切の管理をしていなかったことは、会社の労務管理上の不備といえます。

会社の労務管理策として業務日報の提出を徹底し、それに従わなかった場合は、賃金を支払わないという方法ではなく、業務指示に従わなかったことについて懲戒規定を適用し、将来を戒める等の選択肢を検討すべきでしょう。（第9章3　懲戒の手段・事由・相当性〈本書369頁〉参照）

菅野「労働法」より

労働契約の本旨に従った履行の提供とはいえないが、その不完全さ（中略・筆者）が労務遂行に実質的な支障を生ぜしめる程度・態様のものでないという場合には、使用者は労務を受領したうえでその不完全さに対しては労務管理上の手段で対応すべきである（中略・筆者）。（993頁）

こうした検討を踏まえてもなお、会社として甘受することができない事情がある場合には、以下のような考え方を採用することが考えられます。

⑶　賃金請求権有無の検討（本旨弁済か否か）

民法では、雇用は、当事者の一方が相手方に対して労働に従事することを約し、相手方がこれに対してその報酬を与えることを約することによって、その効力を生ずるとしています。

また、労働者は労務の履行が終わった後でなければ報酬（賃金）を請求することができないとし、債務の本旨に従って労務の履行をしなければならないとしています。これに関連して賃金請求権の発生は、労働義務が現実に履行されることが要件であるとした、いわゆる「ノーワーク・ノーペイ」の原則を示した判例もあります（宝運輸事件－最三小判昭63･3･15民集42巻3号170頁）。

さらに、労契法においても「労働契約は労働者が使用者に使用されて労働し、使用者がこれに対し賃金を支払うことについて使用者および労働者が合意することによって成立する」（6条）としており、これによって労働することと賃金を得ることが対価関係にあることを示しています。

そこで問題となるのは、提供された労務の内容が労働義務を果たしたといえるものか、すなわち債務の本旨に従った労務提供（本旨弁済）であったといえるものかの判断です（JR東海事件）。

瑕疵ある労務提供があった場合の賃金請求権について、菅野「労働法」では次のように述べています。

菅野「労働法」より

労働者が怠業や一部労働の拒否のように瑕疵ある労務の提供をしている場合には、その瑕疵の内容・程度によっては債務の本旨に従った労務の提供といえず、使用者は、受領を拒否しても賃金支払義務を負わないケースがある。(425 頁)

なお、債務の本旨に従った労務の履行と賃金請求権について、菅野「労働法」では団体行動の章で、より具体的に述べています。

菅野「労働法」より

怠業（スロー・ダウン）や労務の一部拒否が行われた場合にも、労働者は、出来高給ないし歩合給の場合を除いては、契約上要求される労務を履行しなかった割合で賃金請求権を取得しない。その割合については、平常時になすべき労務の質・量に照らしてどの程度の不履行（不完全履行）があったかを個別具体的に算定すべきこととなる。そして裁判例は、これにつき、かなり精密な算定を要求している。

次に、出張・外勤拒否闘争のように使用者が命ずる種類の労務（出張業務・外勤業務）を拒否し、使用者が是認しない種類の業務（通常業務・内勤業務）に従事する争議行為が行われた場合の賃金カットの問題がある。労働契約上使用者が出張・外勤命令を発する権限を有していれば、そのような命令が出された以上、通常業務・内勤業務への従事は債務の本旨に従った労務の提供とはいえない。使用者がそれを受領したと認められないかぎり、使用者は上記命令の対象期間中の賃金をストライキの場合と同様にカットできる。
(992頁)

なお、使用者が是認しない業務に、労働者が既に従事している場合は、使用者がその労務を受領したと認められる可能性が高いため、それが本旨弁済でないことを会社が主張して賃金を支払わないことは、労基法24条違反として争いになることがあります。

このような場合は、労基署の調査時や裁判に耐えうる資料についても、あらかじめ確認・検討する必要があるでしょう。

⑷　賃金請求権の有無（帰責事由の有無）

労基法では「使用者の責に帰すべき事由による休業の場合においては、使用者は、休業期間中当該労働者に、その平均賃金の100分の60以上の手当を支払わなければならない」としており、また民法では、使用者の帰責事由により労働者の労働義務の履行が不可能となった場合には、使用者は反対給付の履行を拒むことができないとされています。

使用者の責めに帰すべき事由か否かについては、さまざまな場面で問題となっています。

菅野「労働法」より

民法によれば、労務の履行が不能の場合の賃金請求の可否は、その不能につき労務の債権者である使用者の「責めに帰すべき事由」があるか否かに依存する（民536条）。つまり、使用者の「責めに帰すべき事由」による履行不能の場合には労働者は賃金を請求できる（使用者はこれを拒否できない）のに対して（同条２項）、使用者に帰責事由のない履行不能の場合には使用者は賃金請求を拒否できる（同条１項）。履行の不能は、工場の焼失、主要な発注先の倒産などの客観的な事件によっても生じうるが、使用者の労務受領の拒絶という主観的な行為によっても生じうる。後者の典型的な場合は、労働者が解雇されて労務の受領を拒否されたため労務の履行が不能となった場合であるが、この場合の使用者の帰責事由の有無は、解雇に正当な理由があるか否か等として判断される（802〜４頁参照）。（424〜425 頁）

このように、使用者が従業員を正当な理由なく解雇するという行為は、従業員の債務を使用者が受領拒否していることとなります。

その場合は、従業員が解雇日以降の賃金請求権を得たこととなるため、実際に労働をする必要はなく、労務提供の準備があることを通知する口頭の履行提供で足ります。さらには、使用者の受領拒否が強固なものであるときは、口頭の労務提供の意思表示も要しないという見解もあります（最大判昭 32･6･5 民集 11 巻 6 号 915 頁）。

判例では、私傷病によって休職している者が復職を希望した事案において、たとえ、その労務提供が不完全なものとなる場合でも、現実的に配置可能性のある他の業務への労務提供を申し出ているのであれば、債務の本旨に従った履行が提供されていると判示され、従業員の賃金請求権が認められています（片山組事件）。これについて菅野「労働法」では**「この判旨は、労働者の病気についての使用者の配慮義務の作用として理解すべきであろう」**（425 頁）としています。なお、業務を限定した契約の場合に、本来の契約業務ができないとなれば、結論は異なってくる可能性があります。

(5)　賃金請求権と休業手当の関係

「帰責事由」についての労基法と民法の関係については、労基法で考える「帰責事由」は民法で考える「帰責事由」より広く、民法上は使用者の責めに帰すべきでないとされる原因（資金資材の獲得困難等）であっても、労働者の生活保障という観点から、平均賃金の６割以上（休業手当）の支払い義務を課しています。

これについて、菅野「労働法」では、「**要するに、休業手当は、労働者の最低生活を保障するために、民法により保障された賃金請求権のうち平均賃金の６割にあたる部分の支払を罰則によって確保したにとどまらず、使用者の帰責事由をも拡大した。**」（457頁）と述べています。

以上を踏まえると民事上、従業員が賃金を請求できる（使用者に帰責事由がある）事案については、従業員は100％の賃金請求権を主張でき、そのうち平均賃金の60％については労基法26条により罰則をもって使用者に支払いを課しています。また天災事変などの不可抗力に該当する場合を除き民事上で使用者の責めに帰すべきでないとされる（使用者に帰責事由がない）事案についても、平均賃金の60％まで同法で保護の対象としていると整理することができます。

また、判例や労基法通達においても、労基法26条は民法536条２項の規定を排除するものではないとされています（ノース・ウエスト航空事件－最二小判昭62･７･17民集41巻5号1283頁、昭22･12･15基発502号）。

何らかの事情で従業員の労務提供を拒む際は、相手の賃金請求権についても念頭におき、「休業手当として平均賃金の60％を支払えば何の問題もない」と安易に考えることは避けるべきでしょう。なお、労基法26条違反には、24条違反と同様、労基法114条「付加金」の適用がある点にも留意が必要です。

(6) 履行割合に応じた賃金支払の原則

民法改正により、労働者は、使用者の責めに帰することができない事由により労働に服することができなくなったとき、および、雇用が履行の中途で終了したときは、その履行した割合に応じて賃金を請求できる（624条2）という規定が新設されました。その具体的な例として菅野「労働法」では、**「天変地異によって事業場施設が倒壊し労働に従事できなくなった場合や、プロジェクト遂行のための雇用の途中に使用者の死亡によって雇用が終了した場合」**（424頁）を挙げています。

(7) 時効による請求権の消滅

令和2年4月1日前は、労基法115条により、労基法による賃金、災害補償その他の請求権は、2年間で消滅するとされていましたが、民法改正に関連して労基法の賃金請求権の時効も5年に改正されました。ただし、当面の間は3年とする経過措置が講じられています。また、退職金についての請求権は5年間です。なお、解雇予告手当は、従業員の請求権はないため時効の問題は生じないとされています。

裁判例

(1) 片山組事件（最一小判平10・4・9労判736号15頁）

職種限定のない労働者が私傷病休職後に行った債務の本旨に従った労務提供の申出に対し、会社は配置可能業務を検討する義務があるとした例

「労働者が職種や業務内容を特定せずに労働契約を締結した場合においては、現に就業を命じられた特定の業務について労務の提供が十全にはできないとしても、その能力、経験、地位、当該企業の規模、業種、当該企業における労働者の配置・異動の実情及び難易等に照らして当該労働者が配置される現実的可能性があると認められる他の業務について労務の提供をすることができ、かつ、その提供を申し出ているならば、なお債務の本旨に従った履行の提供があると解するのが相当である。」

⑵　NHK名古屋放送局事件（名古屋高判平30･6･26労判1189号51頁）

「テスト勤務」とはいえ、一部は指揮監督下にて業務を分担し、使用者がその成果を享受しているので、「労働」に該当し、無給の合意があっても最低賃金額相当の賃金請求権が発生するとした例

⑶　JR東海事件（東京地判平10･2･26労判737号51頁）

雇用契約上の債務の本旨に従った労務の提供がないとした例

⑷　オリエンタルモーター事件（東京高判平19･4･26労判940号33頁）

労働者の疾病により配置転換をする場合であっても、従前の経歴などを踏まえたうえで障害の程度を考慮した適切な代わりの業務に就けるよう配慮することが要請され、労働組合の役員である労働者に対して従来の能力を生かすことのできない業務に就かせ経済的に困窮させるなどしたことは、不当労働行為および不法行為を構成するとした例

関係法令等

① 民法493条但書（弁済の提供）、536条（債務者の危険負担）、623条（雇用）、624条（報酬支払の時期）

② 労基法12条（平均賃金）、24条（賃金支払の原則）、26条（休業手当）、114条（付加金）

③ 労契法6条（労働契約の成立）

④ 昭22･12･15基発502号（民法536条との関係）、昭23･6･11基収1998号（使用者の責めに帰すべき事由）昭27･5･17基収1906号（解雇予告手当の時効）

4-2

労基法による賃金の保護

トラブル事例

運送会社で働いている従業員Aの給料は月額30万円です。Aは、運転中の不注意から物損事故を起こし、会社に100万円の損害を与えました。会社がAに請求した損害賠償額は約50万円で、高額なため、Aは減額を申し出ましたが、会社はこれを拒否しました。Aは仕方なく請求額の交渉について労働局に助言を申し出ました。これにより、会社も認識を改めて、交渉に応じることとなり、結果として、20万円の賠償金を支払うことで合意しました。

会社とAは、引き続き賠償額の支払期限について交渉中でしたが、その後Aは自らの意思で退職することになりました。Aは「支払いをもう少し待ってほしい」と申し出ましたが、会社は退職するなら次回給与で全額を控除（相殺）するとしてAの希望を聞き入れませんでした。

間もなくAは退職をしましたが、会社はその後Aから特に連絡がないことで、相殺について黙示の合意があったものとして、賃金総額から賠償額の20万円を控除して支払いました。

Aは賃金と賠償額の相殺には同意していないとして労基署に指導を求めましたが、会社がこれに従わない為、未払賃金20万円と遅延損害金および付加金を求めて提訴し、最終的に請求額の1/2の金額で和解しました。

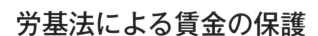

II 問題の所在

1 従業員Ａに対し高額な賠償額を請求したこと。

2 従業員Ａの明確な同意がないにもかかわらず、賃金と賠償額を相殺したこと。

III 実務上の留意点

(1) 賃金全額払いの原則と労使協定の位置づけ

賃金は、その全額を支払わなければなりません。しかし労基法では、過半数労組または労働者の過半数代表との間で賃金控除協定を締結すれば、賃金の一部を控除して支払うことができると規定されています（24条但書後段）。これにより、労使協定があれば個々の従業員の賃金から直ちに控除が可能となるかのように誤解されがちですが、関連通達では、この控除協定は「事理明白なものについてのみ法第36条の時間外労働と同様の労使の協定によって賃金から控除することを認める趣旨である」とされています。この趣旨は、労使協定があれば賃金から控除しても事業主は労基法違反で罰せられることはないという限定された意味であり、注意が必要です。

裁判例で、労基法24条但書後段の効力は、刑事罰の免罰効果はあるものの、個別もしくは包括的な同意がない場合は、その効力を認められない（富士火災海上保険事件）とされたように、賃金からの控除については、労使協定に加えて個別もしくは包括的な同意が必要とされています。

菅野「労働法」より

全額払の原則については、事業場労働者の過半数で組織する労働組合またはその過半数を代表する者との協定による例外の途が設定されている。この協定によれば、賃金からの控除は同原則の違反を免れるが（違反として罰則を適用されることも、強行法規違反として違法無効とされることもなくなる。170頁参照）、労働契約上控除が適法かどうかは別問題である。適法となるためには、労働協約または就業規則に控除の根拠規定を設けるか（労組16条、労契7条・10条）、対象労働者の同意（労契8条）を得る必要がある。（452頁）

賃金から一定額を控除する場合、労基法にはその上限について定めた規定はありませんが、民法510条および民事執行法152条の規定により、一賃金支払期の賃金または退職金の額の4分の3に相当する部分については、使用者から相殺することはできないとされています。

また、前述の労使協定についての賃金控除に関する通達では、事理明白なものについて、購買代金、社宅、寮その他の福利厚生施設の費用、社内預金、組合費等という例示がなされています。これをみるに、たとえ従業員の自由な意思に基づく合意によって会社との間で損害賠償額が決定されたとしても、それが事理明白といえるかという問題については疑問が残るので注意が必要です。

⑵　一方的な相殺は全額払違反

労基法24条の全額払い原則の趣旨は、賃金は労働者の生活を支える重要な財源であり、これを労働者に確実に受領させることにあるとされており、判例においても一方的な相殺は認められていません（関西精機事件（最二小判昭31・11・2）、日本勧業経済会事件）。

菅野「労働法」より

全額払の原則に関する最大の問題は、使用者による賃金債権の「相殺」も「控除」の一種として禁止されるかである。最高裁の２つの判例はこれを肯定した。（中略・筆者）

賃金全額払原則が相殺禁止を含むとの見解は、学説上も通説である（中略・筆者）。相殺禁止が全額払の原則に含まれていないとすると、使用者は労働者に責任ありと信じる損害金について、労働者が責任なしと主張している場合でも一方的に相殺ができることとなる（労働者の方が相殺された賃金額の請求の訴えを起こさねばならなくなる）ので、私は通説・判例を支持する。（453 頁）

⑶　合意による相殺

判例では、「労働者がその自由な意思に基づき右相殺に合意した場合においては、右同意が労働者の自由な意思に基づいてされたものであると認めるに足りる合理的な理由が客観的に存在するときは、右同意を得てした相殺は右規定に違反するものとはいえないものと解するのが相当である。」（日新製鋼事件最二小判平２·11·26 民集 44 巻８号 1085 頁）として合意を得て行う相殺を認めています。

これに対し菅野「労働法」では、労使協定なしに当事者合意のみで行う相殺について、労基法 24 条違反でないとする上記の判例の見解に疑問を呈しています。

菅野「労働法」より

理論的には、労働者の同意があっても使用者の法違反は成立するのが、労基法の強行法規としての帰結であり（たとえば賃金の天引き契約も当然に無効となる）、また全額払原則の例外は過半数組合

または過半数労働者代表の集団的合意があって初めて認められるはずなので、判例の解釈は疑問である。(455頁)

以上のように、「相殺」する場合の労使協定の要否を巡っては判例と菅野「労働法」の記載にあるような２つの考え方がありますので、実務的には労働者の合意に基づく「相殺」についても賃金控除に関する労使協定（賃金控除協定）を整備しておくことが望まれます。

(4)　黙示の合意

労働条件の中でも非常に重要な「賃金」については、黙示の合意は容易に認められるものではありません。賃金債権を放棄した場合や賃金の引下げに応じた場合等は、それが自由な意思に基づいていると認めるに足りる合理的理由が客観的に存在することが必要です（シンガーソーイング・メシーン・カンパニー事件)。なお、更生会社三井埠頭事件では、賃金減額に際し、直接異議を申し立てなかったことは認められるが、容認していることを表明した事実は認められないとして、黙示の承諾を否定しています。

(5)　従業員に対する賠償請求の制限

労基法では、使用者による賠償予定の禁止を定めていますが（16条)、関連通達では、使用者が従業員によって損害を被った場合にその賠償額を予定しておくことを禁止するものであって、「現実に生じた損害について、労働者に対し賠償請求をすることを禁止する趣旨ではないこと」とされています。

民法においては、債務不履行や不法行為により生じた損害について賠償請求できるとされていますが、労使間で同等にこれらを適用することは適切とはいえず、そのリスクは、事業活動によって利益を得る使用者が負うべきものといえます。

茨城石炭商事事件（最一小判昭51・7・8民集30巻7号689頁）では、従業員の不法行為に基づき発生した第三者に対する損害について、会社が第三者に賠償した後、会社から従業員に対して行った求償（民法715条3項）については、損害の公平な分担という見地から信義則上相当と認められる限度においてのみ請求できるとされました。

また、従業員の債務不履行を理由とする損害賠償請求の裁判である大隈鐵工所事件（名古屋地判昭62・7・27労判505号66頁）においても、会社は従業員に重過失がある場合のみ損害賠償を請求しうるとされ、上記二つの事件では、いずれも会社が従業員に請求できる範囲は、損害額の2割5分のみと、大きく制限されています。

以上のように、過去の裁判例では従業員に負担させる賠償額に対して高い割合での請求は認められていません。なお、賠償額の支払いについて従業員と会社の合意が成立した場合は、その内容を書面にし、従業員が自由な意思に基づいて合意したことが客観的に証明できるようにしておきましょう。

Ⅲ 裁判例

(1) 日新製鐵事件（最二小判平2・11・26労判584号6頁）

■合意による相殺は全額払に違反しないとした例

「被上告人は、右各借入金の残債務を退職金等で返済する手続を執ってくれるように自発的に依頼しており、本件委任状の作成、提出の過程においても強要にわたるような事情は全くうかがえず、被上告会社の担当者の求めに異議なく応じ、必要書類に署名押印をしているのであり、また、本件各借入金は、いずれも、借入れの際に抵当権の設定はなく、低利かつ相当長期の分割弁済、従業員の福利厚生の観点から利子の一部を被上告会社が負担する等の措置が執られるなど、被上告人の利益になっており、同人においても、右各借入金の性質及び退職するときには退職金等によりその残債務を一括返済する旨の前記各約定を十分認識していたことがうかがえるのであって、本件相殺における被上告人の同意は、同人の自由な意思に基づいてされたものであると認めるに足りる合理的な理由が客観的に存在していたものというべきである。」

「いわゆる賃金全額払いの原則の趣旨とするところは、使用者が一方的に賃金を控除することを禁止し、もって労働者に賃金の全額を確実に受領させ、労働者の経済生活を脅かすことのないようにしてその保護を図ろうとするものというべきであるから、使用者が労働者に対して有する債権をもって労働者の賃金債権と相殺することを禁止する趣旨をも包含するものであるが、労働者がその自由な意思に基づき右相殺に同意した場合においては、右同意が労働者の自由な意思に基づいてされたものであると認めるに足りる合理的な理由が客観的に存在するときは、右同意を得てした相殺は右規定に違反するものとはいえないものと解するのが相当である。」

⑵ 日本勧業経済会事件（最大判昭36·5·31民集15巻5号1482頁）

▌労働者の賃金債権に対して一方的な相殺は許されないとした例

⑶ シンガーソーイング・メシーン・カンパニー事件（最二小判昭48·1·19民集27巻1号27頁）

▌債権放棄も相殺と同様に合意があれば可とした例

⑷ 富士火災海上保険事件（東京地判平20·1·9労判945号5

頁）

賃金控除協定があっても、同意なき控除は労基法24条に違反するとした例

(5) 更生会社三井埠頭事件（東京高判平12·12·27労判809号82頁）

給与の減額につき、黙示の承諾はなかったとした例

(6) ユニデンホールディングス事件（東京地判平28・7・20労判1156号82頁

就業規則上の賃金減額規程は、減額事由、減額方法、減額幅等の点において、基準としての一定の明確性を有するものでなければ、そもそも個別の賃金減額の根拠たりえず、また労働者が自由な意思で当該賃金減額に同意したとも認められないことから、賃金減額を無効とした例

関係法令等

① 民法415条（債務不履行による損害賠償）、510条（差押禁止債権を受動債権とする相殺の禁止）、709条（不法行為による損害賠償）、715条1項（使用者等の損害賠償責任）、715条3項（使用者の求償権）

② 民事執行法152条（差押禁止債権）

③ 労基法16条（賠償予定の禁止）、17条（前借金相殺の禁止）、24条（賃金支払の原則）

④ 労契法7条（労働契約の内容と就業規則との関係）、8条（労働契約の内容の変更）、10条（就業規則による労働契約の内容の変更）

⑤　昭22・9・13発基17号（賠償予定の禁止）、昭27・9・20基発675号、平11・3・31基発168号（労使協定による賃金控除）、昭29・12・23基収6185、昭63・3・14基発150号（控除額の限度）

4-3

賃金債権の履行確保
── 未払賃金の立替払

Ⅰ トラブル事例

人手不足による経営難で取引停止状態が続いている会社です。従業員を５か月以上前に全員解雇しましたが、最終月の賃金、退職金、解雇予告手当は支払っていません。当初は法律上の倒産（破産）手続をとる予定でしたが、その後経済的余裕がなくなり、社長は失踪して行方不明、倒産手続は滞ったままとなっていました。

元従業員から賃金等未払分の支払いを迫られ、対応に困った取締役が調べたところ「未払賃金の立替払制度」の存在を知りました。

そこで社労士に相談すると、制度利用ができる申請期限が１週間後に迫っていることがわかりました。元従業員の理解を得て急ぎ手続きを進め、数か月後、元従業員に対して制度の枠内で賃金等未払額の支払いがされました。

Ⅱ 問題の所在

1 法律上の倒産手続をとるとしながら、着手しなかったこと。

2 立替払制度の知識がなく、利用できる申請期限が迫っていたにもかかわらず、対応していなかったこと。

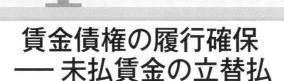

Ⅲ 実務上の留意点

(1) 倒産した場合の賃金債権

会社が倒産した場合、残った財産が少ないことも多く、賃金を支払えないことがあり得ます。法律上の倒産であれば、裁判所の選任した管財人等が、残った債権債務・財産等を整理しますが、事実上の倒産では、本件のように賃金を支払えないまま時間ばかり過ぎてしまうことにもなりかねません。

会社が倒産した場合でも、会社が負うべき賃金等の支払い義務がなくなるわけではありません。倒産により労働契約が消滅しても、賃金についての権利義務はそのまま残ることになります。

(2) 倒産の種類と「未払賃金の立替払制度」の関係

倒産処理には、債権者との個別交渉で債務を減らす私的（任意）整理と、法律上の倒産（清算型の破産と再建型の民事再生・会社更生）があります。法律上の倒産および中小企業の事実上の倒産の場合には、「未払賃金の立替払制度」を利用できる可能性がありますので、支払能力がなく賃金未払いのまま倒産となる場合は、同制度を利用するのも選択肢の一つです。

菅野「労働法」より

賃金支払確保法の主要な内容は、企業の倒産によって賃金（月例賃金、退職金）が支払われないまま退職を余儀なくされた労働者に対して、国が未払賃金の一部を立替払する制度である。未払賃金の立替払の受給者は毎年４万人から５万人に上っており、倒産時の労働者のセイフティ・ネットとして重要な機能を果たしている。（473頁）

なお、事業活動が停止し、再開の見込みがなく、賃金支払能力もない、いわゆる「事実上の倒産」については、労基署長の認定を受けることが必要です。

同制度における中小企業の範囲は以下のとおりです。

業種分類	中小企業基本法の定義
製造業その他	資本金の額又は出資の総額が3億円以下の会社又は常時使用する従業員の数が300人以下の会社及び個人
卸　売　業	資本金の額又は出資の総額が1億円以下の会社又は常時使用する従業員の数が100人以下の会社及び個人
小　売　業	資本金の額又は出資の総額が5千万円以下の会社又は常時使用する従業員の数が50人以下の会社及び個人
サービス業	資本金の額又は出資の総額が5千万円以下の会社又は常時使用する従業員の数が100人以下の会社及び個人

(中小企業庁HPより)

(3)「未払賃金の立替払制度」の概要と手続きの流れ

「未払賃金の立替払制度」は、労働者救済という観点から、法律上の倒産または中小事業の事実上の倒産の場合に、労働債権を回収できないまま退職してしまった従業員の救済を図るものです(賃確法7条)。同制度の利用にはいくつかの条件があり、その条件を満たさないと制度利用の対象とはなりません。

① 「未払賃金の立替払制度」利用にあたっての条件

ⓐ 1年以上事業を行っていたこと

ⓑ 会社が倒産したこと(法律上もしくは中小企業の事実上の倒産であること)

② 利用できる対象者

ⓐ 退職者(認定申請日以前6か月前から2年の間に退職した者)

ⓑ 未払い賃金が2万円以上残っている者であること

立替払を受けることができる人

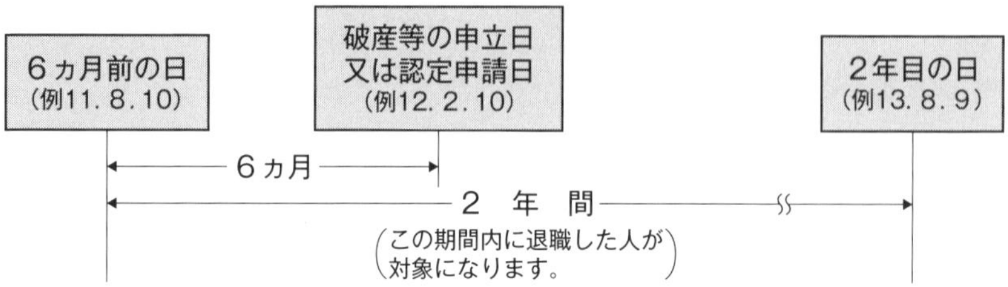

（厚生労働省 HP より）

③　対象となる賃金

立替払いの対象となる未払賃金は、請求する労働者の退職日の6か月前から独立行政法人労働者健康安全機構（旧労働者健康福祉機構、以下「機構」という。）に対する立替払請求の前日までに賃金支払日が到来しながら未払いとなった定期賃金および退職手当に限ります。

立替払の対象となる「未払賃金」

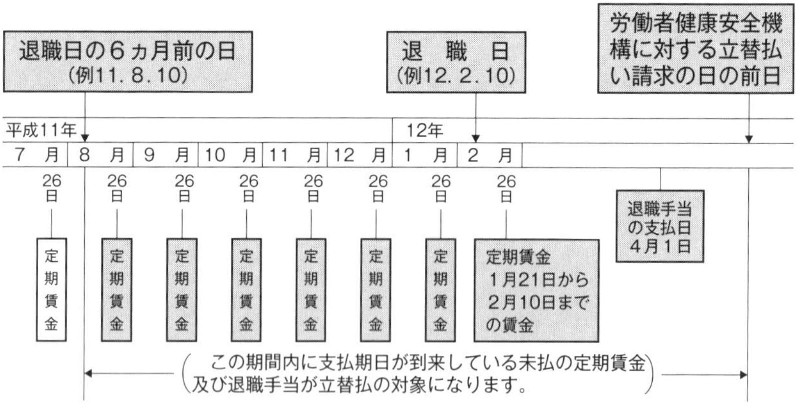

④　支払いまでの流れ（事実上倒産のケース）

〈手順1〉労基署へ倒産状態の認定申請（認定通知書の交付）

〈手順２〉労基署へ未払額等の確認申請（確認通知書の交付）

〈手順３〉機構へ立替払請求書の提出（確認通知書等を添付して機構に送付）

〈手順４〉立替払決定通知書の受取（入金）

＊　なお、法律上の倒産の場合は、裁判所が選任した管財人等が倒産の事実等を証明します。

⑤　認定申請および確認申請に必要な添付書類

認定申請の際には、労基署に申請人の賃金台帳・出退勤記録等を持参します。さらに、倒産状態がわかる資料の提出を求められることもあります。確認申請時には会社の退職金規程等のほか、立替払い請求者の賃金台帳・出退勤記録・労働者名簿・労働条件通知書等、指示された書類を提出します。なお、未払賃金が発生している従業員間で代表者を決め、全員分を取りまとめて提出することも可能です。

⑥　立替払いの額

受給できる額は、退職日前６か月から立替払請求の前日までの間に支払日が到来しているにもかかわらず未払いとなっている定期賃金および退職金（年齢に応じた上限110万円～370万円）の８割です。

なお、賞与については支給額が都度決定されることが多く、また企業が倒産する状況下において支給されることはあまりないため対象外とされています。解雇予告手当、遅延損害金、実費弁済の旅費等についても賃金ではないため、対象とはなりません。

⑷　立替払制度利用の留意点（事実上倒産のケース）

制度利用にあたっての一番の留意点は、認定申請する場合の申請期限です。これを過ぎると同制度は利用できません。認定申請は倒産状態を確認し認定する作業ですので、従業員１人が申請すれば足り、認定後に立替払いを希望する全員が確認申請します。労基署はここではじめて請求者全員の未払額等を確認することになります。

立替払金請求の期限は認定日の翌日から２年以内の日となっています。そして、労基署が確認通知書を交付するまでには、①１年以上その事業を行ってきたことの事実、②基準退職日、③退職時の年齢、④未払賃金の支払期日、⑤支払期日ごとの未払額など多くの確認が必要なため、申請から入金までには一定の時間を要します。この点は、あらかじめ従業員に説明しておく必要があるでしょう。

なお、倒産状態の認定や未払額等の確認作業に伴い、会社が必要書類を整理してその申請に協力することができれば、労基署からの確認通知書の交付時期が早まる場合もあり、従業員への早期支払にもつながります。

菅野「労働法」より

未払賃金を立替払することによって政府（機構）は、当該事業主に対し準委任または事務管理による費用償還請求権を取得する（民656条・650条・702条１項）。また政府（機構）は、債権者である労働者の承諾を得て、当該弁済に係る賃金債権を代位取得する。代位取得する賃金債権は、優先弁済されるべき労働債権としての性質を保持してのものである。政府（機構）は、これら請求権の行使によって未払賃金の立替払に要した費用の回収を図ることができる。（中略・筆者）

以上の未払賃金の立替払制度は、労災保険事業である社会復帰促進等事業の１つとして行われ、立替払の費用は全額事業主負担である労災保険料によって賄われる（労災保29条１項３号）。（474頁）

Ⅲ 裁判例

(1) 豊中管財・茨木労働基準監督署長事件（大阪地判平10・7・29 労判747号45頁）

▍最終就労日を基準退職日とした例

「企業倒産等に伴う労働者の保護という賃確法の立法趣旨からするときは、右基準退職日の退職とは、契約期間満了による自然退職や労働者の意思に基づく任意退職のみならず、解雇その他により雇用契約が終了する場合や、法律上は雇用契約の明確な終了原因が存しない場合であっても労働者が事実上就労しなくなった場合も含まれると解すべきである。けだし、このような場合には、労務提供の受領拒絶は事業主の責に帰すべき事由によるものであるから、労働者が自ら解約の申出をしない限り、未払賃金は増大してゆくのであって、これを全て立替払の対象にすることは、現に就労していない労働者の保護として明らかに行き過ぎであり、ひいては未払賃金立替払制度の健全な運営を阻害することとなるからである。」

関係法令等

① 民法650条（受任者による費用等の償還請求権）、656条（準委任）、702条1項（管理者の費用償還請求権）

② 賃確法7条（未払賃金の立替払）、賃確法施行令2条（立替の事由）、3条（退職の時期）、4条（立替払の対象となる未払賃金の範囲）、賃確法施行規則7条（事業活動に係る期間）～18条（立替払賃金の支給に関する処分の通知）

③ 労災保険法29条1項3号（社会復帰促進等事業）

④ 中小企業基本法2条

4-4

割増賃金と固定残業代

トラブル事例

食品製造業を営む従業員 20 人の会社です。所定労働時間は9時から 18 時の1日8時間です。タイムカードはなく、出勤の有無は、出勤簿に押印することで確認しています。退勤時間は把握していませんが、遅くとも毎日 21 時には全員が退社しています。

残業時間は、毎日3時間、1か月 21 日出勤することを基本として、3時間分の残業代を定額の手当として支給しています。取引先の急な都合で残業が多くなる月もありますが、ほとんどの月は 40 時間を超えて残業することはありません。会社には事務員もいないため、時間管理や残業代の計算などは、手間がかかって行えませんでした。

ある日、従業員が会社に対し、残業代が支払われていないと申し立てました。定額の手当として支払っていることを話すと、「定額なんておかしい」と言って納得しません。社労士に相談したところ、残業代を固定の手当として支払う事自体に問題はないが、割増賃金の定額制は、正確に労働時間の管理をし、定額の残業代に不足がある場合は、不足した差額の支払いが必要であること等、運用に問題がある可能性について指摘を受けました。これを受けて会社は、従業員に対して改めて制度の説明を行うとともに、運用の見直しをすることとしました。

II 問題の所在

1 従業員に対する固定残業代についての説明や就業規則の周知が不十分であったこと。

2 残業代を定額制にすれば、労働時間管理をしなくても問題ないと考えていたこと。

3 実際の時間外労働分より多くの残業代を支払っている月があるので、残業代が手当額を超えた月があっても、差額を支払う必要はないと思っていたこと。

III 実務上の留意点

(1) 時間外労働の割増率

労働時間は、原則として1週40時間、1日8時間以内とされており、それを超えて労働させるためには、36協定の締結と割増賃金の支払いが必要です。時間外労働の割増率は2割5分以上、法定休日の労働については3割5分以上とすることとされています。ただし、2010年4月からは、1か月45時間以上、60時間未満の時間外労働に対しての割増率は2割5分超とする努力義務が課されています。さらに、大企業に対しては、1か月60時間以上の時間外労働に対する割増率を5割以上とすることが義務づけられています。なお、中小企業においても2023年4月以降、1か月60時間以上の時間外労働に対する割増率を5割以上とすることが決定しています。

(2) 割増賃金の基礎としない賃金

労基法では、次の手当等については、割増賃金の基礎に算入しないこととしています。

①　家族手当

②　通勤手当

③　別居手当

④　子女教育手当

⑤　住宅手当

⑥　臨時に支払われた賃金

⑦　1か月を超えるごとに支払われる賃金

　ただし、上記①〜⑦は、手当の名称にかかわらず、実質で判断されます。各人の状況によらず、全員に対して一律に支払っている手当、毎月算定しているのに、支払いだけは2か月ごとに行っている手当などについては、再度検討の余地があるでしょう。

　なお、あらかじめ決定された年俸の一部を「賞与」として支給する場合、この「賞与」は、支給事由の発生が不確定であり、かつ非常に稀に発生する「臨時に支払われた賃金」とはいえず、「1か月を超えるごとに支払われる賃金」にも該当しないため、割増賃金の計算基礎に含めることとなります。

⑶　残業代を定額で支払う場合の注意点

　残業代を定額の手当として支払う際は、例えば「○○手当は時間外労働20時間分の割増賃金として支払うものとする。」などの規定をおき、周知することが必要です。

　この場合、20時間を超える時間外労働を行った際は、不足分の割増賃金を支払い、またその旨を就業規則等に定めておくことも必要です。

📖 菅野「労働法」より ・・・・・・・・・・・・・・・・・・・・・・・・・・・・・・・・・・・・・

　法所定の割増賃金に代えて一定額の手当を支払うことも、法所定の計算による割増賃金額を下回らないかぎりは適法である。ただし、法所定の計算方法によらない場合にも、割増賃金として法所定の額が支払われているか否かを判定できるように、通常の労働時間の賃金部分と割増賃金相当部分とを区別できるようにすることを要する（498頁）

従来、運用に問題があると裁判所が認めた固定残業代制度については、厳しい判決が続いており、固定残業代制度の想定を超えた残業時間が発生しているにもかかわらず、これによる残業代差額についての清算をしてこなかった事例については、多くの裁判例において固定残業代としての効力が否定されてきました。

しかし近年、業務手当について、①雇用契約に係る雇用契約書等の記載内容、②具体的な事案に応じ、使用者の労働者に対する当該手当や割増賃金に関する説明の内容、③労働者の実際の労働時間等の勤務状況などの事情を考慮して、時間外労働等に対する対価として支払われるものとされていたと認められると最高裁によって判断されたケース（日本ケミカル事件）や、飯島企画事件（東京地判平31・4・26労経速2395-33）のように、固定残業代で想定している時間外労働時間数と実際の時間数に相当程度の差異がある時間外手当が固定残業代として有効とされたように、労働契約の実態で判断する裁判例も出てきました。

ただし、ザ・ウィンザーホテルズインターナショナル事件（札幌高判平24·10·19労判1064号37頁）のように、長時間労働を前提とした固定残業代制度については「使用者の業務運営に配慮しながらも労働者の生活と仕事を調和させようとする労基法36条の規定を無意味なものとするばかりでなく、安全配慮義務に違反し、公序良俗に反するおそれさえあるというべきであり、したがって、本件職務手当が95時間分の時間外賃金として合意されていると解釈することはできない」とされた判決も出ています。労基法改正によって多くの業種において、常態化した長時間労働が法律上も不可能となっている今、長時間労働を前提とする制度設計や、労働時間管理を曖昧にして固定残業代を支払っている企業については、長時間労働の是正や労働時間管理の重要性を踏まえた制度の再検討をする必要があります。

イクヌーザ事件（東京高判平30・10・4労判1190号5頁）においては、基本給のうちの一定額について、過労死認定基準である月80時間分の時間外労働に対する割増賃金とする固定残業代の定めは、実際上も月間80時間程度の時間外労働が常態化していたことを勘案すると、公序良俗違反として無効であると判断しています。

菅野「労働法」より

2018年労基法改正による時間外労働の上限の設定の結果、月間45時間を超える時間外労働を想定した固定残業代の約定は許されないこととなった。（524頁）

⑷ 歩合給の割増賃金

歩合給や出来高給についても労基法37条の規定は適用され、労基則19条の1項6号により、「通常の労働時間の賃金」についての計算方法が定められています。オール歩合給制においても、通常の労働時間の賃金部分と時間外・深夜の割増賃金にあたる部分の賃金とを判別できるように規定する必要があります。

国際自動車事件（最三小判平29・2・28労判1152号5頁）では、売上高から割増賃金相当額を控除したものを通常の賃金（歩合給）として、別途に法所定の割増賃金を計算して支払う制度について、①賃金規則では歩合給と割増賃金とは制度上判別できる状態であり、②割増賃金は法所定の額を満たしている、③効率的な割増賃金制度として合理性を有している、④乗務員の95％が加入する労組との交渉を重ねて合意されていることから、適法であると判断しました。これについて、菅野「労働法」では次のように述べています。

菅野「労働法」より

私は、本件歩合給の額が規程上当該月の割増賃金を控除して算定される（当該月の割増賃金が算出されないと歩合給の額が決まらない）点で割増賃金と明確に区分されているかに疑問を有しているが（差戻審のいうように乗務の効率性を確保するためには、すでに確定している過去の一定期間の平均割増賃金額を控除するなど、区別の明確性を確保する方法は工夫できる）、上告審の上記判断および差戻審の上記判断の他の部分には賛成である。（523頁）

そして、その後の差戻し上告審（令和2年3月30日）においては、「結局、本件賃金規則の定める上記の仕組みは、その実質において、出来高払制の下で元来は歩合給(1)として支払うことが予定されている賃金を、時間外労働等がある場合には、その一部につき名目のみを割増金に置き換えて支払うこととするものというべきである」とされ、通常の労働時間の賃金に当たる部分と労働基準法37条の定める割増賃金に当たる部分とを判別することはできないと判断されました。

(5) 労基署と裁判所の判断の違い

労基署は、労基法違反にあたるか否かを判断する行政機関です。割増賃金の支払いについては、法定の時間外労働時間数に対して、法定の割増率以上の割増賃金が支払われていれば労基法違反であるという判断（是正勧告）はされません。ただし、法違反とは言えないまでも、好ましくない状態が確認されれば、指導が行われます。

それに対して、裁判所は就業規則の規定の合理性や運用が適切にされているかも判断しますので、仮に労基法違反でなくとも、民事的な判断により違法となる可能性があることは十分に理解しておく必要があります。

Ⅲ 裁判例

(1)　国際自動車事件（最小一判令2・3・30）

> 出来高払制の下で元来は歩合給として支払うことが予定されている賃金を、時間外労働等がある場合には、その一部につき名目のみを割増金に置き換えて支払う賃金規則においては、割増金の一部に時間外労働等に対する対価として支払われるものが含まれるとしても、通常の労働時間の賃金として支払われる部分も相当程度含まれており、割増金のうち、どの部分が時間外労働等の対価に当たるかは明らかでないことから、通常の労働時間の賃金部分と労働基準法37条の定める割増賃金に当たる部分とを判別することはできず、割増金の支払により同条の割増賃金が支払われたとはいえないとした例

「本件賃金規則における割増金は、その一部に時間外労働等に対する対価として支払われるものが含まれているとしても、通常の労働時間の賃金である歩合給(1)として支払われるべき部分を相当程度含んでいるものと解さざるを得ない。そして、割増金として支払われる賃金のうちどの部分が時間外労働等に対する対価に当たるかは明らかでないから、本件賃金規則における賃金の定めにつき、通常の労働時間の賃金に当たる部分と労働基準法37条の定める割増賃

金に当たる部分とを判別することはできないこととなる。したがって、被上告人の上告人らに対する割増金の支払により、労働基準法37条の定める割増賃金が支払われたということはできない。」

⑵ 日本ケミカル事件（最一小判平30・7・19労判1186号5頁）

使用者は、労働者に対し、時間外労働に対する対価として定額の手当を支払うことにより、割増賃金の全部又は一部を支払うことができるところ、雇用契約において、ある手当が時間外労働等に対する対価として支払われるものとされているか否かは、雇用契約に係る契約書等の記載内容のほか、具体的事案に応じ、使用者の労働者に対する当該手当や割増賃金に関する説明の内容、労働者の実際の労働時間等の勤務状況などの事情を考慮して判断すべきであるとされた例

⑶ テックジャパン事件（最小一判平24・3・8労判1060号5頁）

基本給を月額で定めたうえで月間総労働時間が一定の時間を超える場合に時間あたり一定額を支払うなどの約定のある雇用契約において、上記一定時間以内の労働時間中における時間外労働について、基本給の一部が時間外労働に対する賃金である旨の合意がされたものということはできないとされた例

⑷ 高知県観光事件（最小二判平6・6・13労判653号12頁）

歩合給制において、時間外・深夜労働を行った場合にも歩合給が増額されず、また通常の労働時間の賃金部分と時間外・深夜の割増賃金にあたる部分の賃金とを判別できない場合には、割増賃金を支払ったものとは解されず、歩合給に残業代が含まれているとはいえないとした例

関係法令等

① 労基法32条、36条、37条労基則21条

② 昭22･9･13発基17号（家族手当）（臨時に支払われた賃金）昭23･2･20基発297号（通勤手当）平11･3･31基発170号（住宅手当）平12･3･8基収78号（年俸制適用労働者に係る割増賃金及び平均賃金の算定について）

③ 平27厚労告406号（青少年の雇用機会の確保及び職場への定着に関して事業主、職業紹介事業者等その他の関係者が適切に対処するための指針）

コラム
③

民法改正の影響

平成29年6月2日、「民法の一部を改正する法律」(平成29年法律第44号)が公布され、その大部分は令和2年4月1日から施行されています。民法制定以来、およそ120年ぶりとなる抜本改正であり、債権関係の規定を中心に大きく見直されることになりました。

本コラムでは、民法改正の中でも、とりわけ労務管理上の影響が大きいと思われる、①保証(身元保証)、②法定利率及び中間利息控除、③消滅時効について、重要な点に絞って解説します。なお、「雇用」に関する規定にも改正がありましたが、実務上の影響は限定的とみられるため、本コラムでは説明を省略します。

1　保証(身元保証)

多くの企業では、採用した労働者が、将来、使用者に与える可能性がある損害を担保することを目的として、身元保証人を求めます。この身元保証人の責任は、将来にわたって、不確定な内容の損害を填補することを保証するものであるため、予想外の債務負担が強いられる可能性があります。

さて、改正民法では、個人を保証人とする根保証契約一般について、極度額を定めなければ効力を生じないとされました(改正民法465条の2)。

身元保証も、個人を保証人とする根保証契約なので、改正民法の適用があります。つまり、令和2年4月1日以降に締結する身元保証契約には、具体的な極度額の定めを記載しなくてはなりません。

この極度額の定め方は非常に難しくなると思われ、例えば、「年収相当額」などの記載では、具体的な金額の記載があるとはいえず無効とされる可能性があります。他方で、高額な損害賠償額を記載すれば、身元保証人が躊躇し、引き受けてくれなくなることが予想されます。

企業によっては、採用時に身元保証を取得しても、ほとんど活用されず、制度として形骸化していることも多いようです。これを機会に、今後の身元保証の利用について検討するのもよいかもしれません。

2 法定利率および中間利息控除

⑴ 法定利率

法定利率は、改正前民法では年5％でしたが（改正前民法 404条)、改正民法では年3％の変動制となりました（改正民法 404条)。もっとも、この規定は任意規定なので、当事者が契約等で利率を定める（約定利率）ことは有効ですし、約定利率の定めがあれば、改正民法の影響は受けません。

⑵ 中間利息控除

中間利息控除とは、将来受け取るべきお金を一括で先払いしてもらう場合に、本来受け取れたであろう時までの利息分（中間利息）を差し引くことをいいます。これは、本来 10 年後に受け取れるはずだったお金を先に受け取れば、運用等によって 10 年分の利息が付くことになるのだから、中間利息を控除して現在の価値に引き直さなければ、受け取った人が過大な利益を得ることになってしまうという発想です。

これが問題になるのは、例えば、労災事故による後遺症で労働能力を喪失してしまい、将来得られたはずの収入の一部または全部を得られなくなってしまった場合です。この得られなくなった利益を逸失利益といい、損害賠償の一項目として請求することができますが、この逸失利益は、本来は将来受け取ることができたはずの賃金ですから、やはり中間利息を控除して現在の価値に引き直す必要があります。

そして、今回の改正民法で、中間利息控除の割合は法定利率を基準とすることが明文化され、その法定利率の基準時は損害賠償請求権の発生した時点とされました（改正民法417条の2、722条1項）。

前述のとおり、改正前民法では、法定利息は年５％だったところ、改正民法では年３％になりました。中間利息控除では、利率が高いほど多く控除されることになりますので、利率の引き下げによって控除される額が少なくなる結果、使用者が負担する損害賠償額は増加することになります。

使用者としては、この点に留意し、これまで以上に、労働者に後遺障害を発生させるような事故を防止するよう努めなければなりません。

3　消滅時効

⑴　時効期間と起算点に関する改正

改正民法では、職業別の短期消滅時効（改正前民法170条〜174条）および商事消滅時効（旧商法522条）が廃止され、「権利を行使することができる時から」10年という客観的起算点からの消滅時効と、「権利を行使することができることを知った時」から５年という主観的起算点からの消滅時効のうち、いずれかが完成した場合には時効により債権が消滅するとされました（改正民法166条1項）。なお、人の生命・身体の侵害による損害賠償請求権については、その原因が債務不履行であっても、不法行為

であっても、主観的起算点から5年、客観的起算点から20年とされています（改正民法167条、724条の2）

そして、この消滅時効に関する経過措置として、施行日前に債権が生じた場合（施行日以後に債権が生じた場合であって、その原因である法律行為が施行日前にされたときを含む。）については改正前民法が適用され、施行日以後に債権が生じた場合には改正民法が適用されることになります（改正民法附則10条4項）。

⑵　賃金等請求権に対する影響

改正前の労働基準法（以下、「労基法」といいます。）115条では、「賃金、災害補償その他の請求権」は2年、「退職手当」は5年の消滅時効が規定されていました。

これは、前述したとおり、改正前民法では、職業別の短期消滅時効で使用人の給料に係る債権について1年の短期消滅時効が定められていたところ（改正前民法174条1号）、労働者保護を目的として、消滅時効を民法よりも延長する特則を労基法に置いたものでした。ところが、改正民法においては、職業別の短期消滅時効が廃止されたうえ、賃金債権の消滅時効（主観的起算点）は5年とされました。これによって、労働者保護を目的とした労基法の定める賃金債権の消滅時効の方が、民法の規定より短くなってしまうという矛盾が生じたのです。

これを受けて、令和2年4月1日より、改正労基法が施行され、賃金の消滅時効が5年に延長されることになりました。あわせて、賃金台帳などの記録の保存期間も5年に延長されます。ただし、実務上の影響の大きさから、経過措置として、賃金の消滅時効も、記録の保存期間も、当分の間は「3年」とされています（5年後の見直しが予定されています）。また、改正労基法の消滅時効は、令和2年4月1日以降に支払日が到来する賃金請求権についてのみ適用されることにも注意が必要です。

(3)　使用者がとるべき対応

消滅時効に関する改正により、使用者にとっては、請求される未払賃金額が増加するという大きなリスクが生じます。

したがって、これまで労務管理が甘く、未払賃金についての対策が不十分であった会社では、未払賃金を発生させないための体制整備が急務となります。

既に未払賃金が発生している場合には、労働者と話し合うなどして、今のうちに残業代を清算しておくことも検討すべきでしょう。

第5章
労働時間

1　労働時間・休憩時間の原則
2　休　日
3　労働時間の概念
4　事業外労働のみなし制
5　労働時間の適用除外
6　時間外および休日労働
コラム④　労働基準監督官による検察官送致

5-1

労働時間・休憩時間の原則

Ⅰ トラブル事例

従業員６名の広告代理店。就業規則は作成しておらず、労働契約書で始業９時・終業 18 時（休憩時間 30 分）としていました。従業員から、「１日の労働時間が８時間を超えている。また、休憩時間が 30 分しかないことや、残業することとなったときに休憩を挟まずそのまま残業となることもおかしいのではないか。改善してほしい」という申入れがありました。

社長は、勤務時間中でも喫煙やお茶を飲むなど各自の判断で適宜休憩しており、実質的に 60 分以上の休憩時間があるのに等しく、特段問題はないと考えていましたが、トラブルになることは避けたいと思い社労士に相談しました。

その結果、現在の労働契約書の労働時間および休憩時間では労基法違反となることを理解したため、今後は、所定労働時間が法定労働時間を超えないよう改め、休憩時間も法定以上の時間を設け、時間外労働を行う際にも法令に違反しないようにすることとし、これらを記載した就業規則を作成、従業員に周知することとしました。

Ⅱ 問題の所在

社長が労働時間や休憩時間に関する法令の定めを理解しておら

ず、勤務時間中に実質的に休憩時間にあたるような時間があればよいと考えていたこと。

Ⅲ 実務上の留意点

(1) 法定労働時間の原則と特例

労基法では、使用者は1週40時間、1日8時間を超えて労働者に労働させてはならないと定められています。これを「法定労働時間」といい、この労働時間の大原則を踏まえて、休日や割増賃金との関連を検討することが不可欠です。

また、「1週」「1日」の意味については通達で示されており、就業規則その他に別段に定めがない限り、「1週」とは日曜日から土曜日の暦週をいい、「1日」とは午前0時から午後12時までの暦日をいう、とされています。ただし、2暦日にわたる継続勤務が行われる場合には、それを1勤務とし、その勤務の全体が始業時刻の属する日の労働として取り扱われるとされています。

上記の原則に対し、小規模の商業・サービス業等については、週所定労働時間の特例が設けられています。常時10人未満の商業、映画・演劇業、保健衛生業、接客・娯楽業（旅館・飲食店等）では、週法定労働時間は44時間となっています。

この特例の対象事業場については、週44時間までは時間外労働とならず（1日8時間を超えた部分は時間外労働となります）、1か月単位の変形労働時間制やフレックスタイム制についても週44時間という法定労働時間の下で適用されることとなります。ただし、1年単位の変形労働時間制や1週間単位の非定型的変形労働時間制を採用する場合には、週44時間は適用されず、原則である週40時間が適用されます。

⑵　所定労働時間と法定労働時間

所定労働時間が法定労働時間を超えるような労働条件の労働契約を締結した場合は、法違反部分は無効とされ、無効となった部分は労基法の基準によるものとなります。したがって、事例のように１日８時間30分の所定労働時間とする定めは、最後の30分の部分は無効とされ、１日８時間の所定労働時間に修正されます。

また、この法定労働時間は、実労働時間をどのように定めるかにも影響があるものとして、菅野「労働法」では次のように述べています。

菅野「労働法」より

法定労働時間は、実際の労働時間の制限としても作用する。たとえば、１日の所定労働時間が８時間以内の事業場において８時間を超えて労働が行われる場合には、後述の時間外労働の要件（三六協定の締結と届出、36条）を満たすことを必要とし、かつ８時間を超える労働時間については割増賃金（37条）を支払う義務がある。つまり、実際の労働時間が法定労働時間を超える場合には、時間外労働の要件を満たさないかぎり、罰則の適用があり、かつ割増賃金支払義務を生じさせる。(481頁)

⑶　事業場を異にして労働する場合の労働時間

2018年１月に「副業・兼業の促進に関するガイドライン」が示され、同時に改定された「モデル就業規則」では、労働者の遵守事項から「許可なく他の会社等の業務に従事しないこと。」が削除され、副業・兼業についての規定が新設されました。これにより、使用者は副業・兼業先の労働時間をも把握し、その時間を通算して同規制を順守すべきとしています。

労基法38条1項の「事業場を異にする場合」については、行政解釈は今日まで一貫して、同一使用者の下で事業場を異にする場合のみならず、別使用者の下で事業場を異にする場合も含まれるとしてきました。この点については、菅野「労働法」では次のように述べています。

菅野「労働法」より

しかし、同条は、労基法が事業場ごとに同法を適用しているために、同一使用者の異事業場にわたって労働する場合についての通算規定として設けられた、との解釈も十分に可能であって、使用者が他企業での労働のあり方を多くの場合認識も統制もしがたいことを考えると、（中略・筆者）2018年改正によって時間外労働への複雑な上限設定がなされた今日の状況では、行政解釈には見直しが求められている。（481頁）

副業・兼業によって、使用者の異なる複数事業場で働いた場合で、結果的に通算した1日の労働時間が法定時間を超えるに至ったときに、割増賃金の支払義務がどの使用者にあるかという問題は、諸説あって定まっていないというのが現状です。今後の動向を注視しつつ、実務上はトラブル防止のためにも、ガイドラインで示されたように、他の事業場で勤務しているかどうかをあらかじめ確認しておくことや、実際に法定労働を超えて働くことが明確である場合に、どちらで法定を超えた分について割増を払う必要があるかどうかなどを確認しておくことが必要でしょう。

(4) 休憩時間の原則

労基法において休憩時間は、労働時間が6時間を超える場合は

45分以上、８時間を超える場合は１時間以上、労働時間の途中に一斉に与え、労働者の自由に利用させるものとされています。このうち、労働時間の途中にという原則について、菅野「労働法」では次のように述べています。

菅野「労働法」より

労働時間の途中で与える以上、途中のどの段階でもよい。また、休憩時間の分割も制限しておらず、したがって小きざみ付与が可能とされている。さらに、休憩時間の位置を特定ないし一定させることも要求していない（労基89条１号も「休憩時間に関する事項」を就業規則の絶対的必要記載事項としているにすぎない）。（482頁）

「一斉に」という原則については、旅客・運送業、商業、金融・保険・広告業、映画・演劇業、郵便・電気通信業、保健衛生業、接客・娯楽業および一部の官公署については、一斉付与の原則の適用を除外されています。また、上記以外の事業では、労使協定により交替制で付与することが可能とされています。

「自由に利用させる」という原則については、菅野「労働法」では、休憩時間を「労働者が労働時間の途中において休息のために労働から完全に解放されることを保障されている時間」（483頁）とし、さらに次のように述べています。

菅野「労働法」より

たとえば休憩時間中の外出も原則として自由であり、合理的理由がある場合に最小限の態様の規制（届出制、客観的基準による許可制）をなしうるにすぎない（ただし、行政解釈は、事業場内で自由に休憩しうるかぎり、外出の許可制も違法でないとする。昭

23·10·30 基発 1575 号）。（483 頁）

また、８時間を超えた労働については、長時間にわたるときでも法律上は１時間の休憩を付与すればよいとされています。そして、８時間を超えて労働時間を延長させる場合には、**「延長前に１時間の休憩を与えていないかぎり、１時間の休憩付与という要請を満たすための不足休憩時間を延長時間終了前に与えなければならない。」**（482 頁）とされています。

裁判例

(1) 千代田ビル管財事件（東京地判平 18·７·26 労判 923 号 25 頁）

複数の雇用契約（ただし、当事者が同一）の労働時間を通算した例

被告（会社）のパートタイマーとして「清掃夜勤契約」を締結し働きはじめた原告（従業員）が、その後さらに被告の正社員として「清掃日勤（深夜）契約」を締結して両契約により働いていた事例で、「両契約は、当事者が同一、就労場所が同一（専用部分と共用部分との差はあるが）であること、両契約は勤務時間が違うだけであるという側面があること、清掃夜勤に続いて清掃日勤（深夜）契約が正社員契約であり、本件清掃夜勤契約がパートタイマー契約であることなどが認められ、これらの諸事実に照らすと、原告は、被告の正社員として 22：00 から６：00 までの間就労義務を負っており、これに加えて、清掃夜勤として 18：00 から 20：30 までの間働くのは、本件清掃日勤（深夜）契約の時間外労働、換言すれば早出残業をしていると位置づけるのが相当である」とした。

(2) 住友化学工業事件（最三小判昭54･11･13判タ402号64頁）

休憩時間を付与しなかったことは債務不履行であるとしたものの、賃金相当額の損害賠償請求を認めず、慰謝料の支払請求のみを認めた例

従業員Ｘが、会社Ｙは１日１時間の休憩時間を与える旨の労働契約上の債務を履行しなかったとして、債務不履行による損害賠償を求めた事案。最高裁は、「Ｘを含む操炉班員は休憩時間においても会社の指揮命令のもとに身体・自由を半ば拘束された状態にあったものであるから、休憩を与える債務の不完全な履行があったものというべきであるが、しかし、このように半ば拘束された状態にあったにしても、その時間に完全に労働に服したというべきものでもないから、Ｘが受けた身体上、精神上の不利益は勤務１時間当りの労働の対価相当額に換算又は見積ることはできない」として慰謝料の支払請求のみを認容した二審（原審）の判断を支持した。

関係法令等

① 労基法13条（この法律違反の契約）、32条（労働時間）、34条（休憩）、36条（時間外及び休日の労働）、38条（時間計算）、40条（労働時間及び休憩の特例）、別表１（事業）

② 労基則15条（一斉休憩の特例の協定）、25条の２（労働時間の特例）、31条（休憩時間の適用除外）

③ 昭23･５･14基発769号、昭23･10･30基発1575号、昭63･１･１基発１号

④ 「副業・兼業の促進に関するガイドライン」（平成30年１月）

5-2

休　日

トラブル事例

従業員20名の食品製造工場で、１日の所定労働時間６時間40分、毎週日曜日を休日としています。ある月初の朝礼で、会社は「当月に限り第１週、第２週の日曜日を出勤日とし、第４週目の金、土曜日を振り替えて休日とする」旨、従業員へ伝達しました。その際、今回の措置は取引先からの緊急要請である旨の説明をしましたが、従業員からは特に異議が出ることはなく、休日の振替は計画どおり行われました。

翌月、一部の従業員から、本来休日である日に出勤したのだから休日労働として割増賃金を支払ってほしいこと、週１日の休日もなく連続３週間の勤務は法律違反ではないか、と申出がありました。

会社が社労士に確認したところ、業務上の都合で休日の振替を行うことがあること、および休日を振り替えて「４週４休」となる場合の「４週の起算日」について、いずれも就業規則に記載されており、休日の振替については有効であるが、休日を振り替えたことにより週40時間を超える週は時間外労働として割増賃金の支払いが必要である旨指摘されました。

会社はその指摘に従い、割増賃金を支払うとともに、休日振替のルールについて改めて従業員に周知することとしました。

Ⅱ 問題の所在

1 休日振替を伝達する際に、就業規則に記載されている休日振替に関する規定の意味を従業員に十分説明しなかったこと。

2 休日振替を行った際に、時間外労働の割増賃金が発生する場合があることを会社が認識していなかったこと。

Ⅲ 実務上の留意点

(1) 「休日」の意味と「週休制」の原則

「休日」とは、労働者がそもそも当初から労働契約上、労働義務を負わない日とされており、労働日の労働から離れる権利としての休暇」とは区別されます。そして労基法では「使用者は、労働者に対して、毎週少なくとも１回の休日を与えなければならない」としています。この週１回の休日を「法定休日」といいます。

この「毎週」とは「日曜から土曜まで」の暦週でなく、特定の「７日の期間ごとに」の意味ですが、その始点が就業規則等で定められていない場合は、労働時間の場合と同様に暦週と解することとなります。そして、「１回の休日」については、これも労働時間の場合と同様に、「午前０時から午後12時まで」の暦日を原則とすると解されます。

菅野「労働法」より

ＩＬＯ14号条約における週休制は「継続24時間」の休日の保障にとどまる。労基法の週休制については、立法当初は国際基準と同様に休日を「継続24時間の休息」と解する見解も有力であったが、行政解釈は工場法上の休日を暦日と解する戦前の行政解釈を引き継いだ（「休日とは単に連続24時間の休業」ではなく「暦日を指し午前零時から午後12時までの休業と解す」、昭23･4･5基発535号）。そして、この暦日１日の週休制の観念は、その後の労基法の施行を通じて実際の労使関係において受容され定着してきた。（486頁）

この暦日原則については、２暦日にまたがる労働の場合、就業規則等により制度化された番方編成による交替制の場合、タクシー、トラック等の自動車運転者の場合、旅館業における２暦日にまたがる休日の場合などの例外があります。

⑵　週休制の例外（変形休日制）

「毎週１回」の週休制の原則に対し、労基法では「４週間に４日以上の休日を与え」ればよいとして例外も定めています（以下、「４週４日の例外規定」という。）。この４週４日の例外規定は、特定の４週間において４日の休日が与えられていればよいとの趣旨であり、どの４週間を区切っても４日の休日が与えられていなければならないという趣旨ではないとされています。ただし、この４週４日の例外規定を採用する場合には、就業規則等において４週の起算日を定めなければなりません。

⑶　「休日振替」と「代休」

本来労働義務のない日である休日を他の日と振り替える場合、事前に休日と労働日を入れ替える「休日振替」と、休日に労働させた上で事後に当初労働日だった日を休日（代休）とするいわゆる「代休制度」とでは、労基法における扱いが異なります。いずれの場合も労働契約上の根拠が必要とされていますが、事例のような場合は、前者の「休日振替」にあたり、これを行うときの根拠等について、菅野「労働法」では次のように述べています。

菅野「労働法」より

事前の休日振替は、労働契約上特定されている休日を他の日に変更することであるから、まず労働契約上の根拠を必要とする。すなわち、使用者の休日振替命令は、労働協約や就業規則上、業務の必要により就業規則で定める休日を他の日に振り替えることができる旨を定める規定が存在し、それに従って行われて初めて有効である。このような規定が存在しない場合には、休日振替は、労働者の個別的同意を得て初めて行うことが許される。（489 頁）

したがってトラブル事例の場合では、就業規則に規定が存在し、振替を行う業務上の理由があり、それを従業員に対し説明していることから、個別的同意がなくても行うことができます。

また、事前の休日振替は週休制の原則である毎週１日の休日を確保するように配置、指定しなければなりませんが、４週４日の例外規定を採用している場合には、振替後も休日が４週に４日与えられているとの要件を満たしていれば、労基法の規定による休日は確保されたことになります。

菅野「労働法」より

事前の休日振替は、労基法の１週１日の休日（就業規則に起算日の定めを置いて４週４休などの変形週休制をとっている事業では、それに従った休日）の要件を満たさなければならない。すなわち、使用者は振替休日の日を週休制の要件に反しないように配置し、指定しなければならない。（489 頁）

なお、事後に休日を振り替えるいわゆる「代休制度」の場合、菅野「労働法」では、「就業規則上定められた休日が休日たる性格を変更されないまま労働日として使用されたのであるから、それが労基法の要請する休日であった場合には、（中略・筆者）その休日労働に対しては割増賃金（37条）を支払うことを義務づけられる。しかし他方では、代休日を与えることは労基法上要求されず（ただし、33条2項参照）、したがって代休日を与えるにしても、その定め方については週休制の要件（35条）は適用されない。」（490頁）としています。

代休を与えたときは、休日労働に対する割増賃金の支払いは必要となりますが、代休日については通常の1日の賃金額を控除することができます。代休については多様な運用が可能ですので、実務上は会社として明確にルールを定め、それに沿った運用を行うことが重要です。

⑷ 「休日振替」実施の留意点

事前に休日を振り替えることによって、当初休日であった「振り替えられた労働日」は、「労働義務のある日」となるため、適正に振替を行えば、休日労働に対する割増賃金の問題は発生しません。しかし、事例のように「毎週1日」の休日が「4週4日」となった場合には、ある週に休日がなくなることにより、週40時間という法定労働時間を超えることが考えられます。

その場合は、時間外労働に対する割増賃金が発生することもあり、この点について、菅野「労働法」では次のように述べています。

菅野「労働法」より

事前の休日振替においては、本来の休日における労働は労働日の労働となり、それについては労基法上の休日労働のための労使協定（36条）や割増賃金（37条）を要しない。ただし、労働日となった休日における労働が当該週において40時間をこえて時間外労働を生ぜしめる場合は、その要件（33条1項または36条）を満たす必要があり、また割増賃金を支払う必要がある（37条）。(490頁)

また、就業規則に休日振替を規定する場合には、その具体的事由と振り替えるべき日を規定することが望ましく、振り替えるべき日は振り替えられた日以降できる限り近接した日が望ましいとされています。したがって、振替を行うためには、週の起算日をあらかじめ明確にしておくなど事前に規定しなければならない事項も多く、突然の振替により従業員の生活に混乱をきたさないような配慮が必要です。

裁判例

(1)　三菱重工業横浜造船所事件（横浜地判昭55·3·28労判339号20頁）

交通ストによる事前の休日振替を適法とした例

被告（会社）が交通ストの実施を理由に就業規則の「業務上必要がある場合には休日を他の日に振り替えることができる」旨の規定により休日の振替えを行ったことに対し、原告（従業員）が「労働者の同意なく一方的に休日振替ができる旨の就業規則の定めは労働基準法の精神に違反して無効である」と主張した。「被告は、就業規則28条1項所定の「業務上必要」があったため、同条項により本件措置をとったもので、その手続も適正に行われたものと認められる。（中略）前記就業規則28条1項の定めは、使用者に無条件かつ恣意的な休日振替を許容するものではなく、「業務上必要」あるときにのみ振替えうることを定めたものであり（中略）所定の休日は振替のありうることが予定されたうえで特定されているものというべきであり、右の定めは就業規則によるものであることから、その性質上、労働契約の内容をなしているものと解されるので、使用者は、前期の条件が満たされるかぎり、特定された休日を振替えることができるものというべく、たとえ、個々の振替の際に労働者の同意、了解がなくとも、そのことの故に直ちに休日振替が違法、無効といわれはないものと解するほかはない」とした。

関係法令等

① 労基法35条（休日）

② 労基則12条の2（変形労働時間制・変形休日制の起算日）

③ 昭23・4・5基発535号、昭23・7・5基発968号、昭23・9・20基発1384号、昭23・11・9基収2968号、昭23・9・20基発1384号、昭57・6・30基発446号、昭63・3・14基発150号、平元・2・9労告7号

5-3

労働時間の概念

トラブル事例

従業員約30名の建設業A社は、「地元のお役に立ち地域に貢献する企業をめざす」という会社方針に基づき、約半数の従業員が自主的に、始業前の15分間、最寄り駅から自社までの道路を清掃する慣習が10年ほど前から続いていました。

会社は、創業者の方針を従業員が理解したうえで従業員が自発的にやっているものとして強制することはありませんでした。しかし、最近中途入社した従業員が、「(清掃活動に) 参加しないことを上司に注意されたが、参加を強制するのであればこの時間は始業時刻前であっても労働時間にあたるはずだ」と他の従業員にも話し、この従業員とともに数人の従業員が会社に対し、清掃している時間に対する賃金の支払いを請求してきました。

会社はこれらの従業員に対し、始業時刻前の清掃活動はあくまでも会社の方針を理解した従業員の自発的な活動であると位置づけており、強制ではなく労働時間にはあたらないことを説明して理解を得ました。そして、今後は不参加の従業員に不利益な取扱いを行ったり、上司が業務上の義務となる言い方をしたりしないよう徹底するため、この清掃活動の位置づけを文書化し、労使で確認し従業員へ周知することとしました。

II 問題の所在

1 管理職に対し、清掃活動は会社の指揮命令によるものではなく、業務の一環ではない、ということを徹底していなかったこと。

2 会社が従業員に対し清掃活動の位置づけを正しく説明しておらず、結果として、従業員が業務外活動であると認識していなかったこと。

III 実務上の留意点

(1) 「労働時間」「休憩時間」「手待時間」の定義

労基法32条で規定している労働時間は、実際に労働させている時間（実労働時間）のことを意味しています。実労働時間には、現に作業している時間だけでなく、作業と作業との間の待機時間である「手待時間」も含まれるものとされています。例えば、警備業で深夜時間において決められた見廻り時間の合間に警備室で待機しているような時間も「手待時間」とされ、労基法上の労働時間となります。菅野「労働法」では、作業を現にしていない時間である「手待時間」と「休憩時間」との区別について、**「前者が、使用者の指示があれば直ちに作業に従事しなければならない時間としてその作業上の指揮監督下に置かれているのに対して、後者は使用者の作業上の指揮監督から離脱し（労働から解放され）、労働者が自由に利用できる時間であるという点にある」**（495頁）としています。

つまり労働時間とは、会社の指揮監督下にある時間ということができます。しかし、会社の指揮監督下にある時間であっても、従業員の実際の活動状態によって、労働時間にあたるかどうか（業務上の時間か私的な時間か）という問題が残ります。この点について、菅野「労働法」では、次のように述べています。

菅野「労働法」より

　使用者の業務への従事が必ずしも常に使用者の作業上の指揮命令下になされるとは限らないことを考えると、労働時間か否かについては、当該活動の「業務性」も前記の「指揮命令」を補充する重要な基準となると思われる。従来は「指揮命令」を抽象化したり、擬制したりして業務性の問題に対処してきたが、端的に業務性を補充的基準とすることによって「指揮命令」だけよりも具体的で明確な基準として機能することとなる。ただし、使用者が知らないままに労働者が勝手に業務に従事した時間までを労働時間として規制することは適切でないので、業務従事は使用者の明示または黙示の指示によりなされたことを要する。こうして結局、労働時間とは、「使用者の作業上の指揮監督下にある時間または使用者の明示または黙示の指示によりその業務に従事する時間」と定義すべきである。
（496頁）

⑵　所定労働時間以外の時間の労働時間性

　労働時間の決定に際しては、始業時刻と終業時刻を定め、その上で始業から終業までの時間から休憩時間を除いた時間が「所定労働時間」となります。しかし、所定労働時間以外の時間であっても労働時間とみなされる時間があり、実務上労働時間を計算するときなどには注意が必要です。労働時間とみなされるかどうかの考え方は下記のようになります。

①　始業時における労働者の状態

　「始業時」の労働者がどのような場所、状態にあると労働時間となるかですが、「交替引継ぎ、機械点検、整理整頓が「始業時刻」前に行われれば、通常は業務への従事として」「朝礼、ミーティング、体操も指揮命令下に義務的行われる場合には」（498頁）労働時間となります。

これに対し、作業衣への着替えや保護具（安全靴、安全帽）の着用は、「義務的で、しかもそれ自体入念な作業を要する場合を除いては業務従事の準備」（498頁）にすぎないので、労働時間とはなりません。

② 終業時における労働者の状態

終業時については、作業上必要な後始末（機械点検、清掃・整理整頓、引継ぎ）は労働時間となりますが、入浴、着替えなどは特段の事情のないかぎり業務従事とはいえず労働時間となりません。

③ 所定労働時間内の休憩時間

例えば、店内で休憩していなければならず、客が来店した際に即対応しなければならない時間は手待時間とされ、労働時間とみなされます。

また、仮眠時間については、菅野「労働法」では、「事業場内での仮眠時間などの不活動時間であるが、労働時間にあたらないというためには、単に実労働に従事していないというだけでなく、使用者の指揮監督下にないこと、つまりは労働からの解放が保障されていることを要する」（499頁）としています。

④ 所定労働時間外の企業外での活動や行事

労働者が、所定労働時間外に企業外の研修・教育活動や企業の行事（運動会など）に参加した場合は、参加が義務付けられ、業務としての性格が強ければ労働時間となります。

トラブル事例のような清掃活動については、指揮監督の下ではないとしても、地域貢献という会社方針や顧客となりうる近隣との関係性、業務目的などを考慮し、使用者の（黙示の）指揮命令下にあると「評価」できるかどうかとして、具体的妥当性を判断することになります。

⑤　事業場外での待機時間

労働者が、事業場外で呼出待機している時間については、病院の医師（宿日直の医師以外）が緊急時に備えて自主的取組みとして当番を定めて行っている宅直勤務（オンコール業務）について、実際の呼出しは年６～７回であることなどを考慮し労働時間とはいえない、とした裁判例があります。

⑥　テレワークによる時間

テレワークの時間については、ガイドラインにより次のように示されています。

ⓐ　中抜け時間（一定程度労働時間が業務から離れる時間）

使用者が業務の指示をしないこととし、労働者が労働から離れ自由に利用することが保障されている場合は、休憩時間や時間単位の年次有給休暇として取り扱うことが可能とされています。

ⓑ　通勤時間や出張移動時間

使用者の明示又は黙示の指揮命令下で行われるものは、労働時間に該当するとされています。

ⓒ　勤務時間の一部でテレワークを行う際の移動時間

使用者が移動することを労働者に命ずることなく、単に労働者自らの都合により就業場所間を移動し、その自由利用が保障されている時間は、休憩時間として取り扱うことが可能とされています。

これに対し、移動が使用者の命令で、その間の自由利用が保障されていない場合は、当該移動時間は労働時間とされています。

Ⅲ 裁判例

(1) 三菱重工業長崎造船所事件（最一小判平 12・3・9 労判 778 号 11 頁）

実作業にあたり義務づけられていた作業服、保護具等の装着の時間は労基法上の労働時間に該当するとした例

労基法 32 条の労働時間とは、「労働者が使用者の指揮命令下に置かれている時間をいい、（中略）労働者の行為が使用者の指揮命令下に置かれたものと評価することができるか否かにより客観的に定まるものであって、労働契約、就業規則、労働協約等の定めのいかんにより決定されるべきものではないと解するのが相当である。そして、（中略）労働者が、就業を命じられた業務の準備行為等を事業場内において行うことを使用者から義務付けられ、又はこれを余儀なくされたときは、当該行為を所定労働時間外において行うものとされている場合であっても、当該行為は、特段の事情のない限り、使用者の指揮命令下に置かれたものと評価することができ、当該行為に要した時間は、それが社会通念上必要と認められるものである限り、労働基準法上の労働時間に該当すると解される。」とした。

(2) 大星ビル管理事件（最一小判平 14・2・28 労判 822 号 5 頁）

仮眠時間が労基法上の労働時間にあたるとした例

従業員が会社に対し、「いわゆる泊まり勤務の間に設定されている連続 7 時間ないし 9 時間の仮眠時間が労働時間に当たる」と主張した事案。従業員は「事実関係によれば、（中略）本件仮眠時間中、労働契約に基づく義務として、仮眠室における待機と警報や電話等に対して直ちに相当の対応をすることを義務付けられているのであり、実作業への従事がその必要が生じた場合に限られるとしても、その必要が生じることが皆無に等しいなど実質的に上記のような義務付けがされていないと認めることができるような事情も存しないから、本件仮眠時間は全体として労働からの解放が保障されているとはいえず、労働契約上の役務の提供が義務付けられていると評価することができる。したがって、（中略）本件仮眠時間中は不活動仮眠時間も含めて（中略）指揮命令下に置かれているものであり、本件仮眠時間が労基法上の労働時間に当たるべきである」とした。

⑶　ビル代行事件（東京高判平17･7･20労判899号13頁）

仮眠時間が労基法32条の労働時間にあたると認めることはできないとした例

従業員が会社に対し、更衣時間、朝礼時間、休憩時間および仮眠時間が労働時間にあたると主張した事案。「勤務表上は、深夜時間帯（午後10時以降）には、4名の警備員のうち概ね2名が仮眠しており（中略）シフト上、仮眠時間とされている者は、地下2階にある仮眠室（2名）又は清掃控室（1名）で仮眠をとっており、（中略）仮眠時間とされた警備員は、仮眠室に滞在することとされていたが、仮眠室等では制服を脱いでパジャマに着替えて仮眠していた。仮眠時間がとられていた午後10時以降の業務量は少なく、一定の限られた業務しか発生しない状況にあった。（中略）仮眠者を起こして施錠確認させることは予定していなかった。本件ビル9階の食堂及び女子休憩室には警報装置があり、異常があると警備本部で警報が鳴る仕組みとなっており（仮眠室で警報音が鳴るものではない。）、（中略）不審者への対応は、警備員が単独で行っており、不審者への対応の都度、仮眠者を起こすことはなかった。（中略）認定事実からすると、本件の仮眠時間については、実作業への従事の必要が生じることが皆無に等しいなど実質的に警備員として相当の対応をすべき義務付けがされていないと認めることができるような事情があるというべきである。したがって、本件の仮眠時間について労働基準法32条の労働時間に当たると認めることはできない」とした。

(4) 大林ファシリティーズ事件（最二小判平19·10·19民集61巻7号2555頁）

マンション住込み管理人の業務のうち不活動時間の労働時間性について判断した例

関係法令等

① 労基法32条（労働時間）、41条（労働時間等に関する規定の適用除外）

② 昭26·1·20基収2875号（研修・小集団活動の労働時間性）

③「情報通信技術を利用した事業場外勤務の適切な導入及び実施のためのガイドライン（平30·2·22策定）

5-4

事業場外労働のみなし制

トラブル事例

従業員20名の広告業。営業部門の従業員は労働時間の大半を外回りしているため、会社は営業部門の労働時間はみなし制で良いと考えていました。しかし、業務報告等のルールもなく、労働時間を把握する努力もなされていないため、実態は実労働時間が所定労働時間を大幅に超えているにもかかわらず、基本給以外一切の手当等は支給されていませんでした。

これらを不満に思っていた従業員が労基署へ相談に行き、労働時間はみなし制であるとして残業代が一切支払われていないが、1日のみなし時間が適切でないことなどを説明、会社が改善すべき点を指摘してもらいました。従業員はそれらを社長に伝え、改善がされない場合は労基署に指導を求めると通告しました。

これまで本業に集中していた社長は労務管理の重要性に思いが至らず、しかも労働時間のみなし制を採用していることで、残業代等は一切発生しないと思い込んでいました。従業員の話に驚いた社長は、同業の会社から紹介された社労士に相談。その結果、就業規則を作成したうえで、事業場外労働のみなし制を行うための労使協定の締結、適切なみなし時間の設定等に直ちに着手することとし、かつ社労士を顧問として迎え入れ、今後の労務管理について指導を受けることとしました。

II 問題の所在

1 社長が労務管理や労働時間諸制度の重要性に思いが至らなかったこと。

2 社長が事業場外労働のみなし制の要件を正確に理解しておらず、営業部門の従業員に割増賃金の支払いは必要ないと思い込んでいたこと。

III 実務上の留意点

(1) みなし労働時間の設定

近年の技術革新や情報化などに伴い、いわゆるホワイトカラーや専門職的な労働者が、主体的に労働時間の配分や業務遂行の方法を決定するような柔軟な労働時間制度が法制化されてきました。

「事業場外労働のみなし制」は、労基法38条の2に規定されており、労働時間の全部または一部について、事業場外で業務に従事している場合であって、労働時間の算定が困難なときに適用するものです。この制度を導入するには、「業務の遂行に通常必要とされる時間」を「みなし時間」としてあらかじめ設定しておかなければなりません。この事業場外労働のみなし時間をどのように設定するかについて、菅野「労働法」では、次のように述べています。

菅野「労働法」より

この制度では、みなし労働時間数をできるだけ実際の労働時間数に近づけるようにみなし方が定められており、事業場の労使協定によるみなしを行う場合にも、みなし労働時間数は実際の労働時間数に近づけて協定することが要請される。(542頁)

したがって、事業場外労働のみなし時間と実労働時間とが乖離するような定めは避けるべきであり、会社としては業務の遂行に実際に必要な時間を適正に把握したうえで「みなし時間」を設定しなければなりません。

(2)　事業場外労働のみなし制導入の要件

① 「業務の遂行に通常必要とされる時間」が所定労働時間以内の場合

業務の遂行に通常必要とされる時間が所定労働時間以内の場合は、所定労働時間労働したものとみなすことができ、そのためには、就業規則に事業場外労働のみなし制を導入することと所定労働時間労働したものとみなすことについての定めをする必要があります。

その際、所定労働時間内に事業場内労働と事業場外労働が混在したときはどのように考えればよいでしょうか。

菅野「労働法」より

労働時間の一部のみを事業場外で労働する場合は、労働時間の「みなし」は事業場外での労働の部分についてのみ許されるが、事業場外労働が１日の所定労働時間帯の一部を用いて（ないしは一部に食い込んで）なされるかぎりは、このみなしの結果、所定労働時間帯における事業場内労働を含めて、１日の所定労働時間だけ（または事業場内労働の時間と、事業場外労働に通常必要とされる時間との合計だけ）労働したこととなる（中略・筆者）。なお、常態的な事業場外労働に付随してそれと一体的に事業場内労働が行われるという場合には、それら労働は全体として事業場外労働と把握できよう。（543頁）

このように、事業場外の「業務の遂行に通常必要とされる時間」と事業場内での労働時間との合計が所定労働時間以内の場合は、事業場内での労働時間を含めて所定労働時間労働したものとみなされます。

なお、事業場内での労働時間と事業場外での業務遂行に通常必要とされる時間との合計が所定労働時間より長い場合は、事業場内で労働した時間（例えば３時間）とその業務の遂行に通常必要とされるみなし時間（例えば６時間）を合わせた時間（９時間）が１日の労働時間とみなされます。

② 「業務遂行に通常必要とされる時間」が所定労働時間を超える場合

業務の遂行に通常必要とされる時間が常態的に所定労働時間を超えている場合には、通常所定労働時間を超えて労働することが必要とされる時間を「みなし時間」として定めなければなりません。

例えば、所定労働時間が７時間であって、労働時間の全部が事業場外での業務となるときは、就業規則に労働時間のみなし制を導入することとその業務の遂行に通常必要とされる時間（例えば８時間）を定めることにより、その時間（８時間）が１日の労働時間とみなされます。このように、通常所定労働時間を超えて労働することが必要な場合は、就業規則にみなし制を導入することおよび必要な時間を定めることにより、この制度を行うことが可能となります。

なお、このような場合であっても、みなし時間が法定労働時間を超えない場合、労基法では労使協定の締結を義務づけていません。しかし、「みなし時間」の設定をするにあたっては、実態を良く知る労働者と協議をし、労使協定の締結によりその時間を決定することが望ましいといえるでしょう。

③ 「業務遂行に通常必要とされる時間」が法定労働時間を超える場合

事業場外での「業務の遂行に通常必要とされる時間」が、常態的に法定労働時間を超えている場合には、通常法定労働時間を超えて労働することが必要な時間（例えば10時間）を「みなし時間」として労使協定を締結、就業規則に定め、労基署に届出をする必要があります。

他方、労働時間の一部が事業場外での業務となるときは、事業場外労働の「みなし時間」が法定労働時間を超えた場合のみ、締結した労使協定を労基署へ届け出ることが必要となります。また前記②と同様、事業場外労働のみなし制を導入するにあたっては、それが労働条件であることの根拠が必要となるため、これについて、就業規則にあらかじめ記載されていなかった場合は、就業規則の変更および届出が別途必要となりますので留意してください。

なお、「みなし時間」と事業場内での労働時間の合計が法定労働時間を超えた場合であっても、「みなし時間」が法定労働時間以内の場合は、労使協定を労基署へ届け出る必要はありません。

(3) 事業場外労働のみなし制における労働時間管理

事業場外労働のみなし制を適用したときに、「労働時間を算定し難い」という表現を拡大解釈して、労働時間の管理ができるにもかかわらず管理をしなくてよいという誤解があるようです。しかし、この制度は日々の労働時間の算定が「困難」であることから「実際の労働時間にかかわらず、あらかじめ定めた時間、労働したものとみなす」というものですので、誤った適用をしないよう注意が必要です。

事業場外労働のみなし制によるみなし労働時間には、大きく分けると所定労働時間みなしと通常必要とされる労働時間みなしがありますが、後者については「みなし時間」が法定労働時間を上回る場合もあります。例えば、業務の遂行に通常必要とされる労働時間としてみなした時間が９時間の場合は、「８時間のみなし＋１時間の時間外労働のみなし」ということになります。運用にあたっては、時間外労働協定（三六協定・様式９号）に併せてみなし労働時間に係る協定（様式９号の５）の締結・届出や割増賃金の支払いが必要となります。また、休憩、深夜労働、休日の規定はその適用を除外されないことからそれらの管理も必要です。すなわち、時間外労働や深夜業、休日労働など割増賃金の支払いが必要となる場合があり、決して労働時間管理の責任を免れたり、割増賃金が不要となる働かせ方になったりということではないことを理解しておく必要があります。

⑷　事業場外労働のみなし制の適用

この事業場外労働のみなし制が適用されるのは、あくまでも「労働時間を算定し難い」事業場外での労働であることが前提です。外勤営業や出張などに適用することが一般的ですが、このような場合であっても、ルート営業や労働時間管理をする人が同行している、携帯電話、スマートフォンなどのモバイル機器を利用して随時従業員に指示している、業務開始・終了につき報告を受けることができるなど、労働時間の管理ができる場合は、事業場外労働のみなし制を適用することはできません。

菅野「労働法」より

みなし制が適用になる事業場外労働は、常態的な事業場外労働（例、取材記者、外勤営業社員）のみならず臨時的な事業場外労働（例、出張）も含む。また、労働時間の全部を事業場外で労働する場合のみならず、その一部を事業場外で労働する場合も含む。「労働時間を算定しがたいとき」とは、事業場外で行われる労働について、その労働態様のゆえに、［労働時間を十分に把握できるほどには使用者の具体的指揮監督を及ぼしえない場合］ということになる。（542 頁）

ところで、近年の情報通信機器の発達を考えると「労働時間を算定し難い」状況というのが果たしてあり得るのかという疑問も生じます。

菅野「労働法」でも「最近の裁判例では、旅行会社が企画・催行する国内あるいは海外のツアーのために派遣業者から派遣されたツアー添乗員の添乗業務の遂行について、（中略・筆者）海外ツアーの場合は国際通話可能な携帯電話を携行して行程変更等の場合には旅行会社への連絡・相談を必要とされていたこと、などから、「労働時間を算定しがたいとき」とはいえないと判断されている」（542 頁）として、阪急トラベル・サポート（派遣添乗員・第３）事件（東京高判平 24・3・7 労判 1048 号 26 頁）他一連の阪急トラベル・サポート（派遣添乗員）事件を挙げています。

他の裁判においても、会社は「みなし労働時間制である」としていてもそれにはあたらないとする裁判例が続いており（光和商事事件他）、こうした傾向からすると、事業場外労働のみなし制の適用については慎重な判断が求められます。

また、本書執筆時コロナウイルスによる事態に対し、テレワーク導入推進の機運が高まっていますが、平成 30 年２月策定の「情報通信技術を利用した事業場外勤務の適切な導入及び実施のためのガイドライン」により、テレワークにより事業場外労働と認められる要件が示されています。

すなわち、テレワークにおいて、「使用者の具体的な指揮監督が及ばず、労働時間を算定することが困難」であるというためには、①情報通信機器が、使用者の指示により常時通信可能な状態におくこととされていないこと＝情報通信機器を通じた使用者の指示に即応する義務がない状態、②随時使用者の具体的な指示に基づいて業務を行っていないこと、の要件をいずれも満たす必要があるとされています。

上記の要件を満たし、テレワークによりみなし労働時間制が適用されている場合であっても、当然に使用者は労働者の健康確保の観点から、勤務状況を把握し、適正な労働時間管理を行う責務を有する点は重要です。

⑸　その他の主体的で柔軟な労働時間制度

その他の主体的で柔軟な労働時間制として、フレックスタイム制（32条の３）や裁量労働制（38条の３、38条の４）があります。

フレックスタイム制は、従業員が主体的に始業・終業時刻を選択することができ、会社は清算期間中の労働時間の総枠を管理することとなります。フレックスタイム制には、フレキシブルタイムのみの制度とコアタイムを設ける制度があります。この制度導入にあたっては、就業規則等における根拠および、労使協定の締結による詳細な条件設定が必要です（労基署への届出不要)。

裁量労働制は、業務の遂行方法や時間配分について会社が具体的指示をせず、従業員の裁量に委ね、あらかじめ労使で決めた時間、労働したものとみなす制度です。会議への出席などを要請することはできますが、これに従わなかったことにより、労働時間について欠勤控除などをすることはできません。出勤計画などを事前に提出してもらうことは可能ですので、それに沿って会議の予定などを入れることも一案です。

なお、制度の運用にあたっては、労働時間の管理も重要です。会社が時間管理を怠ったことにより過重労働となって従業員に健康障害が出た場合などは、会社の配慮義務が問われることとなります（第８章１　労働災害と安全配慮義務〈本書322頁〉参照）。裁量労働制であっても労働時間管理の義務を免れるものではないことに留意してください。

また、制度が適用される従業員は、職種や業務などに一定の要件がありますが、これに該当していたとしても、大幅に業務の遂行を委ねることができる従業員であることが前提ですので、経験が浅い従業員、研究者の補助者などには適用できないと考えられます。さらに、制度の導入には、就業規則の変更、労使協定や労使委員会の決議書など、労基署への届出も必要であり、運用にあたっては、事業場外労働のみなし制と同様に、みなした時間に応じた割増賃金なども必要となります。

菅野「労働法」より

裁量労働制は、専門業務型であれ、企画業務型であれ、法所定の業務について労使協定でみなし労働時間数を定めた場合には、当該業務を遂行する労働者については、実際の労働時間数に関わりなく協定で定める時間数労働したものと「みなす」ということができる制度である。（中略・筆者）ただし、裁量労働のみなし制においても、休憩（労基34条）、休日（同35条）、時間外・休日労働（同36・37条）、深夜業（同37条）の法規制は依然として及ぶ。したがって、みなし労働時間数が法定労働時間をこえる場合には、三六協定の締結・届出と割増賃金の支払が必要である。また、深夜

時間帯において労働が行われた場合には、割増賃金の支払が必要となる。(545 頁)

(6) 法定労働時間の弾力化

業務の繁忙期や工場の稼働状況、顧客へのサービス対応の必要性などから、1週40時間、1日8時間という原則的な労働時間を一定の条件下で弾力的に変更・設定することを可能にするのが、変形労働時間制です。労基法では「1箇月（以内）単位」(32条の2)、「1箇月を超え1年（以内）単位」(32条の4)、「1週間単位」(32条の5）での変形労働時間制について規定されていますが、制度の具体的な部分をどのように決定するか、就業規則への記載、労使協定の締結や労基署への届出など、制度によって異なる部分があります。それぞれの要件や必要な手続きをしっかり把握しておかなければなりません。

これらの条件を満たさずに運用している場合は、原則の労働時間制度が適用され、多額の割増賃金が発生する恐れがありますので、十分に留意する必要があります。

また、「フレックスタイム制」(32条の3)、「事業場外労働のみなし制」(38条の2)、裁量労働制（38条の3、38条の4）を導入する際にも、同様の注意が必要です。

裁判例

(1) ほるぷ社事件（東京地判平9・8・1労民48巻4号312頁）

事業場外のみなし労働時間制の適用を否定した例

「労基法38条の2は、事業場外で業務に従事した場合に労働時間を算定し難いときは所定労働時間労働したものとみなす旨を規定しているところ、本来使用者には労働時間の把握算定義務があるが、事業場の外で労働する場合にはその労働の特殊性から、すべての場合について、このような義務を認めることは困難を強いる結果になることから、みなし規定による労働時間の算定が規定されているものである。したがって、本条の規定の適用を受けるのは労働時間の算定が困難な場合に限られるところ、本件における展覧会での展示販売は、（中略）業務に従事する場所及び時間が限定されており、被告（会社・筆者注）の支店長等も業務場所に赴いているうえ、会場内での勤務は顧客への対応以外の時間も顧客の来訪に備えて待機しているもので休憩時間とは認められないこと等から、被告がプロモーター社員らの労働時間を算定することが困難な場合とは到底言うことができず、労基法38条の２の事業場外みなし労働時間制の適用を受ける場合でないことは明らかである。」

⑵　光和商事事件（大阪地判平14･7･19労判833号22頁）

営業従業員全員に会社の携帯電話を貸与し、外勤中の行動状況を報告させ、それを受けた内勤者が、毎朝の朝礼後にあらかじめ提出させた行動予定をチェックしている場合には、労働時間を算定することは困難であるとは言えず、みなし労働時間制の適用は受けないとした例

⑶　ハイクリップス事件（大阪地判平20･3･7労判971号72頁）

電子メール等により業務連絡を密にとっていたうえ、タイムシートには実際の始業・終業時刻を記載するよう指示していたことからすると労働時間を算定しがたい状況があったとは認められず、みなし労働時間制の適用は認められないとした例

⑷　レイズ事件（東京地判平22·10·27労判1021号39頁）

出退勤時にタイムカードを打刻し、営業活動中も携帯電話等により訪問先や帰社予定時刻等を会社に報告していたことからすると、社会通念上、労働時間を算定しがたい場合であるとは認められないとした例

⑸　阪急トラベル・サポート〔派遣添乗員・第1〕事件（東京高判平23·9·14労判1036号14頁）、阪急トラベル・サポート〔派遣添乗員・第2〕事件（東京高判平24·3·7労判1048号6頁）、阪急トラベル・サポート〔派遣添乗員・第3〕事件（東京高判平24·3·7労判1048号26頁）

いずれも、ツアー添乗業務につき、添乗員の労働時間を把握することは社会通念上困難であるとは認められず、事業場外のみなし労働時間制の適用はないと解するのが相当であるとした例

⑹　ヒロセ電機〔残業代請求〕事件（東京地判平25·5·22労判1095号63頁）

会社の時間外労働管理は、制度・運用とも厳密に行われていることから、入退館時刻を理由とする割増賃金請求は認められないとした例

⑺　ナック事件（東京高判平30·6·21労経速2369号28頁）（東京高判平24·3·7労判1048号26頁）

営業社員に事業場外みなし制の適用が認められ、またみなし労働時間に関する労使協定を締結するための過半数代表者の選任が適法であるとした例

関係法令等

①　労基法32条（労働時間）、32条の２（１箇月単位の変形労働時間制）、32条の３（フレックスタイム制）、32条の４（１年単位の変形労働時間制）、32条の５（１週間単位の非定型的変形労働時間制）、36条（時間外及び休日の労働）、37条（時間外、休日及び深夜の割増賃金）、38条の２（事業場外労働）、38条の３（専門労働型裁量労働制）、38条の４（企画業務型裁量労働制）

②「情報通信技術を利用した事業場外勤務の適切な導入及び実施のためのガイドライン」（平30・２・22策定）

5-5

労働時間の適用除外

トラブル事例

生活用品を販売するA会社は、営業所長から所長としての相応な待遇もしくは残業代を支払うよう要求されました。

所長の年収は600万円です。主な仕事は売上目標管理、従業員の労務管理、採用などですが、営業所の売上を上げるため日中は従業員と同様の営業活動を行い、所長の仕事は営業時間終了後にやることが常となっていました。また、出退勤の自由があるとはいっても、業務多忙のため休日は月1、2回しか確保できず、かなりの長時間労働となっていました。

同社従業員の平均年収は520万円ですが、成績の良い従業員は600万円以上の者もいます。会社としては、所長は管理職であることから、時間管理や残業代の支払いは必要ないと考えていました。

会社は所長と話し合いを持ち、従業員を1名増員して、所長の休日を増やすことを提案。また、所長本来の業務に集中できるよう長時間労働の是正を図ることとし、給料面については、残業代を上回る役職手当の新設、所長のみに特別なインセンティブを設けるなど、今後に向けて大幅な改定をすることで合意しました。

Ⅱ 問題の所在

1　会社は、社内処遇としての「管理職」と労基法における「管理監督者」との違いを理解しておらず、管理職であれば一律に時間管理、残業代の支払いは必要ないと考えていたこと。

2　営業所長としての相応な労働条件の確保ができていなかったこと。

Ⅲ 実務上の留意点

(1)　管理監督者の範囲

労基法における管理監督者について通達では、「労働条件の決定その他労務管理について経営者と一体的立場にある者をいい、労働時間・休憩・休日等に関する規制を超えて活動することが要請される重要な職務と責任を有し、現実の勤務態様も、労働時間等の規制になじまないような立場にある者」としています。

企業においては、職務の内容と権限に応じた地位（職位）と経験、能力等に基づく格付け（資格）とによって人事管理が行われている場合がありますが、管理監督者の範囲を決めるにあたっては、こうした資格および職位の名称にとらわれることなく、職務内容、責任と権限、勤務態様などの実態、賃金等の待遇面や地位にふさわしい待遇、優遇措置の有無などに留意する必要があります（昭22･９･13発基17号、昭63･３･14基発150号　監督又は管理の地位にあるものの範囲)。

管理監督者に当たるか否かの具体的な判断基準については、通達が出ており裁判例もこれに沿った判決が出されています（昭52･２･28基発104号の２　都市銀行等の場合、昭52･２･28基発

105号　都市銀行等以外の金融機関の場合、平20·9·9基発0909001号　多店舗展開する小売業、飲食業等の店舗における管理監督者の範囲の適正化について）。

⑵ 「管理監督者」の判断要素

① 職務内容、責任と権限についての判断要素

管理監督者は、労働条件の決定その他労務管理について経営者と一体的な立場にあり、労働時間等の規制の枠を超えて活動せざるを得ない重要な職務内容を有し、経営者から重要な責任と権限を委ねられている必要があります。

具体的には、採用・解雇・人事考課・労働時間管理（シフト作成・残業命令）等です。裁判例では、これらの責任と権限がパートタイマーに対してのみとしたものか、正社員に対しても及ぶとしたものか等も判断要素とされており、それが正社員に対してまで及ぶ場合は当然管理監督者としての要素が強まります。

② 勤務態様についての判断要素

管理監督者は、時を選ばず経営上の判断や対応が要請されるため、厳密な時間管理にはなじまず、労務管理においても一般労働者と異なる立場にある者として管理する必要があります。遅刻早退等の勤怠状況が給与控除や人事考課のマイナス要素とされたり、労働時間の大半について部下と同様の業務マニュアルに沿った職務を行ったりしているなど、一般従業員と大差ない勤務態様の場合は管理監督者としての要素が弱まります。

人員不足等から営業時間中は一般従業員と同様の職務を行わざるを得ない場合もありますが、そのために長時間労働を余儀なくされているような実態があれば、それは労働時間についての裁量が形式的に与えられているに過ぎず、管理監督者性を否定する要素となります。

③　賃金等の待遇についての判断要素

管理職は一般従業員より残業が多いにもかかわらず、残業代が支給されず残業代に満たない額の役職手当のみ支給されている例も少なくないようです。このように、支給されている賃金（基本給、手当、賞与）上の処遇が一般の従業員に比しその地位と権限にふさわしいものでない場合は、管理監督者性を否定する要素となります。

このほかにも、賃金総額が同一企業の一般的な従業員の賃金と大差ない場合や、長時間労働を余儀なくされているため総支給額は多いが時間単価を算出すると低額な場合なども同様に管理監督者性が否定されます。

なお、上記①～③の解説は主に通達（平20･９･９基発0909001多店舗展開する小売業、飲食業等の店舗における管理監督者の範囲の適正化について）に基づくものですが、この通達については、管理監督者の従来の判断基準が緩和されたものであるとの誤解が少なからずあるようです。通達はあくまでも管理監督者として否定される要素を整理し、逸脱行為の例を具体的に示したにすぎず、従来の判断基準を変更もしくは緩和したものではないという点に注意が必要です。

また、通達に挙げた否定要素に１つでも該当する場合は管理監督者に該当しない可能性が大きく、その一方で該当する項目がないことをもって管理監督者性が肯定されるという反対解釈はできないとされています。実態に照らして、「基本的な判断基準」に従い総合的に管理監督者性を判断した結果、管理監督者性が否定されることもあり得るということです。

④　「経営者と一体の立場」とは

管理監督者の定義の要素である「経営者と一体の立場」の解釈については、企業全体の経営にかかわる程度の職務内容や権限等が必要という見解と、ある部門全体の統括的立場にあることが必要という見解とに分かれています。

菅野「労働法」より

裁判例をみると、管理監督者の定義に関する上記の行政解釈のうち、「経営者と一体の立場にある者」、「事業主の経営に関する決定に参画し」については、これを企業全体の運営への関与を要すると誤解しているきらいがあった。企業の経営者は管理職者に企業組織の部分ごとの管理を分担させつつ、それらを連携統合しているのであって、担当する組織部分について経営者の分身として経営者に代わって管理を行う立場にあることが「経営者と一体の立場」であると考えるべきである。そして、当該組織部分が企業にとって重要な組織単位であれば、その管理を通して経営に参画することが「経営に関する決定に参画し」にあたるとみるべきである。最近の裁判例では、このような見地から判断基準をより明確化する試みも行われている。(492頁)

上記の例として、菅野「労働法」では「**東京地裁は、最近、管理監督者につき、①職務内容が少なくともある部門全体の統括的な立場にあること、②部下に対する労務管理上の決定権限等につき一定の裁量権を有し、人事考課・機密事項に接していること、③管理職手当などで時間外手当が支給されないことを十分に補っていること、④自己の出退勤を自ら決定する権限があること、という判断基準を提示している**」(493頁)と紹介し、日本マクドナルド事件についても「**店長は、店舗の労務管理を含む管理業務に従事するのみならず、シフト・マネージャーとしての営業業務にも従事しており、そのために相当の長時間労働となっているにもかかわらず、店長と**

しての報酬しか受けていなかった。店長の権限と役割からは、店長の業務にのみ従事していたのであれば十分に管理監督者と認められえたが、シフト・マネージャーの業務が加わったことによって、労働時間規制を適用除外するには不適切となったと思われる」（492頁）と解説しています。

(3) 「スタッフ管理職」と「スタッフ職」

最近では、指揮命令系統（ライン）に属さず、経営者直属で高度な判断を行う「スタッフ管理職」と呼ばれる専門職も増えています。このような立場の従業員の中には部下を持たず、経営者の特命を受けて単独で動く者もいますが、そのようなケースであっても管理監督者に含まれる可能性があります。ただし、その場合は他の部門の管理監督者と同等以上の処遇を受けていることが前提であると考えられます。

また菅野「労働法」では、一部の「スタッフ職」の業務に対応した労働時間制度について「管理職一歩手前の職員であって裁量的業務に従事している者の柔軟な勤務の要請に対応した制度を用意しきれていない。今後の立法的整理が必要といえよう」（494頁）と言及しています。

(4) 「管理監督者」と「監督的地位にある労働者」

人事・労務部などの上位職員等で、人事・労務に関する機密事項に接する地位にある労働者は、労働組合法では「監督的地位にある労働者」として非組合員になりますが、一方で、①自ら労務管理を行う責任と権限を有していない、②勤務時間について厳格な管理を受けている、③相応の待遇をされていない場合などは、たとえ非組合員であっても労基法の「管理監督者」にはあたりません。

⑸　健康への配慮義務等

管理監督者については、長時間労働になりやすいという重大な問題があります。安全配慮義務は労働契約に付随する使用者の義務（労契法５条）ですので、管理監督者であっても当然に労働時間の管理・把握は必要であり、これを免れることはできません。長時間労働による過労が原因で心身に異常をきたすなどの事態にならないよう十分な安全配慮が必要です（第８章１　労働災害と安全配慮義務〈本書 322 頁〉参照）。

ちなみに、安衛法改正（66 条の８の３）により、平成 31 年４月から割増賃金支払い及び健康管理の観点から、事業主に労働時間把握義務が科されています。この労働時間把握義務の対象には、労基法 41 条の管理監督者も含まれます。

また、深夜業は労基法でも健康に配慮した特別な位置づけとなっており、管理監督者に対しても適用されます。深夜業が基本の労働時間であり、深夜業の割増賃金を含んだ所定賃金が定められていることが労働協約、就業規則その他によって明らかな場合でない限りは、別途の割増賃金も発生します。年次有給休暇についても同様に適用されますので、請求されたときには付与しなければなりません。

⑹　監視・断続的労働従事者

その他の労働時間・休憩・休日の原則を適用しないとされる者として、守衛、重役専用の自動車運転手、学校の用務員などの監視・断続的労働にあたるとされうる職種が挙げられます。

監視に従事する者については、原則として一定部署にあって監視することを本来の業務とし、常態として身体または精神的緊張の少ないものについて許可することとされており、次のようなものは許可されません。

①　交通関係の監視、車両誘導を行う駐車場等精神的緊張の高い業務
②　プラント等における計器類を常態として監視する業務
③　危険または有害な場所における業務

また、断続的労働に従事する者とは、休憩時間は少ないが手待時間は多い者の意であり、その許可は概ね次の基準によります。

①　修繕係等通常は業務閑散であるが、事故発生に備えて待機するものは許可すること
②　寄宿舎の賄人等については、その者の勤務時間を基礎として作業時間と手待時間折半程度まで許可すること。ただし、実作業時間の合計が8時間を超えるときは許可すべきでない
③　その他の特に危険な業務に従事する者については許可しないこと

以上から、例えば、新聞配達員、タクシー運転手などは許可されません。

なお、本来の業務以外としてなされる宿日直勤務は、その職務内容から監視・断続的労働とみなされることが多いと考えられます。

ここでいう宿直または日直業務とは、本務に関する労働時間に引き続き、または休日になされる勤務の一態様であって、本務とは別個の、構内巡視、文書や電話の収受または非常事態に備えて待機するもので、常態としてほとんど労働する必要のない勤務です。

これらの断続的な宿日直業務については、一定要件をすべて満たし労働基準監督署長の許可を受けることが必要です。

以上の許可を受ければ、法定労働時間を超えた労働、または通常勤務に加えて宿日直等をさせても時間外労働とはならず、割増賃金の支給は必要ありません。しかし、許可を受けずに対象業務を行った場合は、労働の内容が許可基準に該当する場合であっても、原則の労働時間制が適用され、割増賃金の支払いが必要となるので注意

が必要です。

菅野「労働法」より

行政官庁の許可は監視・断続的労働従事者に対する適用除外の効力発生要件であり、それを得ないで監視・断続的労働に従事させ、8時間を超えて労働させた場合は、使用者は法定労働時間違反の責を負うとともに、時間外労働の割増手当の支払義務を負う。(494頁)

(7) 高度プロフェッショナル労働制

平成31年4月の労基法改正により、高度プロフェッショナル労働制が導入されました(41条の2)。

① 導入要件

当該事業場における労働条件に関する事項を調査審議し、事業主に対し当該事項に関し意見を述べることを目的とする労働委員会において、5分の4の多数により一定事項を決議し、決議を労働基準監督署長に届け出て、対象労働者の同意を得た場合に、制度を適用することができます。

② 対象業務

「高度の専門的知識等を必要とし、その性質上従事した時間と従事して得た成果との関連性が通常高くないと認められるもの」として労基則で定められる業務が対象とされます。

③ 対象労働者

対象業務に就かせる労働者であって、書面等の合意により職務の範囲が明確に定められており、1年間当たりの賃金の額が「基準年間平均給与額」の3倍を相当程度上回る額以上である者で。適用を受けることを同意した労働者が対象となります。

④　健康管理時間の把握義務

使用者は対象労働者の健康管理時間を把握しなければなりません。健康管理時間とは、事業場内にいた時間と事業場外で労働した時間の合計をいいます。

使用者は健康管理時間に基づき、健康・福祉確保措置を労使委員会で決議しなければなりません。

一定の条件を満たす対象労働者は、申出の有無にかかわらず安衛法66条の８の４の面接指導の対象となります。

本書執筆時、法改正から約１年経過した時点で、導入件数は10社400人程度と報道されていますが、菅野「労働法」では、課題として次のように述べています。

菅野「労働法」より

これまでの裁量労働制が所期の制度として十分に定着し発展してこなかったことを考えると、今回の高度プロフェッショナル労働制が定着し機能するかは、高度専門職労働者のための労働時間制度整備の試金石となると思われる。企業と労使は高度プロフェッショナル労働制につき、ルールを遵守しつつ建設的に活用することが望まれる。（556頁）

Ⅲ　裁判例

(1)　東和システム事件（東京地判平21･3･9労判981号21頁）

■管理監督者ではないとした例

労基法における管理監督者であるためには、職務内容が、少なくともある部門全体の統括的な立場にあることが要件の１つとし、本件については「プロジェクトリーダーという地位の管理監督者性を検討するのはそもそも疑問がある。」としたうえで、「原告らは、プロジェクトチーム内ではリーダーとして存在しているが、プロジェクトチームの構成員を決定する権限もなく、パートナーと呼ばれる下請会社を決定する権限もなく、それは上記の職制上上位にある統括部長、部長、次長等が決定しており、また、原告らはプロジェクトのスケジュールを決定することもできず、こちらは被告の重要な顧客である富士通が決定しており、作業指示も富士通の決定したマスター線表という計画表に沿って行われるものと認められる。このような状況下で、この程度の部門を統括することでは、部門全体の統括的な立場にあるということは困難である。」とした。

また部下に対する労務管理上の決定権等についても、「その部下であるチーム構成員（作業担当者）の人事考課をしたり、昇給を決定したり、処分や解雇を含めた待遇の決定に関する権限を有していた事実は認められない。従業員の新規採用を決定する権限があるどころか、上記ア認定のように、プロジェクトチームの構成員を決定する権限すらない。被告が主張するように、原告らが部下の休暇の承認をしていたとしても（それすら、より上位の者の決裁を得ていたようであるが）、このような状況下では、原告らが経営者と一体的な立場にあるものということは、到底できない。」「また、証拠（省略）によれば、原告らが、前記スケジュールに拘束されて、出退勤の自由を有するといった状況で到底ない事実も認められる。」とし、「その余の要素について検討するまでもなく、原告らは、管理監督者には当たらないというべきである。したがって被告は、原告らの時間外労働に対する手当の支払を免れないというべきである」とした。

⑵ ゲートウェイ21事件（東京地判平20･9･30労判977号74頁）

■管理監督者ではないとした例

原告の職務内容は、部門の統括的立場にあり、部下に対する労務管理上の決定権はあるが、遅番、早番を決める程度の小さなものである。また、時間外手当が支給されないことを十分に補うだけの待遇を受けていたとはいえず、自身の出退勤についての裁量も大きなものではない。これを勘案すれば、同原告は経営者と一体の立場にあり、労働時間等の枠を超えて事業活動することを要請されるような地位とそれに見合った処遇にあるものとはいえず、労働時間についての適用を除外されることが適切であるとはいえない。

⑶ マクドナルド事件（東京地判平20･1･28労判953号10頁）

アルバイト従業員の採用、時給額の決定、勤務シフトの作成等を含む労務管理および店舗管理を行っている大手外食チェーン店の店長につき、企業経営上の必要から経営者と一体的な立場において労働基準法の労働時間などの枠を超えて事業活動をすることを要請されてもやむをえないものといえる重要な職務と権限を付与されているとは認められず、労働時間に関する自由裁量性があったとは認められないとともに、処遇の面でも管理監督者に対するものとしては十分であるとは言い難いため、管理監督者にあたるとは認められないとした例

関係法令等

① 労基法32条（労働時間）、34条（休憩）、35条（休日）、36条（時間外及び休日の労働）、37条（時間外、休日及び深夜の割増賃金）、41条（労働時間等に関する規定の適用除外）、41条の2

② 労契法5条（労働者の安全への配慮）

③ 昭22・9・13発基17号（監督又は管理の地位にあるものの範囲、断続的労働に従事するもの）、昭23・4・5基発535号（断続的労働に従事するもの）、昭63・3・14基発150号（監督又は管理の地位にあるものの範囲、断続的労働に従事するもの）、平20・9・9基発0909001号（多店舗展開する小売業、飲食業等の店舗における管理監督者の範囲の適正化について）

5-6

時間外および休日労働

トラブル事例

機械部品工場を経営している従業員8名の会社。所定労働時間は1日8時間で、週40時間勤務、法定休日は日曜日となっています。

最近、急に取引先からの注文が集中してしまい、このままでは製造が納期に間に合わないことがわかりました。従業員に事情を説明し、平日は交代で残業し、本来は土日休みのところ、来月の土曜日はすべて出勤することとしましたが、最近入社してきた従業員Aがこの方針に従いません。

これでは協力している他の従業員に対して不公平が生じるため、会社はAに対して業務命令違反での懲戒処分を検討することにしました。ただし、Aの採用時には残業の有無については説明しておらず、労働条件についての書面交付もしていませんでした。なお、就業規則はなく、服務規律と懲戒規定のみ作成周知していましたが、労働時間管理は徹底していませんでした。なお、三六協定は届け出ており、協定内容は1か月の時間外労働の上限を45時間としていました。

これらについて、社労士に相談したところ、Aには時間外労働の義務があるとはいえず残業命令はできないこと、毎週土曜日を出勤とし、その日を8時間労働とした場合は、土曜日だけで32時間の時間外労働時間数となり、これを合計して1か月45時間以内の時間外労働時間数に抑える必要があることを指摘されました。これを受けて会社は懲戒処分とはせずAと話し合い、残業についての理解を得て労働条件に盛り込むこととし、土曜日の出勤は交代制で行うことに改めました。

II 問題の所在

1 三六協定は届け出ているものの、残業することが個々の労働条件とはなっておらず、労働契約の根拠なしに残業を命じていたこと。

2 労働条件の書面明示をしていなかったこと。

3 会社所定休日の労働時間は、時間外労働ではなく休日労働だと思っていたこと。

III 実務上の留意点

(1) 時間外労働・休日労働義務の発生要件

時間外労働、休日労働を命じるには三六協定が必要であることは周知のとおりですが、三六協定を締結・届出することは労基法上の免罰的効果（労基法違反の刑事責任を免責する効果）があるにすぎず、個々の労働者に対する契約内容とはなりません。したがって、個々の従業員との労働契約において時間外・休日労働の義務を明確にする必要がありますが、その方法は就業規則等の包括的同意によるものでもよいと考えられます。

裁判例でも、三六協定が有効に届出され、時間外・休日労働をすることが労働契約の内容となっている限りは、従業員はその三六協定の範囲内で時間外・休日労働命令に従う義務があるとされています（日立製作所武蔵工場事件)。時間外・休日労働義務の発生要件について菅野「労働法」では、次のように述べています。

菅野「労働法」より

労働協約、就業規則または労働契約のいかなる定めによっても時間外・休日労働義務は生じえず、それは労働者がそのつど任意に応じるかぎりで行われうるにすぎない、との個別的同意説があるが、適切でない。三六協定は、前記の上限時間（514頁）の範囲内において、時間外・休日労働を適法に行いうる枠を設定するものであるので、労働協約または就業規則において業務上の必要があるときは三六協定の範囲内で時間外・休日労働を命じうる旨が明確に定められているかぎりは、労働契約上同協定の枠内でその命令に従う義務が生じる、と解すべきである。ただし、時間外・休日労働を命ずる業務上の必要性が実質的に認められなければ、命令は有効要件を欠くこととなるし、また、労働者に時間外・休日労働を行わないやむをえない事由があるときには、その命令は権利濫用になりうる。とりわけ休日労働命令については、その有効要件としての業務上の必要性は厳格に判断されるべきである。(515頁)

(2)　三六協定締結と効力の発生

労働時間は原則として１週40時間、１日８時間とされており、これを超える労働は三六協定を労基署に届け出た場合のみ、届出日以降について協定時間の限度で有効とされています。三六協定を社内で締結していてもこれを届け出ていない場合や、協定時間を超える残業命令等は違法であり、たとえ従業員が残業命令に応じなくてもその責任を追及することはできません（宝製鋼所事件)。

(3)　三六協定による時間外労働の限度基準

三六協定は、労基法36条3項～6項においてその協定できる時間に上限を設定しています。これまでは、この基準は強行的なものではなく、この限度基準を超える時間で締結した三六協定が部分的に無効となったり、免罰効果がなくなったりするものではありませんでした。しかし、働き方改革関連法による労基法改正で、時間外労働の罰則付きで上限が導入され、この上限が、三六協定で定める時間の原則的な限度時間として規定されました。

また、限度基準の適用除外業務を下記に掲げるように定めています。

①　工作物の建設等の事業（令和6年3月31日まで猶予）
②　自動車の運転の業務（令和6年3月31日まで猶予）
③　新技術、新商品等の研究開発の業務
④　医師（令和6年3月31日まで猶予）
⑤　鹿児島県及び沖縄県における砂糖製造業（令和6年3月31日まで一部適用除外）

なお、三六協定における休日労働とは、週1日の法定休日労働のことであり、それ以外の休日については、通常の時間外労働となります。事例のように、会社所定の休日を休日労働として考えてしまうと、意図せず協定時間を超えてしまう可能性があるので注意しましょう。

(4)　臨時的な特別の事情がある場合の上限規制

三六協定の締結に際しては、臨時的な特別の事情がある場合のための弾力条項を設けることが認められています。これまでは、1年の半分（1日を超える一定の期間が1か月についての協定であれば年6回、2か月についての協定であれば年3回まで）につき三六協定の時間外労働の限度基準を超えて労働させることができるとされていました。しかし、働き方改革関連法による労基法改正で、臨時的な特別の事情がある場合であっても特別協定用の上限が定められ、その上限を超えることはできなくなり、罰則も設けられました。

(5)　協定の締結当事者

三六協定は、使用者と事業場の労働者の過半数を組織する労働組合または労働者の過半数を代表する者の間で締結されるべきものとされています（労基36条1項）。この場合の使用者とは、当該事業場において時間外・休日労働のあり方に責任を負っている管理者とされており、事業所長、工場長、支店長などが該当します。

労働者側にも一定の要件があり、その内容については別記のとおりとなっています。（第1章6　労働者代表〈本書55頁〉参照）

Ⅲ　裁判例

(1)　日立製作所武蔵工場事件（最一小判平3・11・28労判594号7頁）

■要件を備えている場合は時間外労働の義務を負うとした例

従業員は、工場に勤務し、トランジスターの品質および歩留りの向上を所管する製造部低周波製作課特性管理係に属していた。工場の就業規則（以下「本件就業規則」という。）には、業務上の都合によりやむを得ない場合には、この従業員が加入するこの工場の労働組合（以下「組合」という。）との協定により一日8時間の実働時間を延長することがある旨定められていた。そして、工場とその労働者の過半数で組織する組合との間において書面による協定（以下「本件三六協定」という。）が締結され、所轄労働基準監督署長に届け出られた。そこで、上司がこの従業員に対し、同日残業をしてトランジスター製造の歩留りが低下した原因を究明し、その推定値を算出し直すように命じたが、この従業員は右残業命令に従わなかったというものである。

「労働基準法（昭和62年法律第99号による改正前のもの）32条の労働時間を延長して労働させることにつき、使用者が、当該事業場の労働者の過半数で組織する労働組合等と書面による協定（いわゆる三六協定）を締結し、これを所轄労働基準監督署長に届け出た場合において、使用者が当該事業場に適用される就業規則に当該三六協定の範囲内で一定の業務上の事由があれば労働契約に定める労働時間を延長して労働者を労働させることができる旨定めているときは、当該就業規則の規定の内容が合理的なものである限り、それが具体的労働契約の内容をなすから、右就業規則の規定の適用を受ける労働者は、その定めるところに従い、労働契約に定める労働時間を超えて労働する義務を負うものと解するを相当とする」

⑵ 宝製鋼所事件（東京地判昭25·10·10民集1巻5号766頁）

▌三六協定に基づかない残業命令を違法とした例

原告の残業拒否は信義則違反といえなくもないが、その残業は労使間の三六協定に基づくものではなく会社の慣行により行われてきたものであるから、法律上残業を強制することはできないものであり、残業拒否を違法と主張するには、その前提を欠いているといえる。

関係法令等

①　労基法 15 条（労働条件の明示）、36 条（時間外及び休日労働）１～６項、37 条（時間外、休日及び深夜の割増賃金）、平 10･12･18 労告 154 号、平 15･10･12 厚労告 355 号、平 21･５･29 厚労告 316 号（時間外労働の限度基準）、平３－79 号～平 12－120 号（自動車運転者の労働時間等の改善のための基準）

コラム④ 労働基準監督官による検察官送致

労働基準監督官は、労働関係法令違反等の罪に関して、司法警察員としての職務権限を有しています。具体的には、逮捕（通常逮捕・現行犯逮捕・緊急逮捕）や、逮捕の際の令状によらない差押え・捜査・検証および令状による差押え・捜査・検証等を行うことができます。そして、労働基準監督官は、労働関係法令違反等の犯罪があると思料するときは、犯人及び証拠を捜査し（刑事訴訟法189条2項）、速やかに事件を検察官に送致しなければなりません（同法246条）。これを「送検」といい、実務上、被疑者の身柄拘束を伴わない書類送検となることがほとんどです。

では、労働関係法令違反等の行為は、具体的にどのような手続を経て、刑事事件として取扱われることになるのでしょうか。

まずは、労働基準監督官が具体的な法令違反を把握するところから始まります。これは、労働者からの申告や刑事告訴により発覚する場合や、労働基準監督官の臨検により判明する場合、労働災害が発生した場合などが考えられます。もっとも、法令違反があったからといって、直ちに労働基準監督官が捜査を開始することはまれであり、通常は行政指導等により事業主に是正を促すことになります。そして、行政指導等の結果、法令違反の是正が確認されれば、それで事件は終了します。しかしながら、行政指導等によっても、事業主が是正に応じないなど悪質な場合には、捜査が開始される可能性が高くなります。また、死亡事故が発生した場合や法令違反が重大な場合には、行政指導等を経ることなく、捜査が開始されることもあります。

捜査が開始されると、労働基準監督官は前述した権限を用いながら、必要な証拠資料の収集等を行うことになります。もし、事業場への捜索・差押えが実施されれば、取引先の信用が失墜するなど、事業に深刻な影響が生じてしまうおそれがあります。

労働基準監督官が捜査によって集めた証拠資料は、検察官に送致されることになります（送検）。送検を受けた検察官は、送られた証拠資料をもとに、刑事事件として起訴するか不起訴にするかについて判断します。なお、労働基準監督官による送検事件の起訴率は、平成30年には38.6％であり、送検されたとしても６割以上が不起訴となっています。また、起訴される場合は、正式な公判手続による場合もありますが、ほとんどが略式手続によって行われます。この略式手続は、簡易裁判所が管轄する事件について、検察官の請求により、公判手続を経ないで、検察官が提出した証拠のみを審査して、100万円以下の罰金又は科料を科す簡易な裁判手続です。

平成30年に検察官が起訴した送検事件335件のうち、略式手続によるものは325件であり、正式手続によるものはわずか10件です。

そして、最終的に、被告人が有罪か無罪かを判断するのは裁判官です。裁判官は、当事者から提出された証拠に基づき、判決を下すことになります。

実際に送検されることが多い事案についてみてみると、その多くは、「賃金の支払」または「労働時間」に関するものです。

賃金未払い事案や長時間労働事案がこれに該当します。この種の事案では、通常、行政指導等が先行することが多いので、その段階で法令違反をきちんと解消することが重要です。行政指導等の段階で是正できれば、労働基準監督官が送検まで踏み切ることはないでしょう。ただし、近年では、この種の事案が世間の耳目を集めていることもあり、労働基準監督署の姿勢も厳しいものになっています。事業主においては、日々の適切な労務管理が一層求められます。

また、法令違反を原因とする労働災害が発生した場合や、いわゆる「労災かくし」の場合に送検されることもあります。これらの事案では、行政指導等の段階を経ることなく、送検に至ることも多いため、そもそもこれらの法令違反を犯さないようにすることが重要です。すなわち、送検の対象となる労働災害は、労働者の死亡その他の重大事故であることが多いため、常日頃からその原因を取り除くための努力を怠るべきではありません。また、万が一、労働災害が発生してしまったとしても、虚偽の報告は絶対にせず、労働基準監督署の調査に誠実に協力するようにしましょう。

第6章
配転・出向・人事

1 配　転

2 出　向

3 転　籍

4 降　格

6-1

配　転

Ⅰ トラブル事例

　Ａ社は横浜でアクセサリー雑貨を販売しています。東京に新しく出店することになり、ベテランの従業員Ｂ（女性）を新店舗へ転勤させ、出店準備とその後の店舗運営の責任者を任せることにしました。

　この方針をＢへ伝えたところ、「介護の必要な親がいるので、勤務地が遠くなるのは困る」と、家庭の事情を理由にＢは転勤を拒否しました。Ａ社は、「親の介護は配転拒否理由として認められない」「他に適任者もいない」との判断により、「これは業務上の必要性に基づく配転命令であり、従業員として従う義務がある」とＢに告げました。これを不満に思ったＢは、労働局に相談に行きました。

　その後、労働局よりＡ社に対して、「労働者の配置に関する配慮も必要」との助言があり、Ａ社は社労士と相談し、出店準備期間に限定した配転とすることでＢと合意しました。

Ⅱ 問題の所在

1　業務上の必要性があれば、就業規則の規定や労働契約とは関係なく、いつでも配転命令ができると思っていたこと。

2　配転命令は会社の人事権の行使であり、従業員の家庭の事情に配慮する必要はない、と思っていたこと。

Ⅲ 実務上の留意点

(1) 配転命令権の根拠と限界

配転とは、職務内容や勤務場所の変更をいい、職種変更、配置転換、転勤などが該当します。配転命令権は労働契約に基づく会社の基本的人事権の一つですが、就業規則等に規定することによって具現化するとされています。しかし、配転命令権の範囲は、個別の労働契約関係により異なります。会社は、配転を命じようとする場合、まずは当該労働者との労働契約関係について配転命令権が会社に存しているか検討する必要があります。

判例では、転勤命令につき、「業務上の必要性が存しない場合または業務上の必要性が存する場合であっても、当該転勤命令が他の不当な動機・目的をもってなされたものであるとき若しくは労働者に対し通常甘受すべき程度を著しく超える不利益を負わせるものであるとき」には権利濫用になる、との判断枠組みを樹立しています(東亜ペイント事件最二小判昭 61・7・14 労判 477 号6頁)。

菅野「労働法」より

長期雇用の労働契約関係においては、使用者の側に、人事権の一内容として労働者の職務内容や勤務地を決定する権限が帰属するのが通例である。これを就業規則において表現するのが、「業務の都合により出張、配置転換、転勤を命じることがある」などの一般条項である。

使用者の労働者に対する配転命令を根拠づけるのは、労働契約上のこのような職務内容・勤務地の決定権限(配転命令権)であるが、この権限は、それぞれの労働契約関係によって広狭様々に範囲が画されているから、ある配転命令がはたして当該労働契約関係における使用者の配転命令権の範囲内であるか否かを吟味する必要がある。（中略・筆者）

配転命令は業務上の必要性があって行われるべきであり、また、本人の職業上・生活上の不利益に配慮して行われるべきである。配転命令は、学説・判例上の確立した取扱いとして、業務上の必要性と本人の職業上・生活上の不利益の両点において、権利濫用法理による規制をも施されている。（727～728頁）

(2)　労働契約による配転命令の制限

職種限定または勤務場所限定で労働契約が締結されている場合は、職種変更や配転命令を一方的に行うことはできず、実行する場合は、本人の同意を得るか、就業規則で合理的な配転条項を用意しておくことが必要となります。例えば、医師、看護師、ボイラーマンのように特殊の技術、技能、資格を条件とする契約や現地採用により勤務場所を限定している契約などが該当します。また、労契法改正（有期契約者に対する無期転換権付与、不合理な労働条件相違の禁止）、政府の労働政策（「多様な正社員」の推奨）、短時間・有期雇用労働者法施行（均等・均衡待遇原則の強化）により、従業員区分の再編や多様化がさらに進展していく中で、従業員区分に応じたキャリアコースや待遇に合理的なグラデーションを作り、処遇の均衡・均等を図ることが重要になっています。

菅野「労働法」より

特殊技能者であっても、長期雇用を前提としての採用の場合には、当分の間は職種がそれに限定されているが、長期の勤続とともに他職種に配転されうるとの合意が成立している、と解すべきケースも多いであろう。（中略・筆者）技術革新、業種転換、事業再編成などがよく行われる今日では、このような職種限定の合意は成立しにくいといえよう。（中略・筆者）

しかし、近年には、職種・部門限定社員や契約社員のように、定年までの長期雇用を予定せずに職種や所属部門を限定して雇用される労働者も増えており、これらの労働者については、職種限定の合意が認められやすいことになる。（中略・筆者）

労働契約上勤務場所が特定されている場合には、その変更には労働者の同意を要する。たとえば、現地採用で慣行上転勤がなかった工員を新設の他地の工場に転勤させるには、本人の同意（契約の変更）を要する（新日本製鉄事件福岡地小倉支決昭45-10-26判時618号88頁・筆者）。（中略・筆者）ただし、現地採用労働者についても、就業規則上の転勤条項を明確に承知したうえで雇用され、転勤の趣旨が余剰人員の雇用の維持にあるようなケースでは、一方的転勤命令が有効とされる（エフピコ事件東京高判平12.5.24労判785号・筆者）。（729～730頁）

(3)　権利濫用法理による配転命令の制限

配転命令が、①業務上の必要性とは別個の不当な動機・目的をもってなされた場合、②通常甘受すべき程度を著しく超える不利益を負わせるものである場合、は権利濫用とされます。このうち、②については、従来は、要介護状態の家族を抱えているケースや労働者本人が困難な病気を持っているケースでの配転命令が権利濫用とされる裁判例が主でした。

その後、2001年の育介法改正で「（中略）子の養育又は家族の介護の状況に配慮しなければならない（26条）。」とされ2007年制定の労契法で「労働契約は、労働者及び使用者が仕事と生活の調和にも配慮しつつ締結し、又は変更すべきものとする（３条３項）。」とされたことに加え、ワーク・ライフ・バランスの社会的要請も高まってきていることから「通常甘受すべき程度の不利益」の範囲も変わっていくものと思われます。

菅野「労働法」より

配転命令は業務上の必要性があって行われるべきであり、また、本人の職業上・生活上の不利益に配慮して行われるべきである。配転命令は、学説・判例上の確立した取扱いとして、業務上の必要性と本人の職業上・生活上の不利益の両点において、権利濫用法理による規制をも施されている。（728 頁）

今後は、配転命令の権利濫用判断における「転勤に伴い通常甘受すべき程度の不利益」であるか否かの判断基準は、「仕事と生活の調和」の方向へ修正されていくことが予想されよう。企業の人事管理も、家族の介護のみならず育児のための必要性、夫婦や家族の一体性などに対しより丁寧な配慮を必要とされていくものと思われる。（732 頁）

(4)　賃金引下げを伴う配転命令

賃金引下げを伴う配転については、権利濫用、配慮義務を検討したうえ、さらに個別同意が必要となる場合があります。また、降格の手段の一つとして配転が使われることがあります。この場合は降格の要件をも満たしていることが必要となります。「降格」について権利濫用が認められた場合は、併せて「配転命令」についても権利濫用として無効となる場合があります（第６章４　降格〈本書 268 頁〉参照）。賃金が大幅に引き下がる配転は、相当の理由がない限り、配転命令権の不存在ないし濫用、降格のための人事評価権の濫用とみなされる場合があり注意が必要です。

菅野「労働法」より

資格等級が成績評価により下がることもありうる職務等級制、役割等級制、降格ありの職能給制などの下で、降級・降職を伴う配置換えが行われて賃金の引下げが生じた場合には、当該配置換えは、就業規則上、そのような配置換えの権限が明示されていて、命令権限として肯定できるか否か、そして、当該命令による結果としての給与の低下や降級・降職による不利益の程度・内容に照らして命令権限の濫用とならないか、が判断されることとなる。（733 頁）

Ⅲ 裁判例

(1) 東亜ペイント事件（最二小判昭 61・7・14 労判 477 号 6 頁）

業務上の必要性があり、配転命令は有効とした例

神戸営業所から広島営業所への転勤について家庭の事情により拒否し、その後名古屋営業所への転勤も家庭事情を理由に拒否した者に対する懲戒解雇を無効とした高裁判決を破棄、差し戻した事例。

「使用者は業務上の必要に応じ、その裁量により労働者の勤務場所を決定することができるものというべきであるが、転勤、特に転居を伴う転勤は、一般に、労働者の生活関係に少なからぬ影響を与えずにはおかないから、使用者の転勤命令権は無制約に行使することができるものではなく、これを濫用することの許されないことはいうまでもないところ、当該転勤命令につき業務上の必要性が存しない場合又は業務上の必要性が存する場合であっても、当該転勤命令が他の不当な動機・目的をもってなされたものであるとき若しくは労働者に対し通常甘受すべき程度を著しく超える不利益を負わせるものであるとき等、特段の事情の存する場合でない限りは、当該転勤命令は権利の濫用になるものではないというべきである。右の業務上の必要性についても、当該転勤先への異動が余人をもつては容易に替え難いといつた高度の必要性に限定することは相当でなく、労働力の適正配置、業務の能率増進、労働者の能力開発、勤務意欲の高揚、業務運営の円滑化など企業の合理的運営に寄与する点が認められる限りは、業務上の必要性の存在を肯定すべきである。」（中略）名古屋営業所勤務を命じた本件転勤命令には業務上の必要性が優に存したものということができる。そして、前記の被上告人の家族状況に照らすと、名古屋営業所への転勤が被上告人に与える家庭生活上の不利益は、転勤に伴い通常甘受すべき程度のものというべきである。したがって、原審の認定した前記事実関係の下においては、本件転勤命令は権利の濫用に当たらないと解するのが相当である。」

⑵　ケンウッド事件（最三小判平12･1･28労判774号7頁）

保育園への送迎が必要な労働者につき、配転命令を有効とした例

⑶　ネスレ日本事件（大阪高判平18･4･14労判915号60頁）

妻が非定型精神病、母が高齢である労働者への配転命令を無効とした例

⑷　ジャパンレンタカー事件（津地判平31･4･12労経速2396号34頁）

勤務地を限定する旨の合意を認定し、仮に合意がないとしても、勤務他の近隣に限定するよう配慮すべき信義則上の義務があるとし、遠方の店舗への配転命令を無効とした例

関係法令等

① 労契法3条（労働契約の原則）、14条（出向）

② 育介法26条（労働者の配置に関する配慮）

6-2

出　向

トラブル事例

リサイクルトナーを製造、販売するＡ社では、このほど製造子会社のＢ社支援のため、Ａ社就業規則の出向規定に基づき、従業員Ｃに出向を命じました。

張りきったＣは出向先のＢ社で行き過ぎた指導を行ってしまい、Ｂ社従業員からパワハラだとしてＢ社人事部に被害申告が出されました。Ｂ社人事部が状況を調査したところ、パワハラの事実があったことを確認し、Ｂ社就業規則に則ってけん責処分を決定。Ｃに対して、始末書の提出を命じました。

ところがＣは、「自分はＡ社から出向しているので、Ｂ社の就業規則は関係ない。始末書も書かない」と拒否したため、Ｂ社は困ってどのように対処すべきかを社労士に相談しました。

社労士は、Ａ社とＢ社との出向契約の不備およびＡ社のＣに対する出向命令書面の内容不備を指摘し、Ｃに対して、両会社とも不備があったこと、および解雇以外の懲戒規定部分については指揮監督権のある出向先の就業規則に従うのが一般的である旨を説明したところ、Ｃも冷静になり、パワハラの事実を認めて始末書の提出に応じ、解決に至りました。

Ⅱ 問題の所在

1 A社は、Cの出向命令に際し、出向先と賃金額のみを記載した簡単な辞令で済ませ、出向先での労働契約内容を明示していなかったこと。

2 A社・B社間で正式な出向契約を結んでおらず、またA社の出向規定には出向時の労働関係に関する事項がなく、出向先との労働契約関係等があいまいであったこと。

3 B社が、出向従業員は当然に出向先の就業規則に従うものだと信じており、Cに対し適切な説明をすることなくB社就業規則による制裁を科したこと。

Ⅲ 実務上の留意点

(1) 出向命令の要件

出向とは、出向元会社に在籍したまま、出向先会社にて労務に従事させる人事異動をいい、在籍出向と言うこともあります。その目的も多様であり、①子会社・関連会社への経営・技術指導、②従業員の能力開発・キャリア形成、③雇用調整、④中高年齢者の処遇などに利用されています。

出向は、企業間の人事異動であり、企業内の異動である配転以上に要件が問われることとなります。

菅野労働法では「**出向命令の第1の要件は、出向命令権が労働契約上認められることであるが、第2の要件としては、配転命令の場合と同様に、出向命令が権利の濫用とならないことが必要**」(738頁)とされており、第1要件の「出向命令権が労働契約上認められること」については、就業規則・労働協約上の根拠規定や採用時の同意など、明示の根拠が必要であり、加えて当該従業員にとって、賃

6-2 出向

金・労働条件、キャリア、雇用などの面で不利益が生じないようにするための配慮が必要です。

菅野「労働法」より

出向の場合には、労務提供の相手方企業が変更されるので、たとえ密接な関連会社との間に日常的に行われる出向でも、就業規則・労働契約上の根拠規定や採用の際における同意などの明示の根拠のないかぎりは出向命令権が労働契約の内容になっているということは難しく、出向を命令することは認められないといえる（中略・筆者）。包括的な規定ないし同意によって出向を命じるには、密接な関連会社間の日常的な出向であって、出向先での賃金・労働条件、出向の期間、復帰の仕方などが出向規程等によって労働者の利益に配慮して整備され、当該職場で労働者が通常の人事異動の手段として受容している（できる）ものであることを要する。（736 頁）

出向命令においては、前記配慮を考慮した就業規則・労働協約上の根拠規定や採用時の同意があれば、事案毎の個別同意は必ずしも必要ないと思われます。ただし、実務上では不要なトラブルを予防するため、労働条件の変更を伴う出向命令は、個別同意を得た方がよいでしょう。

(2)　権利濫用法理の適用

前述した第2の要件は、出向命令が「権利濫用であってはならないこと」です。

労契法 14 条では「使用者が労働者に出向を命ずることができる場合において、当該出向の命令が、その必要性、対象労働者の選定に係る事情その他の事情に照らして、その権利を濫用したものと認められる場合には、当該命令は、無効とする」としています。

これにより出向命令の有効性判断においては、

① 業務上の必要性がある。

② 人選は客観的・合理的に行っている。

③ 「その他の事情」として、「労働条件が大幅に下がる」「復帰を予定していない」「著しい生活上の不利益を与える」などはない。

の３点がポイントとなります。

📖 菅野「労働法」より ・・・・・・・・・・・・・・・・・・・・・・・・・・・・・・・・・・

出向命令の業務上の必要性（上記法規定（＊）における「〔出向命令〕の必要性、対象労働者の選定に係る事情」）と出向者の労働条件上および生活上の不利益とが比較衡量される。そこで、労働条件が大幅に下がる出向や復帰が予定されない出向は、整理解雇の回避や管理職ポストの不足など、それを首肯せしめる企業経営上の事情が認められないかぎり、権利濫用となりうる。退職を誘導するための出向も、整理解雇を正当化する事情などがない限り、権利濫用とされることが多いであろう。また、労働者に著しい生活上の不利益を与える場合にも権利濫用となりうる。これに対し、労働組合との協議によって出向労働条件や職務内容に関する十分な配慮が行われているケースでは、権利濫用は否定される。(738〜739 頁)

＊筆者注　労契法 14 条

・・

⑶　出向中の労働関係

① 労働契約上の関係

出向においては、出向元との契約関係を維持したまま、出向先の指揮監督の下に労務提供を行うため、労働契約関係について問題になることがあります。

これについては、労務提供に関係する勤務管理や服務規律に関することは出向先、労務提供を前提としない部分は出向元の規定が適用されるというのが一般的です。

原則として、使用者としての責任を負うのは、労基法の場合、その内容に応じて当該事項を管理している側で、それぞれの事項について実質的権限を有している事業主です。安衛法の場合は現実に労務の提供を受けている出向先となります。労災保険法でも原則として労務の提供を受けている出向先となりますが、両社の協定により出向元とすることも可能です。

トラブルを未然に予防するためには、これらの労働契約上の関係を出向協定書、出向規程などに明記しておくことが重要です。

②　安全配慮義務、使用者責任の所在

安全配慮義務、使用者責任については、実質的に労務の給付を受けている出向先にあると考えられます。裁判例では、安全配慮義務は出向先にのみにあるとした協成建設工業ほか事件、出向社員によるセクハラについての使用者責任は出向先のみとした建設関係A社事件（東京高判平9·11·20労判728号12頁）があります。

ただし、出向元が出向先の違法な実情を把握していたのに放置していたような場合は、出向元も安全配慮義務違反・使用者責任が問われる場合があります。安全配慮義務違反として、出向先および出向元が共に責任を負うとされた裁判例（ネットワークインフォーメーションセンターほか事件）があります。

③　団体交渉における使用者

出向中の団体交渉における使用者は出向元か出向先かという点も問題になります。これについて菅野「労働法」では、次のように述べています。

菅野「労働法」より

出向労働者に対して団体的労使関係（団体交渉関係）上の使用者となるのは甲・乙（＊）いずれの企業か、という問題も存するが、これも甲・乙の有する権限の実質に従って決せられる。（741頁）

＊筆者注　甲：出向元企業　乙：出向先企業

④　包括的労働契約関係が出向先にないとき

包括的労働契約関係が出向先との間に認められない場合があります。例えば、賃金の計算・支払いが出向元で行われている場合、人事考課や懲戒・解雇・復帰等の人事権すべてが出向元で把握されている場合などです。

このような場合は、出向先では単に労務提供を行っているだけであり、出向先会社との包括的労働契約関係は否定されざるを得ず、出向元との労働契約関係が解消されたとき（出向元が倒産したなど）は、出向先においても労働契約の存続は難しいでしょう。

⑷　役員としての出向

子会社・関連会社等の社長や取締役として従業員を出向させる場合は、出向した従業員は、会社法による規律（329条・330条、355条～360条）を受けることになり注意が必要です。

菅野「労働法」より

取締役としての出向中は、出向元会社との労働契約関係と、出向先会社との会社法によって規律された委任関係が併存することになる。このように取締役の場合には、会社との契約関係の性質を異にし、会社法上の責任が課されるので、取締役として出向させる場合

には、本人にその点の自覚をさせてその同意を得るのが適切である（中略・筆者）。（737頁）

Ⅲ 裁判例

⑴　新日鐵事件（福岡高判平12･11･28労判806号58頁）

雇用調整目的のため当初から長期化し、復帰の困難性が予測される出向であっても、出向元の従業員たる地位を保持したままであり出向と認められ、業務上の必要性と人選の合理性があり、職務内容や勤務場所等に変更もないなど権利の濫用はなく、出向命令は有効とした例

⑵　協成建設工業ほか事件（札幌地判平10･7･16労判744号29頁）

出向先での過酷な労働によりうつ病に罹患し自殺した従業員につき、出向先に安全配慮義務が認められ、出向元は、出向先会社等を指導する余地がなかったとして出向元責任は否定された例

⑶　横浜セクハラ（建設会社）事件（東京高判平9･11･20労判728号12頁）

出向先の上司によるセクハラ行為につき、出向先会社に使用者責任を認めるとした例（第２章２　セクシュアル・ハラスメント〈本書78頁〉参照）

⑷ リコー退職勧奨拒否事件（東京地判平25･11･12労判1085号19頁）

退職勧奨を断った従業員に対する子会社への出向命令につき、同出向命令が、退職勧奨の対象者を選ぶためのものであり、人選の合理性を認めることもできないため、無効とした例

⑸ ネットワークインフォーメーションセンターほか事件（東京地裁平28･3･16労判1141号37頁）

従業員が出向先で、過重労働等の結果、発症、悪化した精神障害により自殺したケースにおいて、出向先、出向元、両社代表取締役の安全配慮義務違反を認めた例

関係法令等

① 民法415条（債務不履行による損害賠償）、625条1項（使用者の権利譲渡の制限等）、715条1項（使用者等の責任）

② 労契法3条（労働契約の原則）、14条（出向）

6-3

転　籍

Ⅰ トラブル事例

建設業Ａ社は、関連会社Ｂ社からの技術指導依頼を受けて、Ａ社従業員ＣにＢ社への転籍を命じました。中堅会社のＡ社と違ってＢ社は創業間もない小規模企業です。Ｃは、Ｂ社の将来に不安を覚え、転籍命令を拒否しました。Ａ社就業規則には、「業務の都合により転籍を命ずる場合がある。」と規定され、転籍命令時の本人同意については、特に記載がありませんでした。

Ｃが最後まで同意をしなかったため、別の従業員がＣの代わりに転籍することになりましたが、Ｃが転籍を断ったことに対しワンマンなＡ社社長は、他の従業員に対してしめしがつかないとして、転籍命令拒否を理由にＣを解雇しました。

Ｃは、解雇は不当であるとして労働局へあっせんを申請し、最終的には退職を受け入れ、金銭和解が成立しました。

Ⅱ 問題の所在

1 転籍命令は、就業規則に規定があれば、本人の同意は必要ないと思っていたこと。

2 転籍命令拒否を理由に、安易にＸを解雇したこと。

Ⅲ 実務上の留意点

⑴ 転籍命令の可否

転籍とは、現雇用先会社（転籍元会社）との労働契約を終了し、新たに転籍先会社と労働契約を締結して籍を移し、当該転籍先会社の業務に従事することをいい、移籍ということもあります。

これを行うには、２つの法的手段があります。１つは、現雇用先会社との労働契約を合意解約したうえで新雇用先会社と新たに労働契約を締結するものです。この場合、合意解約および新契約締結の両方について本人の同意が必要となります。

２つ目は、労働契約上の使用者の、地位の譲渡（債権債務の包括的譲渡）によるものです。これは、従業員からみると労働契約上の使用者の変更ですが、この場合も譲渡について従業員の同意が必要となります。（例外として、承継法による移籍の場合は同意不要となる場合があります。）

実務的には、業務上の都合により転籍を命ずる場合がある旨を就業規則・労働協約に規定し、かつ実際に転籍を命じる際には、本人の個別同意を得ることが必要です。そのため、転籍の場合、出向には認められた就業規則・労働協約の包括的な規定の効力は、より限定的になると考えられます。

裁判例では、日立精機事件のように包括的同意が認められたケースがありますが、これは採用時の包括的同意の中に転籍先が勤務地の１つとして定められており、長年異議なく実施されてきたまれなケースです。

菅野「労働法」より

転籍は、雇用先企業との労働契約を合意解約して転籍先企業と労働契約を締結するものであれ、労働契約上の地位の譲渡としてなされるものであれ、当該労働者の同意を要する。問題は、この同意が転籍の際の個別具体的な同意に限られるか、それとも入社時などにおける事前の同意でもよいかである。前者の新労働契約の締結による転籍においては、その締結についての事前の同意はなかなか考えにくいが、後者の、使用者の地位の譲渡による転籍においては、譲渡についての労働者の承諾は、理論的には事前にもなされうるように思われる。ただし、このような承諾はたんに「転籍を命じうる」旨の就業規則や労働協約上の包括的規定では足りず、転籍先企業を明示しての明確なものであることが必要である。また、そのような承諾が有効なものとして認められるのは、一定期間後の復帰が予定され、転籍中の待遇にも十分な配慮がなされるなどして、実質的に労働者にとっての不利益性がない場合に限られると考えられる。
（737～738頁）

(2)　転籍後の労働関係

転籍の場合、雇用先企業（転籍元会社）との労働契約は終了しているため、転籍先会社とのみ労働契約関係は存在することになります。そのため「労働保護法上の使用者ないし事業主も、労働契約上の使用者も、団体交渉上の使用者も、原則として乙企業（転籍先企業・筆者）のみである」（742頁）となります。

注意が必要なケースは、転籍元の会社への復帰が予定されている場合です。この場合、転籍元の会社が賃金差額を補てんしている、または退職金を通算していることがあり、このような「特別の転籍の場合には、限定的に甲企業（転籍元企業・筆者）の労働保護法上または団体交渉上の使用者責任が問題となる余地がある。復帰が予定されている場合には、復帰の約定の有無、要件も問題になる」（742頁）となります。

なお、特別な転籍といえないまでも、転籍先の会社へ承継する労働条件（有給休暇の日数や勤続年数など）がある場合には、その内容を明らかにしておく必要があります。

(3) 転籍を雇用調整の手段として用いる場合の注意

人員削減の手段として転籍を用いる場合があります。例えば、事業を縮小するにあたり、該当部署の従業員を全員子会社に転籍させるなどです。このような転籍についても、本人の個別同意が必要です。

同意を得られなかった従業員の取扱いが問題になりますが、この場合、当該従業員を整理解雇できるか、という点については、解雇無効とした裁判例（千代田化工建設事件）があり、慎重な対応が求められます。権利濫用とならないよう、整理解雇４要件（要素）についてもよく検討することが必要です（第10章３　整理解雇〈本書418頁〉参照）。

Ⅲ 裁判例

(1) 京都信用金庫事件（大阪高判平14·10·30労判847号69頁）

転籍時の「移籍出向期間満了後の復帰を約する確認証」により、期間満了時の復帰を認めるとした例

ノンバンクに役員として出向した銀行員（２名）の出向条件等に関し、出向時および延長更新時に「確認証」が交わされており、当該「確認証」の記載内容・作成経緯等よりこの出向は在籍出向ではなく、期間満了後に原則として銀行に復職することを予定した転籍出向であるとした。

その上で、「移籍出向である以上、控訴人の就業規則は、被控訴人らには適用されず、そのことが雇用契約の本質に反するということはできない。そうすると、本件確認証のただし書にいう職務規程違反による解雇というのは、出向先であるキョート・ファイナンスによる懲戒解雇を指すことになり、被控訴人らがこの要件に該当しないことは明らかである。」として懲戒解雇の要件にも該当せず、「出向中に被控訴人らと控訴人間の信頼関係を破壊したことにより、控訴人において、被控訴人らが復帰したのちの雇用契約を維持することが困難となった場合には、信義則上、控訴人として被控訴人らの復帰を拒否しうるというべきである。そして、信義則上控訴人が被控訴人らの復帰を拒否しうるのは、被控訴人らが、その悪意又は重大な過失により、被控訴人らと控訴人との間の信頼関係を破壊し、雇用契約を維持することが困難な状況を作出した場合であると解するのが相当である。」としたが、「信義則上、控訴人が被控訴人らの復帰を拒否しうるような被控訴人らと控訴人間の信頼関係を破壊するような事情は存しない。」として在籍出向期間満了時における復帰が認められた。

⑵　日立精機事件（千葉地判昭56・5・25労判372号49頁）

精密工作機械製造工場の技術者を機械の輸出業務を担当する関係会社へ転属させる命令について、包括的同意が認められ、転籍を有効とした例

⑶　三和機材事件（東京地決平7・12・25労判689号31頁）

別会社への転籍出向命令を拒否したことが就業規則所定の解雇事由に当たるとして行った解雇を無効とした例

⑷　千代田化工建設事件（本案）（東京高判決平5・3・31 労判629号19頁　最高裁決平6・12・20で確定）

事業縮小措置の一環である転籍につき、移籍拒否を信義則違反とはいえず、移籍に応じた従業員との不公平をもたらすともいえない等として、解雇を無効とした例

⑸　国立研究開発法人国立循環器病研究センター事件（大阪地判平30・3・7労判1177号5頁）

国立研究開発法人から独立行政法人が運営する病院への異動の命令が、本人の同意を要する転籍出向命令であるとされた例

関係法令等

① 625条1項（使用者の権利譲渡の制限等）
② 労契法3条（労働契約の原則）、14条（出向）

6-4

降　格

トラブル事例

都内に５店舗の飲食店を経営するＡ社。経営不振が続いたＢ店舗の店長を交代させる決断をし、新しく店長となる人材を他店舗より配転させ、元店長Ｃは、役職なしの一般従業員に降格としました。

この措置により、Ｃの賃金は、基本給 32 万円はそのまま保障されるものの、役職手当（８万円）が減額されることとなります。

Ｃは、Ｂ店の経営不振は、自分の責任ではなく震災の影響や店舗の立地条件などであると主張してこの降格に抵抗しましたが、会社はＣの主張には耳を貸さずに強引に降格人事を実行しました。

Ｃはこれを不満として、知り合いの弁護士に相談し、その助言に基づいて、本人同意のない降格は無効である旨の文書を会社へ送りました。

会社は驚き、紹介を受けた社労士に相談。社労士は会社とともに、Ｃの代理人となった弁護士と話し合いを重ね、役職手当８万円の減額は、総支給額 40 万円に対して減額率が２割と大きいこと、就業規則の降格に関する規定が明確ではなかったことなどを認め、降格は変更しないが、別途調整手当として３万円支給し、今後のＣの努力次第ではまた店長に復帰することもありうる、とすることで合意に至りました。

Ⅱ 問題の所在

1 就業規則に、降格に伴う降給に関する規定がなかったこと。

2 降格人事は会社の人事権に属する当然の権利であるとの認識から、Cの降格について、就業規則の規定や降格の相当性を検討することなく、強引に実行したこと。

3 降格により被るCの不利益の度合いを検討することなく、大幅賃金減額を行ったこと。

Ⅲ 実務上の留意点

(1) 降格の種類

降格は、①職位・役職の引下げ（昇進の反対措置）、②職能資格制度上の資格や職務・役割等級制度上の等級の引き下げ（昇格の反対措置）、③懲戒処分としての引下げ、④人事異動の一環として業務命令による引下げ（人事権の行使）の４種類に分類されます。

いずれも賃金の減額を伴うことが多いため、その実施に際しては、就業規則・賃金規程等において定められた賃金体系と基準に従って行うなど慎重な対応が求められます。

(2) 懲戒処分としての降格

懲戒処分としての降格を行う場合は、「**懲戒処分としての法規制を受けるので、就業規則の根拠規定とそれへの該当性が必要であり、また処分の相当性につき懲戒権濫用規制による吟味を受ける（715～７頁）。**」（725頁）ことから、就業規則の根拠規定の有無など当該降格の客観的、合理的根拠、相当性など慎重な検討が必要です。（第９章２　懲戒権の根拠と限界〈本書364頁〉、第９章３　懲戒の手段・事由・相当性〈本書369頁〉参照）

⑶　人事権による役職・職位の降格

人事権行使による降格については、職種に関する労働契約の大枠のなかではできるものの、一方的措置には権利濫用法理の規制を受けるなど人事権濫用にならないよう注意が必要です。

実務的には、人事権行使による降格・降給措置を行う際には、①労働契約時の特約の有無、②業務上の必要性、③従業員側の責任の程度、④被る不利益の程度、⑤会社における昇進・降格人事の運用状況などを勘案することが大事です。

裁判例には、業績不振、能力不足、勤務成績不良などを理由に一定の役職を解く降格については、会社の人事権行使として、就業規則等による根拠規定がない場合でも認められるとの例（アメリカン・スクール事件など）がありますが、菅野「労働法」ではこの裁判例の解釈には注意が必要としています。

菅野「労働法」より

ここで裁判例のいう人事権とは、使用者が労働者を企業組織のなかで位置づけ、その役割を定める権限であり（中略・筆者）職業能力の発展に応じて諸種の職務やポストに配置していく長期雇用システムにおいては、労働契約上当然に使用者の権限として予定されているものである（157頁参照）。しかしながら、このような人事権も当該労働者の職種に関する労働契約の合意の大枠のなかで行使できるものである。したがって、職種が一定レベルのものに限定された労働者を、不適格性を理由により低いレベルのものに引き下げる降格は、一方的措置としてはなしえない。また、労働契約の枠内の降格であっても、権利濫用法理の規制には服するのであり、相当な理由のない降格で、賃金が相当程度下がるなど本人の不利益も大きいという場合には、人事権の濫用となる。退職勧奨に応じない管理職を退職に誘導するために賃金が大幅に低下する降格を行うなどが

その典型例である。（725〜726頁）

(4) 職能資格制度と職務・役割等級制度における降格の違い

人事制度の代表的なものとして職能資格制度と職務・役割等級制度があります。それぞれの制度における資格や等級を下げる降格の可否について、菅野「労働法」では、次のように述べています。

職能資格制度では「資格・等級が企業組織内での技能・経験の積み重ねによる職務遂行能力の到達レベルを表象する従来の職能資格制度においては、到達した職務遂行能力のレベルを引き下げる措置であり、本来予定されていないものであった」（726頁）として、制度上の降格を否定しています。そのため降格を行うには、従来の職能資格制度の規則・規程において、資格・等級も見直しによる引下げがありうることを明記して制度の趣旨を変え、根拠を明確にしておく必要があるとしています。なお、この場合も著しく不合理な評価による降格は、権利濫用となり、降格自体が無効となる場合がありますので注意が必要です。

一方、職務の役割や責任度合いを等級（グレード）に分類し、等級ごとに賃金水準を決定する職務・役割等級制度においては、「当該制度の枠組み（規程）のなかでの人事評価の手続と決定権に基づき行われるかぎり、原則として使用者の裁量的判断に委ねられる」（726頁）として、条件つきで降級を肯定しています。

ただし、職能資格制度と同じく、合理的な理由のない等級引下げについては、人事評価権の濫用として無効となりえます。したがって、職務・役割等級制度において降格を行う場合は、合理的な評価制度があり、その客観的な評価の結果としての降格、という裏付けが必要になるでしょう。

Ⅲ 裁判例

⑴ コナミデジタルエンタテインメント事件（東京高判平23･12･27 労判1042号15頁）

育休明け復帰後の職務内容の変更とそれに対応した役割グレードの引き下げにつき、引き下げの根拠規定が就業規則にも手引きにもなく、労働者の個別の同意もないことから、人事権の濫用として無効とした例

⑵ アメリカン・スクール事件（東京地判平13･8･31 労判820号62頁）

出入り業者から長期に渡り金品受領していた部長の降格処分について、就業規則上懲戒処分として降格の規定がないため、懲戒処分として降格処分を行うことはできないが、人事権行使としての降格処分は理由があり処分の程度も相当であるため有効とした例

⑶ Chubb損害保険事件（東京地判平29･5･31 労判1166号42頁）

職務給（役割等級制）の下での２度の降格が、就業規則の根拠規定も本人の同意もなしに行われたもので人事権の濫用であり無効とされた例

⑷ バンク・オブ・アメリカ・イリノイ事件（東京地判平7･12･4労判685号17頁）

降格は人事権行使の範疇であり、裁量権濫用とは認められないが、配置転換については、労働者の人格権を侵害する違法なものであるとして不法行為を構成するとした例

⑸ マナック事件（広島高判平13・5・23労判811号21頁）

経営陣を批判する言動等を理由に行った降格処分（職能資格の引き下げ）について、査定における裁量権の逸脱は認められず有効とした例

⑹ CFJ合同会社事件（大阪地判平25・2・1労判1080号87頁）

重大なミスをした社員に対する主任から一般職への降格と主任手当の不支給は有効だが、基本給の減額はその具体的金額や適用基準が周知されておらず、その額も大きいことから、人事権の濫用として許されないとした例

関係法令等

① 民法709条（不法行為による損害賠償）
② 労基法91条（制裁規定の制限）
③ 労契法6条（労働契約の成立）、7条

第7章
多様な労働関係

1	有期雇用労働者—無期転換権と雇止め
2	パートタイム労働者
3	非正規社員の待遇に関する説明義務
4	短時間・有期雇用労働者法—均衡・均等待遇—
5	労働者派遣
6	外国人労働者
コラム⑤	最低賃金制度

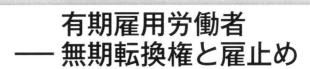

7-1

有期雇用労働者
── 無期転換権と雇止め

Ⅰ トラブル事例

飲食店を経営するＡ社は、店長と調理長以外はすべて有期契約スタッフで運営しています。主な有期契約スタッフはフリーターや主婦であり、６か月ごとに契約更新を繰り返していました。

ある会合で、「契約期間が５年を超えるフリーターは無期契約となり正社員にしなければならない」という話を聞いた社長は、売上が伸び悩んでいることもあり、有期契約スタッフの契約更新の際、契約書の更新条項に、「次回の契約を更新しない」と記載し、契約を更新しようとしました。

これを知った有期契約スタッフ達は、社労士会の無料相談コーナーに相談に行きました。労契法 18 条（有期労働契約の期間の定めのない労働契約への転換）、同 19 条（有期労働契約の更新等）について説明を受けた有期契約スタッフ達は社長に話合いを求めました。

社長は自身の知識が中途半端であったことを自覚し、改めて社労士に相談し、労働契約の見直しを行い、自社における今後の有期契約スタッフ活用方針を検討することにしました。

Ⅱ 問題の所在

1 労契法の内容や注意点を確認することなく、安易に、雇止めを行おうとしたこと。

Ⅲ 実務上の留意点

(1) 無期転換権の付与

① 労働者の申込みが要件

労契法18条は、同一の使用者との間で締結された二以上の有期労働契約の通算契約期間が5年を超える労働者が、当該使用者に対し、現に締結している有期労働契約の契約期間が満了する日までの間に、期間の定めのない労働契約の締結の申込み（転換申込権の行使）をしたときは、使用者は当該申込みを承諾したものとみなす、と規定しています。

なお、転換後の労働条件については、「無期労働契約への転換に際して元来から無期労働契約にある者（従前のいわゆる正社員）との労働条件の違い（格差）を解消させることまでは、意図していない。」（321頁）とされており別段の定めがない場合は従前と同一となります。

菅野「労働法」より

無期労働契約への労働者の転換申込みに対しては、使用者による承諾のみなしがあるので（中略・筆者）転換申込みをした場合には、無期労働契約が締結されたこととなる。その際に、労働者が使用者の要求する労働条件変更に同意すればそれが「別段の定め」としての個別合意となるが、同意しなければ、原則通りに有期労働契約中の労働条件が転換後の無期労働契約に承継されることとなる

（中略・筆者）。（328 頁）

②　転換申込権の発生要件

ａ）　同一の使用者との間の二以上の有期労働契約であること

この場合の使用者は、労働契約の当事者としての事業主であり、事業場単位ではなく、事業主単位となります。

ｂ）　通算雇用期間が５年を超えること

通算雇用期間は、平成 25 年４月１日以後に開始する有期労働契約が対象となり、当該契約期間の初日からカウントされます。

労働契約と労働契約の間に空白期間がある場合に通算できるか否かは、クーリングという考え方によります。

クーリング期間と無期転換申込権の関係

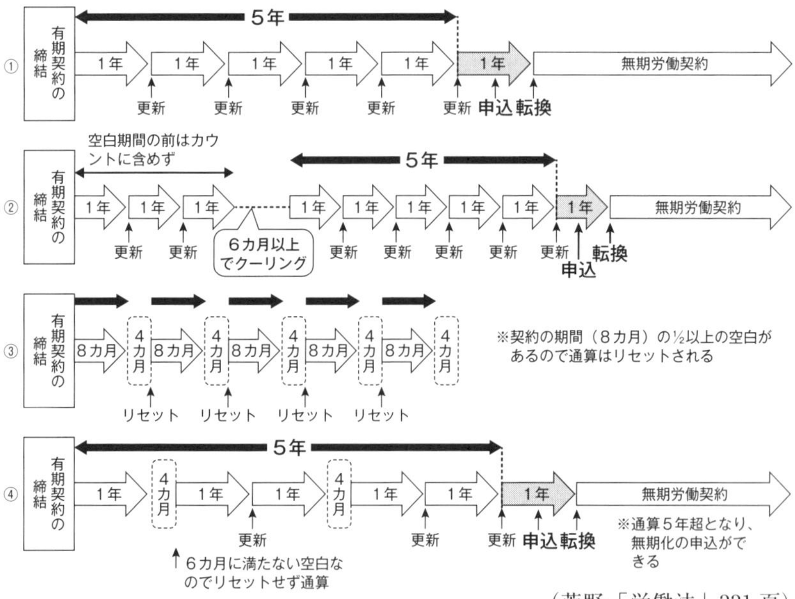

（菅野「労働法」331 頁）

通算雇用期間が５年を超えないように使用者が雇止めや雇用期間の上限設定をすることについて、菅野「労働法」では、次のように述べています。

📖 菅野「労働法」より ・・・・・・・・・・・・・・・・・・・・・・・・・・・・・・・・

　５年到来の直前に、人事管理上の合理的理由を示さないまま、次期更新時で雇止めする旨の予告（更新限度の設定）をすることは、それによる雇止めが雇止め制限規定（19条）によって無効とされうるのみならず、無期転換阻止のみを狙ったものとして18条の脱法行為とされうると考えられる。(324頁)

・・・

③　無期転換申込権の消滅・放棄

　　無期転換申込権は、現に締結している有期労働契約の契約期間満了までに行使することが必要で、この期間中に行使しない場合、権利は消滅します。しかし、契約が更新され次の契約期間が始まった場合は、更新された各期間に、その都度無期転換申込権は発生すると解されます。

　　無期転換申込権の放棄は、それが労働者の真意であると認められる場合は可能です。しかし、使用者が契約更新の要件として転換申込権の放棄を強要したと認められる場合は、労働者の自由で合理的な意思表示ではないため、放棄は無効と判断される可能性が高いでしょう。

⑵　有期雇用契約の雇止め
①　労働契約法による雇止め法理の条文化
　　判例法理であった雇止め法理ですが、2012年労契法改正により19条において次のように規定されました。

ⓐ　過去に反復して更新されたことがあるものであって、その契約期間の満了時に契約更新しないことにより当該契約を終了させることが、期間の定めのない労働契約を締結している労働者に解雇の意思表示をすることにより労働契約を終了させること（通常の労働者の解雇）と社会通念上同視できると認められるか、当該労働者において契約期間満了時に当該契約が更新されるものと期待することについて合理的な理由があるものであると認められる場合

ⓑ　契約期間満了日までに労働者が当該契約の更新の申込みをした場合または当該契約期間の満了後遅滞なく当該有期労働契約の締結の申込みをした場合

ⓒ　使用者が当該申込みを拒絶することが、客観的に合理的な理由を欠き、社会通念上相当であると認められないとき

この３つの要件をみたすとき、使用者は、従前の有期労働契約の内容である労働条件と同一の労働条件で当該申込みを受諾したものとみなす、と規定しており、この場合は雇止めが認められないこととなります。

19条について、菅野労働法では次のように補足しています。

菅野「労働法」より

従前の判例法理では、上記②（※筆者注）の、当該有期労働契約の契約期間が満了するまでの間に当該契約の更新の申込みをしたか、または当該契約期間の満了後遅滞なく有期労働契約の締結の申込みをしており、という要件は明示されていなかった。しかし従前の判例は、労働契約期間の満了時の前後において、労働者が更新を求める一方で、使用者は更新を拒否するという紛争に関するものであったと解されること、法定更新という法律効果の発生を明確ならしめるためには、満了時の前後における労働者の契約更新の求めを

要件とすべきと考えられたことなどの理由で、上記②の要件が規定された。労働者の更新の求めは黙示の意思表示でよいのであって、典型的には、使用者の雇止めに遅滞なく異議を述べれば、更新または締結の申込みを黙示にしたこととなる。したがって、②の要件があっても、実質的には法定更新制度であることに変わりはない。（中略・筆者）

なお、本条によって保護される有期労働契約の「更新」とは同契約の再締結のことであり、それが同一の労働条件でなされたか否かを問わないと解される。（336～337頁）

＊　②当該有期労働契約の契約期間が終了するまでの間に労働者が当該契約の更新の申込みをしたか、または当該契約期間の満了後遅滞なく有期労働契約の締結の申込みをしていること。

なお、労働者の「異議」については、国会審議において、「嫌だ」「困る」というなど反対の意思が伝わる言動があれば要件をみたし、雇止め後に弁護士等に相談し、その結果により直ちに反対の意思表示をすれば「遅滞なく」といえると答弁されています。

②「更新の合理的期待」の判断基準

有期雇用労働者の合理的期待が肯定される要素として、近年の裁判例より抽出できる判断要素と判断傾向について、菅野労働法では、「従事する業務が当該事業にとって恒常的基幹的なもの」、「更新が多数回行われていたり、更新による雇用が長期間にわたっていたり」、「同種の有期雇用者の更新回数ないし通算期間が多数回ないし長期間にわたって」（339頁）を挙げています。

菅野「労働法」より

契約締結時ないし更新時に（中略・筆者）使用者によるさしたる説明もなく、したがって労働者の認識や納得もなく、更新の契約書に不更新条項が挿入されていたような場合には、解雇権濫用法理の類推適用を妨げたり失わせたりする意義はもちにくいと考えられる。（340 頁）

③　雇止めの合理的理由の有無

雇止めに関するトラブルが裁判で争われることとなった場合は、当該雇止め理由の合理性が厳しく吟味されます。

菅野「労働法」より

更新の合理的期待ありと判断された場合には、当該雇止めにつき、客観的に合理的な理由があり社会通念上相当といえるかが判断されることになる。たとえば、常用的な有期雇用者に対する成績不良、仕事のミス、非違行為等を理由とする雇止め事案では、解雇権濫用の判断と同様に、当該成績不良、仕事上のミスや非違行為の内容・程度が吟味される。（341 頁）

不況によって有期雇用労働者の削減の必要性が明らかな場合にも、いきなり雇止めするのではなく、不況による削減の必要性をよく説明し、次期不更新条項によって次期に雇止めする方が、法的リスクが少ない方法といえる（中略・筆者）。（342 頁）

(3)　有期労働契約の期間途中の解雇

①　期間途中の解雇の留意点

会社都合による解雇の場合は、いかなる従業員であっても理由、手続き等慎重に行わなければなりませんが、特に有期雇用労働者を期間途中で解雇する場合は、正規従業員以上の「やむを得ない事由」が求められます。労契法（17条）はこのことを明示するとともに、同条の解釈についての通達（平20·1·23基発0123004号）において「やむを得ない事由」については「解雇権濫用法理における「客観的に合理的な理由を欠き、社会通念上相当である」と認められる場合よりも狭いと解されるものであること」「「やむを得ない事由」があるという評価を基礎付ける事実についての主張立証責任は、使用者側が負うものであること」としています。

会社、特に中小事業主は「仕事が減少したのだから解雇は当然のこと」と考えがちですが、一般的には仕事量の減少だけを理由とする契約期間途中の解雇は「やむを得ない事由」には該当せず解雇権濫用法理に抵触する可能性が高いとされています。

菅野「労働法」より

2007年に制定された労働契約法は、「使用者は、期間の定めのある労働契約について、やむを得ない事由がある場合でなければ、その契約期間が満了するまでの間において、労働者を解雇することができない」（17条1項）と規定した。これは、上記の民法規定（628条）の定める契約期間途中の解除のうち、使用者が労働者に対して行う解除、すなわち解雇について、「やむを得ない事由」がなければ解除できないとの規定は強行規定であること、そして「やむを得ない事由」の立証責任は使用者にあることを明らかにした規定である。（中略・筆者）

「やむを得ない事由」は、期間の定めの雇用保障的意義（315頁）と上記民法規定（628条）の文言に照らして考えれば、期間の定めのない労働契約における解雇に必要とされる「客観的に合理的」

で、「社会通念上相当である」と認められる事由（労契16条）よりも厳格に解すべきである。一般的にいえば、当該契約期間は雇用するという約束であるにもかかわらず、期間満了を待つことなく直ちに雇用を終了させざるをえないような特別の重大な事由ということとなる。(343頁)

② 労基法の解雇予告の適用

正当な事由のある期間途中解雇であっても、原則として労基法の解雇予告（20条）は適用されるので注意しなければなりません。

さらに、「やむを得ない事由」による解雇が会社の過失によって生じ、労働契約の解消に至った場合で、かつ従業員（契約の相手方）がその契約解消によって実際に損害を被ったときは、会社はその損害を賠償しなければなりません。(民法628条)

裁判例

(1) 東芝柳町工場事件（最一小判昭49･7･22労判206号27頁）

労働契約書上契約期間を２か月としている基幹的臨時工に対して長期間反復更新された労働契約につき、雇止めを無効とした例

本件各傭止めの効力の判断にあたっては、その実質にかんがみ、解雇に関する法理を類推すべきであるとするものであることが明らか」であるとし、期間満了ごとに当然更新を重ねて実質上期間の定めのない契約と異ならない状態にあったこと、基幹臨時工の採用・雇止めの実態、作業内容、採用時およびその後における会社側の言動などを踏まえ、「このような場合には、経済事情の変動により剰

員を生じる等上告会社において従来の取扱いを変更して右条項を発動してもやむをえないと認められる特段の事情の存しないかぎり、期間満了を理由として雇止めをすることは、信義則上からも許されないものといわなければならない。

(2) 日立メディコ事件（最一小判昭 61·12·4 労判 486 号 6 頁）

有期労働契約は無期労働契約と実質的に異なるとしたうえで、雇用継続が期待される有期労働契約の臨時員に対しても解雇に関する法理が類推適用されるとした例

(3) パナソニックプラズマディスプレイ（パスコ）事件（最二小判平 21·12·18 民集 63 巻 10 号 2754 頁）

期間の定める雇用契約があたかも期間の定めのない契約と実質的に異ならない状態で存在している場合、または、労働者においてその期間満了後も雇用関係が継続されるものと期待することに合理性が認められる場合には、当該雇用契約の雇止めは、客観的に合理的な理由を欠き社会通念上相当であると認められないときには許されないとした例。なお、本判例の事案においては、上記の要件に該当せず、雇止めを有効としている。

(4) 北海道大学事件（札幌高判平 26·2·20 労判 1099 号 78 頁）

科研費を財源とした研究プロジェクト（科研費が得られる間の一時的業務）に従事する有期雇用契約職員について、雇用契約「更新の合理的期待」を否定した例

(5) ジーエル [保全異議] 事件ー津地決平 28·7·25 労判 1152 号 26 頁、仮処分決定：津地決 28·3·14 労判 1152 号 43

頁

有期労働契約であっても、労働者の契約期間内における雇用継続に対する合理的期待は高いものであるから、労働契約法17条１項にいう「やむを得ない事由」とは、期間満了を待たずに直ちに契約を終了せざるを得ないような重大な事由をいうとした例

関係法令等

① 民法415条（債務不履行による損害賠償）、541条（履行遅滞等による解除権）、626条（期間の定めのある雇用の解除）、627条（期間の定めのない雇用の解約の申入れ）、628条（やむを得ない事由による雇用の解除）、629条（雇用の更新の推定等）

② 労基法14条（契約期間等）、15条（労働条件の明示）、20条（解雇の予告）、137条（暫定措置）

③ 労契法３条（労働契約の原則）、４条（労働契約の内容の理解の促進）、16条（解雇）、17条（契約期間中の解雇等）、18条（有期労働契約の期間の定めのない労働契約への転換）、19条（有期労働契約の更新等）

7-2

パートタイム労働者

トラブル事例

衣料品小売業を営むＡ社は、店長他数名が正社員で、販売員はほとんどがパート・アルバイトの非正規社員でした。

ある日、長年勤務しているパート社員より「子どもも手がかからなくなり、仕事に専念できるようになったので、パートではなくフルタイムで正社員として働きたい」との申出がありました。Ａ社には非正規から正規社員への転換制度はなく過去に事例もなかったため、正社員にすることはできない旨を伝えました。

同時期に正社員の販売員が退職し、非正規社員へ周知することなく職安へ求人を出して新規に正社員を雇用したところ、そのパート社員は退職してしまい、店舗全体のモチベーションも下がり売上減少となってしまいました。

Ａ社の社長はこの事態を憂慮し、社労士へ相談することにしました。社労士より、短時間・有期雇用労働者法の説明を受け、正社員への転換の措置義務があることを知った社長は、改めて正社員転換制度を設けるとともに、非正規の待遇改善にも着手することになりました。

Ⅱ 問題の所在

1 Ａ社社長が、短時間・有期雇用労働法やパートタイム労働者を通常の労働者へ転換する措置義務について知らなかったこと。

Ⅲ 実務上の留意点

(1) パートタイム労働者と一般労働法

従来のパートタイム労働法が、働き方改革関連法により有期雇用労働者も対象に含めた短時間・有期雇用労働者法として2020年４月１日（中小企業は2021年４月）より施行されました。

短時間・有期雇用労働者法においてパートタイム労働者は、同一の事業主に雇用される通常の労働者に比して所定労働時間ないし所定労働日数が少ない労働者とされています。

パートタイム労働者に対しても、通常の労働者と同様に、労働契約法、労働基準法、雇用機会均等法、最低賃金法、労働安全衛生法、賃金の支払の確保等に関する法律、労災保険法、育児介護休業など一般労働法が適用されます。年次有給休暇や育児介護休業など法の定めるところにより対象となる場合があります。

(2) 通常の労働者への転換の措置義務

通常の労働者への転換については、従前のパートタイム労働法においても規定されていましたが、今回の改正で有期雇用労働者にも拡大されました。「これにより短時間・有期雇用労働者の能力発揮とキャリア形成を支援し、その人材の活用を図ろうというねらい」（371頁）があります。

転換の措置義務は、次のいずれかの措置を講じなければならないものとなっています。

① 通常の労働者を募集する場合、その募集内容をすでに雇用しているパートタイム・有期雇用労働者へ周知すること。

② 通常の労働者のポストを社内公募する場合、すでに雇用しているパートタイム・有期雇用労働者にも応募する機会を与えること。

③ 一定の資格を有するパートタイム・有期雇用労働者が通常の労働者へ転換するための試験制度を設けること。

④ その他通常の労働者への転換を推進するための措置を講ずること。

いずれも通常の労働者への転換の機会を提供することが義務内容であり、優先して採用する義務はありません。

この措置義務の法的効力について菅野労働法では次のように述べています。

菅野「労働法」より

事業主に対し、各規定の定める当該努力や実施の措置を要請するという行政指導が、報告の徴収、助言・指導、勧告などとして行われ得る（18条1項）。しかし、努力義務（10条・11条2項）は、勧告を受けた者が従わない場合の公表措置の対償からは除外されている。（18条2項）

これら義務は、前条の差別的取扱いの禁止規定（9条）に比し、純然たる行政指導上（公法上）の行為規範を定めたものであって、私法上は、努力義務、実施（措置）義務を通じて、違反の場合の行為の無効や不法行為性が導かれるものではないと解される。

（中略・筆者）この措置義務の法的効力も教育訓練や福利厚生の実施義務（11条1項・12条）と同様と考えられる。（371頁）

⑶　相談体制の整備、短時間・有期雇用管理者

事業主は、パートタイム・有期雇用労働者の雇用管理の改善等に関する事項に関し、パートタイム・有期雇用労働者からの相談に応じ、適切に対応するための必要な体制を整備することが義務付けられています（法16条)。必要な体制の整備とは、苦情を含む相談に応じる窓口等を設けることをいいます。この相談窓口は、事業所内の従業員に窓口対応させることでも、外部専門機関に委託する方法でもかまいません。

また、常時10人以上のパートタイム・有期雇用労働者を雇用する事業所ごとに「短時間・有期雇用管理者」を選任する努力義務があります（法17条、則６条)。

短時間・有期雇用管理者は、必要な知識・経験を有する者から選び、その業務としては、①指針で定める事項その他雇用管理の改善等に関する事項について、事業主の指示に従い必要な措置を検討し、実施すること、②労働条件等に関しパートタイム・有期雇用労働者の相談に応じること、などが期待されます。

会社は管理者を選任したときは、パートタイム・有期雇用労働者へ周知するよう努めることとなっています。

⑷　紛争解決の援助

ここで対象とされている紛争は、次の７つの義務事項を巡る紛争をいいます。

①　労働条件の文書交付等（６条１項)
②　不合理な待遇の相違の禁止（８条)
③　通常の労働者と同視すべきパートタイム・有期雇用労働者に対する差別的取扱いの禁止（９条)
④　教育訓練に関する実施義務（11条１項)
⑤　福利厚生施設に関する措置義務（12条)

⑥　通常の労働者への転換に関する措置義務（13条）

⑦　事業主が講ずる措置の内容等に関する説明義務（14条）

まずは、会社において自主的解決を図るよう努めることとされていますが、上記紛争解決の援助のしくみとしては、2段階になっており、

ⓐ　都道府県労働局長による紛争解決の援助（助言、指導、勧告）

ⓑ　都道府県労働局長からの紛争調停委員会の調停手続きへの付託

ができることとなります。

事業主は、パートタイム・有期雇用労働者がⓐの援助を申し出たことを理由として、解雇、配置転換、降格、減給など不利益取扱いをしてはなりません。

（第7章3　非正規社員の待遇に関する説明義務〈本書293頁〉、第7章4　短時間有期雇用労働法―均衡・均等待遇―〈本書298頁〉参照）

Ⅲ 裁判例

(1) 日本郵便逓送事件（大阪地判平14・5・22労判830号22頁）

期間臨時従業員（パートタイマー（1日の実働時間が7時間15分に満たないもの）を含む）と正社員とは雇用形態が異なり、賃金格差が生じても、これは契約の自由の範疇の問題であり、違法とする事由はないとした例

(2) ニヤクコーポレーション事件（大分地判平25・12・10労判190号44頁）

1年契約、短時間のタンクローリー運転手の雇止めにつき、労

契法19条により雇止めを無効とし、正社員との賃金差額についてもパート法８条違反として、更新拒絶および賃金等の処遇の差別的取扱いが不法行為に当たるとし、損害賠償を認めた例

関係法令等

① 短時間・有期雇用労働者法

② 短時間労働者及び有期雇用労働者の雇用管理の改善等に関する法律施行規則

③ 事業主が講ずべき短時間労働者及び有期雇用労働者の雇用管理の改善等に関する措置等についての指針

7-3

非正規社員の待遇に関する説明義務

Ⅰ トラブル事例

機械製品製造業であるA社は、80名の正規従業員と40名のパート従業員を使用しています。

パート従業員であるBは、1日8時間、週3日の契約で雇用されており、賃金は、基本給（時給）のみで、賞与はありませんでした。A社の正規従業員には、基本給（月給）のほか、職務手当、家族手当、通勤手当の制度があり、年2回賞与支給があります。

Bは、正規従業員と同様の業務をしているのに諸手当や賞与が全くないことについて、A社に説明を求めました。A社はこの要求にとまどい、顧問社労士に相談しました。

顧問社労士は、短時間・有期雇用労働者法14条2項により、パート従業員から求めがあった場合に、待遇の相違の内容と理由について説明する義務があることを説明しました。

A社にとってパート従業員は重要な戦力です。A社はこれをきっかけにパート従業員の賃金制度の見直しを行いました。さらに、すべてのパート従業員に対する説明会を実施し、同時に非正規従業員採用時の正社員との待遇差説明資料も作成して、採用時および求めがあった際の説明責任を果たす体制を整えました。

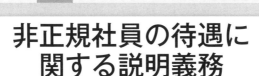

II 問題の所在

1　Ａ社は、パート従業員の賃金は世間相場で支払えばよいとの認識あり、正規従業員と差があるのは当然と考えていたこと。

2　Ａ社は、パート従業員に対し、待遇差についての説明義務があることを知らなかったこと。

III 実務上の留意点

⑴　労働条件に関する文書の交付義務

旧短時間労働者法６条において、短時間労働者に対し、雇入れ時に労働条件について文書で明示することが義務付けられていました。明示が義務付けられていたのは、労基法15条に定める明示事項に加えて、昇給・退職手当・賞与の有無、相談窓口（短時間労働者の雇用管理の改善等に関する事項に係るもの）の４つの事項です。

2018年改正によって成立した短時間・有期雇用労働者法では、この文書による労働条件明示義務を有期雇用労働者にも拡大し、義務としました。違反には10万円以下の過料が課せられます。

さらに短時間・有期雇用労働者法では、上記事項以外の労働条件についても文書等での明示を努力義務とし、平成31年通達（平31･1･30基発１号、職発６号、雇均発１号、開発１号）では、所定労働日以外の日の労働の有無、所定労働時間を超えてまたは所定労働日以外の日に労働させる程度なども文書等による明示を推奨しています。

明示方法については、文書の交付のほか、労働者希望により電子メールやFAX等でも可能とされています。

また、就業規則の作成または変更にあたっては、過半数労組または過半数代表者の意見聴取とは別に、短時間労働者または有期雇用労働者の過半数を代表するものの意見を聴くことが努力義務とされています（7条)。

(2) 事業主の説明義務

従前の短時間労働者法においてもパートタイム労働者を雇用した際、待遇内容と待遇決定に際しての考慮事項の説明義務が規定されていましたが、短時間・有期雇用労働者法においては、この説明義務も有期雇用労働者まで拡大し、さらに説明義務の範囲に均衡待遇の内容を追加しました。

説明義務を果たす上でのポイントは、次の通りです。

① 比較対象労働者は誰か

待遇差の内容や理由の説明にあたり、対象となる正社員は、そのパートタイム労働者と職務の内容等が最も近い通常の労働者となります。

② 説明すべき内容

説明すべき内容としては、「待遇の決定基準に違いがあるか」や「通常の労働者とパートタイム・有期雇用労働者の待遇の個別具体的な内容または待遇の決定基準」となり、その理由の説明にあたっては、職務の内容、職務の内容・配置の変更の範囲、その他の事情に基づき、客観的具体的に説明することが求められます。

③ 説明の方法

説明にあたっては、資料・文書を作成し、パートタイム・有期雇用労働者が理解できるよう説明することが求められます。説明資料の作成にあたっては、厚労省より『説明書モデル様式』が出ていますので参考にして下さい。

(3)　説明義務の法律効果

　説明義務を果たしていない場合、労働者が均衡・均等待遇規定違反について訴訟を提起したときは、使用者の反証主張は信憑性が疑われる（不利になる）場合があります。

📖 菅野「労働法」より ・・・・・・・・・・・・・・・・・・・・・・・・・・・・・・・・・

　実際上は、使用者が通常の労働者との待遇差とそれがなぜ生じているのかについて、労働者の求めに対して法の要請する説明をまったくないし不十分にしか行わなかった場合には、そのことが当該労働者が提起した均衡・均等待遇規定違反の訴訟において、使用者が主張する待遇差の合理性を基礎づける理由（ないしは不利益な取扱いを正当化する理由）の信憑性を疑わせる事情として援用されることとなろう。(373 頁)

・・

　会社は、職務の内容、職務の内容・配置の変更の範囲、その他の事情を考慮して、通常の労働者とパートタイム労働者との均衡・均等待遇等に合致した処遇制度を整え、採用時または求めがある都度説明することが必要です。

　平成 30 年 6 月 5 日参議院厚生労働委員会での答弁において、事業主が十分な説明をせずその後の労使交渉においても十分な話し合いがなされていない場合に、「その他の事情」として考慮される、という内容の発言がありました。

　訴訟になった場合、説明責任を果たしているかどうかが判決の判断材料となる可能性が高く、公判の場において、パートタイム労働者および有期雇用労働者に対してしてきた説明と首尾一貫した主張を行えるようにすることが重要です。

Ⅲ 裁判例

(1) 丸子警報機事件（長野地上田支判平8・3・15 労判690号32頁）

> 正社員と同様の働き方をしている臨時社員の賃金が同じ勤続年数の正社員の8割以下になるときは、許容される賃金格差の範囲を明らかに超え、公序良俗違反となるとし差額を損害金として認めた例

関係法令等

① 労基法15条（労働条件の明示）

② 短時間・有期雇用労働者法

③ 労働基準法施行規則5条

④ 短時間労働者及び有期雇用労働者の雇用管理の改善等に関する法律の施行について（平31・1・30基発1号、職発6号、雇均発1号、開発1号）

7-4

短時間・有期雇用労働者法
—均衡・均等待遇—

Ⅰ トラブル事例

関東一円で小売業を展開しているＡ社は、本社、営業支店、店舗８店の計10事業所があり、店舗では有期契約のパート・アルバイトスタッフを多数雇用しています。

ある日、一人のパートスタッフより会社の人事部に、「現在、パート・アルバイトには通勤手当の支給がないが、バス代の値上がりがあり、少しでも補てんしてほしい。」との相談がありました。Ａ社では、正社員には通勤手当に関する規定がありますが、パート・アルバイトスタッフにはありませんでした。

人事部から報告を受けた社長は、顧問社労士に相談したところ、短時間・有期雇用労働者法８条（不合理な待遇の禁止）、９条（通常の労働者と同視すべき短時間・有期雇用労働者に対する差別的取扱いの禁止）について説明を受けました。会社にとって、パート・アルバイトスタッフは重要な戦力です。これをきっかけに、パート・アルバイトスタッフの労働条件について、通勤手当だけでなく、福利厚生施設の利用や社内研修、賞与の支給など改めて検討することになりました。

II 問題の所在

1 パート・アルバイトを多数雇用していながら、短時間・有期雇用労働者法に定める均衡・均等待遇について真剣に取り組んでこなかったこと。

III 実務上の留意点

(1) 短時間・有期雇用労働者法における均衡・均等待遇

旧短時間労働者法の８条、９条、労契法20条においても、均等待遇規定はありましたが、短時間・有期雇用労働者法では次の３点が修正され、新たに８条（不合理な待遇の禁止・均衡待遇規定）、９条（差別的取扱いの禁止・均等待遇規定）として規定されました。

① 労契法の「期間の定めがあることにより」を条文ごと削除

この文言の解釈に争いがあったところ、ハマキョウレックス事件最判において「期間の定めに関連して」の意味にすぎないと判事され決着しましたが、同文言があった労契法20条を削除するとともに新法には取り入れない形で法の趣旨が修正されました。

② 均衡待遇の判断対象を明確にした

均衡待遇の成否は、基本給、賞与および諸手当などのそれぞれの待遇について判断されることとなります。ただし、長澤運輸事件最判においては、「基本賃金グループ」（嘱託乗務員の「基本賃金及び歩合給」と正社員の「基本給、能率給、職務給」）で比較されるなど、個々の待遇間における関連性は「その他の事情」として考慮されることもあります。

③ ３要素に文言追加

「職務の内容」「職務の内容及び配置の変更の範囲」「その他の

事情」の３要素に「当該待遇の性質及び当該待遇を行う目的に照らして適切と認められるもの」との文言が追加されました。

この追加について、菅野「労働法」では「この修正は、それら３つの判断要素（特に「その他の事情」）について、考慮できる事情の範囲（カテゴリー）を狭めるものではないが、それら要素の考慮の仕方（比重のかけ方）を、問題となっている待遇の性質・目的に照らして適切に行うことを要請しているといえる。（中略・筆者）このような比重のかけ方は、均衡待遇が「職務の内容」、「職務の内容及び配置の変更の範囲」、「その他の事情」の総合判断によって決せられるということに由来している。」（364 頁）としています。

均等待遇については、これまで短時間労働者法に規定されていましたが、短時間・有期雇用労働者法ではその規定を継承しつつ、有期雇用労働者もその対象に加えるとともに、差別的取扱いは、基本給、賞与その他の待遇のそれぞれについてしてはならないことを明確にしました。

(2)　均衡均等待遇の判断

働き方改革法案成立前の 2016 年 12 月 20 日に策定された「同一労働同一賃金ガイドライン案」は、ハマキョウレックス事件および長澤運輸事件を参考にしており、両最判による均衡待遇規定の解釈と判断の仕方は継承され、修正を加えて同一労働同一賃金ガイドライン（「短時間・有期雇用労働者及び派遣労働者に対する不合理な待遇の禁止等に関する指針」）として 2018 年 12 月 28 日に発出されました。

基本給、諸手当など個別の待遇ごとに「問題となる例／問題とならない例」などが事例をあげて解説されており、短時間・有期雇用労働者と通常の労働者との待遇を検討する際のガイドラインとなります。この指針について菅野「労働法」では**「行政指導や行政上の紛争解決手続における処理基準となるとともに、裁判手続上も裁判所によって参考とされるべき基準である」**（374頁）としています。

実際に、待遇差について検討を行う場合は、次の手順となります。

① 比較対象労働者の選定

均衡待遇規定における比較対象労働者は、「通常の労働者」一般ですが、実際上は、**「自己の処遇（労働条件）の適正さについて不満をもつ労働者が「職務の内容」、「職務の内容及び配置の変更の範囲」、「その他の事情」に照らして自分が同じ処遇（労働条件）を享受すべきと考える通常労働者」**（365頁）ということになります。

また、均等待遇規定における比較対象労働者は、同一事業主の下での「職務の内容」「職務の内容及び配置の変更範囲」が同一の通常労働者とされています。

② 対象となる待遇

対象となる待遇は、基本給、賞与、手当、福利厚生などすべての待遇です。判断方法は、次の通りです。

ⓐ 「職務の内容」「職務の内容・配置の変更の範囲」「その他の事情」について、均衡待遇対象か均等待遇対象かを判断します。

ⓑ 均衡待遇の場合は、前記の比較対象労働者との待遇差について均衡（バランス）が取れているか、不合理な相違になっていないかを、均等待遇の場合は、差別的取扱いになっていないかを判断します。

ⓒ 判断は、個々の待遇ごとに、当該待遇の「性質・目的」に照らして、「職務の内容（業務内容、責任の程度）」「職務の内容・配置の変更の範囲」「その他の事情」の３要素について不合理な待遇差はないかを確認することとなります。

菅野「労働法」より

均衡待遇規定（８条）における「不合理と認められる相違」における「不合理」とは、「合理的でないもの」とは区別された（合理的とはいえないが、不合理とまではいえないという判断がありうる）評価であって、短時間・有期雇用労働者と通常の労働者間の当該待遇（労働条件）の相違が、同規定の判断要素を総合すれば同規定の趣旨に照らして「不合理」として否認される、との評価を表している。均衡待遇は、待遇間の均衡（バランス）を問題とする規範であるので、待遇の相違につき、その程度をも評価の対象とする。つまり、同一の待遇であることまでは法的に要請しないが、程度の相違が均衡を失しているとして、「不合理」として否認することがありうる評価である。（365頁）

(3)　主張立証責任

「不合理と認められる」ことについて争いとなった場合の主張・立証責任は、労働者と事業主の双方にありますが、労働者側（原告）は不合理な待遇の存在と通常の労働者との職務内容等の同一性を、事業主側（被告）は不利益な取扱いとなっていることの正当性をそれぞれ主張立証する責任があるとされています。

菅野「労働法」より

均衡待遇規定についての主張・立証責任としては、労契法上の同規定（20条）制定以来、通達や学説は（中略）待遇のそれぞれについて①職務の内容、②職務内容・配置の変更範囲、③その他の事情（以上のなかの適切な事情）を考慮して、不合理な相違かどうかを評価判断するものであり、かかる評価を基礎づける事実とかかる評価を妨げる事実とを、短時間・有期雇用労働者と事業主の双方が

それぞれ主張立証する責任があるものと解してきた。（中略）

これに対して、差別的取扱い禁止規定については、その趣旨と構造（361～2頁、365頁）から、原告の短時間・有期雇用労働者が、①通常の労働者と比較しての待遇上の不利益な取扱いの存在と、②職務の内容および職務内容・配置の変更範囲の同一性とを主張立証する責任を負い、これに対して被告の事業主が当該不利益取扱いを正当化する理由を主張・立証する責任を負う（相手方当事者はそれぞれにつき反証を行う）と考えられる。（368頁）

裁判例

(1) ハマキョウレックス事件（最二小判平30·6·1労働判例1179号20頁）

無期雇用運転手と有期雇用運転手の間に「配置の変更の範囲」（人材育成・活用の仕方）に違いがあるが、有期雇用運転手に対し、皆勤手当、無事故手当、作業手当、休職手当、通勤手当につき支給の有無および支給額について不利に扱うことは、手当の趣旨に照らして不合理と判断した例。

旧労契法20条【短時間・有期雇用労働者法8条】は「有期契約労働者と無期契約労働者との間で労働条件に相違があり得ることを前提に、職務の内容、当該職務の内容及び配置の変更の範囲その他の事情（以下「職務の内容等」という。）を考慮して、その相違が不合理と認められるものであってはならないとするものであり、職務の内容等の違いに応じた均衡のとれた処遇を求める規定であると解される。」

同条における「「期間の定めがあることにより」とは、有期契約労働者と無期契約労働者との労働条件の相違が期間の定めの有無に関連して生じたものであることをいうものと解するのが相当」であり、同条の「「不合理と認められるもの」とは、有期契約労働者と無期契約労働者との労働条件の相違が不合理であると評価することができるものであることをいうと解するのが相当である。」

なお、同条に違反する場合の労働条件は「有期契約労働者と無期契約労働者との労働条件の相違が同条に違反する場合であっても、同条の効力により当該有期契約労働者の労働条件が比較の対象である無期契約労働者の労働条件と同一のものとなるものではないと解するのが相当である。」

⑵　長澤運輸事件（最二小判平 30・6・1 労働判例 1179 号 34 頁）

正社員と嘱託社員が職務内容及び変更範囲に相違がなくそれに関連する事情以外にも相違がない場合でも、有期契約労働者が定年退職後に再雇用された者であることは、旧労契法 20 条【短時間・有期雇用労働者法８条】の「その他の事情」として考慮されるとし、個々の賃金項目に係る労働条件の相違が不合理と認められるものであるか否かを判断するに当たっては、両者の賃金の総額を比較することのみによるものではなく、当該賃金項目の趣旨を個別に考慮すべきであるとした例

関係法令等

①　短時間・有期雇用労働者法８条（不合理な待遇の禁止）、９条（通常の労働者と同視すべき短時間・有期雇用労働者に対する差別的取扱いの禁止）

②　同一労働同一賃金ガイドライン（「短時間・有期雇用労働者及び派遣労働者に対する不合理な待遇の禁止等に関する指針」

7-5

労働者派遣

トラブル事例

設計会社Ａ社は、CADを用いて設計図に仕上げる業務について、派遣会社Ｂ社から女性の派遣社員Ｃを受け入れていました。

ある日、Ｃから派遣先責任者である総務課長に「D社員からセクハラを受けている」との申出があったため、総務課長が調査したところ、Dが何回かCを飲酒に誘っていることが分かりましたが、同時に、D以外の従業員から「Cはスキルが低く周りが迷惑している」との意見が出てきました。

Ａ社は、Cのスキル不足のほうが、より大きな問題であるとし、それを理由として派遣契約を中途解約しました。すると、Ｂ社から中途解約に伴う損害賠償とCへのセクハラに対する慰謝料を請求されました。Ａ社は「Dの件は謝罪するが、損害賠償は契約にない」としていずれも拒否しました。

Ｂ社は「派遣契約違反でありかつ、セクハラがあった」として労働局へ申告、最終的には和解が成立し、Ａ社は、Ｂ社へはCの１か月分の休業手当相当額プラスα、Cへは一定の慰謝料を支払うことで決着しました。

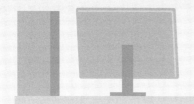

II　問題の所在

1　Ａ社において、「派遣先が講ずべき措置に関する指針」の知識が不十分であったことから、契約期間途中に安易に契約を解除したこと。

2　ＡＢ社間の労働者派遣契約書に不備があったこと。

3　Ａ社において、派遣先事業主においても均等法が適用されセクシャルハラスメント対策の義務があることを知らなかったこと。

III　実務上の留意点

(1)　労働者派遣契約期間途中の契約解除

派遣先が、派遣元との労働者派遣契約期間の満了前に契約解除を行おうとする場合には「派遣先が講ずべき措置に関する指針」に注意しなければなりません。

同指針第２(1)イおよび(4)において、派遣先の責に帰すべき事由により契約期間満了前に解除しようとする場合には、「派遣労働者の新たな就業機会の確保を図ること及びこれができないときには少なくとも当該労働者派遣契約の解除に伴い当該派遣元事業主が当該労働者派遣に係る派遣労働者を休業させること等を余儀なくされたことにより生じた損害の賠償を行わなければならないこと」とされており、損害賠償額についても、休業手当に相当する額以上の額、解雇予告手当相当額以上の額など具体的に規定しています。

(2)　派遣労働者の労働契約関係

派遣労働者と派遣先との労働契約関係については、「派遣労働者は派遣先の事業場においてその指揮命令を受けて派遣先の業務に従事するが、労働者派遣が労働者派遣法の定める枠組みに従って行われるかぎり、両者間に労働契約関係は生じない」（415頁）との原則はあるものの、いわゆる「黙示の労働契約」の成否を巡るトラブルが少なくありません。

派遣労働者と派遣先との黙示の労働契約の成否について、菅野「労働法」では、パナソニックプラズマディスプレイ[パスコ]事件およびその後のリーマンショック時に製造業で頻発した派遣切り事案である三菱電機ほか事件、日産自動車ほか事件（東京高判平27.9.10労判1135号68頁）などの裁判例をあげて、次のように述べています。

菅野「労働法」より

判例上は、業務委託契約による派遣において派遣された労働者に対する指揮命令が実際上は派遣先の企業によって行われ、派遣先企業と派遣された労働者との間に使用従属関係が認められる場合であっても、そのような関係のみでは黙示の労働契約の成立は認められず、また労働者派遣法の違反であっても、同法の取締法規としての性格等からは、派遣元と派遣労働者間の労働契約が無効となるものではなく、派遣先と派遣労働者間の黙示の労働契約が成立するものでもない、と判断されている。（中略）

しかしながら、2012年改正によって、[労働者派遣法の義務を免れることを目的として、請負その他労働者派遣以外の名目で派遣労働者を受け入れること]と定義される偽装請負の場合には、受入れ事業主は派遣労働者に対し直接雇用の申込みをしたものとみなされる（40条の6第1項5号）ことに注意すべきである。（415～416頁）

(3)　派遣労働者への労働保護法規の適用

派遣先においては、派遣労働者は自社の従業員ではないことから、労働保護関係法規の適用についての認識が希薄になりがちです。しかし、使用者としての多くの法的義務が課せられており注意が必要です。

派遣労働者の労働保護法規についての責任主体と内容は以下のようになっています。

① 労基法：原則的な責任主体は派遣元。ただし、労働時間・休憩・休日、女性の坑内労働・危険有害業務・育児時間・生理日の休暇等は、実際に使用する派遣先となる。なお、労働時間の枠組みを定めるのは派遣元であるため、変形労働時間制等の労働時間の枠組の整備や割増賃金の支払義務は派遣元となる。

② 安衛法：原則的な責任主体は派遣元。但し、派遣就労は派遣先の指揮命令下においてなされるため、安全衛生や職場の衛生管理、安全管理体制（安全委員会等）、危険・健康障害防止措置等については、派遣先も責任主体となる。

③ 労災保険法上の保険料負担、雇用保険・社会保険の加入義務：派遣元。

④ 均等法：差別禁止規定の責任主体は派遣元。但し、妊娠・出産等を理由とする不利益扱いの禁止、セクハラに関する雇用管理上の措置義務、妊娠中・出産後の健康管理に関する措置義務は、派遣先にも課される。

⑤ 地域別最低賃金：派遣先事業場に適用される最低賃金。

(4)　派遣労働者のための均衡・均等待遇義務

働き方改革関連法策定では、短時間労働者・有期雇用労働者・派遣労働者すべてが「同一労働同一賃金」の対象とされ、改正派遣労働者法においては、派遣労働者に対する派遣先との均衡・均等待遇が2020年4月1日より義務化されました。

派遣元は不合理な待遇差を解消するための待遇決定方法として、「派遣先均衡・均等方式」か「労使協定方式」のいずれかを選択します。

① 派遣先との均衡・均等待遇方式

原則はこの派遣先均衡・均等方式です。これは、派遣先事業主より情報提供を受け派遣労働者の待遇を決定するもので、「その雇用する派遣労働者の基本給、賞与その他の待遇のそれぞれについて、当該待遇に対応する派遣先に雇用される通常の労働者の待遇との間において、当該派遣労働者及び通常の労働者の職務の内容、当該職務の内容及び配置の変更の範囲その他の事情のうち、当該待遇の性質及び当該待遇を行う目的に照らして適切と認められるものを考慮して、不合理と認められる相違を設けてはならない（派遣法30条の3第1項）」ことになります。

② 派遣元での労使協定による適正待遇方式（労使協定方式）

派遣元において過半数労働組合又は過半数代表者と派遣労働者の待遇について一定の要件を満たす書面による労使協定を締結し、この協定に基づき派遣労働者の待遇を決定する方法です。

なお、この場合も派遣先が実施する教育訓練と福利厚生施設については、派遣先労働者との均衡・均等方式によらなければ実質的な意義を満たせないものとして、労使協定方式は適用されず、派遣先均衡・均等方式が適用されます。

労使協定には、次の事項を定めます。

ⓐ 協定の対象となる派遣労働者の範囲

ⓑ 賃金決定方法

・同種業務の一般労働者の平均的な賃金額以上

・職務の内容等が向上した場合に改善

ⓒ 職務内容などを公正に評価して賃金を決定すること

ⓓ　賃金以外の待遇決定方法（派遣元の通常の労働者（派遣労働者除く）との間で不合理な相違がない）

ⓔ　段階的・体系的な教育訓練を実施すること

ⓕ　有効期間など

協定を書面で締結していない場合、協定事項の要件を満たしていない場合、協定で定めた内容を遵守していない場合、過半数代表者が適切に選出されていない場合は、労使協定方式によることができず、派遣先均衡・均等方式が適用されます。

なお、均等待遇規定に関する派遣法と短時間・有期雇用労働者法の規定の違いについて、菅野「労働法」では次のように述べています。

菅野「労働法」より

派遣労働者についての派遣先との均等待遇の規定（労派 30 条の３第２項）は「正当な理由がなく……不利なものとしてはならない」とされており、短時間・有期雇用労働者についての均等待遇の規定の仕方（短時有期９条、「理由として……差別的取扱いをしてはならない」）と異なっている。これは、派遣労働者に対する均等待遇を義務づけられるのは雇用主である派遣元事業主であるが、均等待遇についての比較対象労働者（労派 26 条８項）は派遣先に雇用された通常の労働者であって、派遣元事業主がその待遇の決定権限をもたない者であるために、「差別的取扱い」との表現は適切でないとしてそのような表現となったと理解できる。しかし、均等待遇の規範の内容としては、職務の内容と、雇用の全期間における職務内容・配置の変更範囲が同じであれば、不利な取扱いをすることは、それを正当化する理由がない限りしてはならないということであって（367 頁）、短時間・有期雇用労働者法の均等待遇規定（９

条）と同じである。（403〜404頁）

(5) 均衡・均等待遇に関する派遣元事業主の説明義務

① 雇入れ時の説明義務

・派遣先との均衡・均等待遇

・派遣元での労使協定による適正待遇

・賃金の決定に当たって勘案した事項

② 派遣労働者の求めに応じた説明義務

・派遣先での比較対象労働者との待遇の相違の内容及び理由

・派遣先均衡・均等方式又は労使協定方式の適正待遇の規範にどのように対処しているか（派遣法30条の3から30条の6で講ずべきこととされている事項の決定に当たって考慮した事項）

これらの説明は、文書の交付または派遣労働者が希望する場合は、FAX、電子メール等の方法で行う必要があります。

Ⅲ 裁判例

(1) パナソニックプラズマディスプレイ［パスコ］事件（最二小判平21·12·18民集63巻10号2754頁）

請負会社（以下、Cという）に雇用されていた労働者が注文会社（以下、上告人という）から直接指揮命令を受けていたことにより、いわゆる偽装請負とされこのような派遣を違法な派遣とした場合に、労働者（以下、被上告人という）と上告人との間に雇用契約関係が黙示的に成立していたものと評価することはできないとした例

(2) 三菱電機ほか事件（名古屋高判平25･1･25労判1084号63頁）

派遣労働者と派遣先会社との間の黙示の雇用契約は否定したものの、派遣先会社と派遣元会社間における労働者派遣個別契約の中途解除について、派遣労働者に対する信義則上の配慮義務違反があるとして、不法行為の成立を認めた例

関係法令等

① 民法415条（債務不履行による損害賠償）
② 派遣法、同法施行令、同法施行規則
③ 平成30年厚労告427号（派遣元事業主が講ずべき措置に関する指針）
④ 平成30年厚労告428号（派遣先が講ずべき措置に関する指針）
⑤ 平成30年厚労告430号（短時間・有期雇用労働者及び派遣労働者に対する不合理な待遇の禁止等に関する指針）

7-6

外国人労働者

トラブル事例

従業員20人のA工業では、ハローワーク紹介により2人の外国人労働者を雇用していました。ある日、その2人から退職の申出があったため、退職理由を聞いたところ「A工業より賃金の高い会社が見つかったのでそちらへ入社するため」とのことでした。

これを聞いた社長は「賃金を含め、日本人正社員とまったく同じ待遇をして、技能指導もしてきたのにけしからん。会社に対する恩義はないのか」と突然怒りだし、「今日を以て解雇だ。明日から来るな」と通告したうえ、「外国人労働者が一方的に辞めたときは、法律は関係ない」との思い込みから、雇用保険の離職票は発行せず、解雇予告手当も支払いませんでした。

2週間ほどして所轄労基署から問い合わせがあり、「外国人労働者であっても日本人社員と同様に労基法等の法令が適用される。解雇する場合は労基法20条の措置（*）と雇用保険の会社都合による処理が必要」との指導を受け、それに従うこととなりました

*　少なくとも30日前の予告または解雇予告手当支払い

Ⅱ 問題の所在

1 外国人労働者であっても原則として、入社から退職まで日本人と同様の法律が適用されることを、社長が知らなかったこと。

Ⅲ 実務上の留意点

(1) 外国人労働者に対する法律の適用

外国人労働者、特に合法的在留資格を有しない労働者に対しては日本の法律は適用されないとする誤解が少なくありません。しかし、一部の法律（*）を除いては在留資格にかかわらず入社から退職まで労働・社会保険が広く適用されますので注意しなければなりません。

＊ 職安法による公共職業安定所での職業紹介・職業指導のサービスは、不法就労外国人は受けられない。

菅野「労働法」より

外国人労働者の労働関係については、まず、労働契約法、労働基準法、労働安全衛生法、最低賃金法などの労働保護法規は、日本国内における強行的な法秩序として、在留資格の点で適法な就労か違法な就労かを問わず適用される。そして、労働基準法には、外国人についての均等待遇原則が明記されている（３条）。同様に、職安法・労働者派遣法における職業紹介・労働者派遣・労働者供給の罰則も、わが国に就労する外国人の外国人の紹介・派遣・供給については、適法就労か違法就労かを問わず適用がある。（中略・筆者）

労働・社会保険のうち労災保険は、強行的な労働保護法の一種として、適法な就労か否かを問わずに外国人にも適用される。雇用保険についても「雇用保険に関する業務取扱要領」によれば、日本国に在留する外国人は、外国公務員および外国の失業補償制度の適用を受けることが立証された者を除き、国籍（無国籍を含む）のいかんを問わず被保険者となる。国民年金・厚生年金・健康保険などの被用者保険は、適法な就労か否かを詮索せずに外国人の就労者にも適用される（いずれにせよ、不法就労が判明した場合には、関係機関は出入国管理当局に通知することとなっている）。国民健康保険は、基本的に１年以上の在留資格を認められた外国人のみ適用される（国健保法６条 11 号、国保則１条）。（128〜129 頁）

(2) 雇入れ・離職時の届出

外国人労働者の雇入れ・離職の際には、「雇入れ・離職に係る外国人雇用状況届出書」により氏名、在留資格などを所轄ハローワークへ届け出ることが、労働施策総合推進法により、事業主に義務付けられています。（ただし、在留資格が「特別永住者」「外交」「公用」の外国人は対象外となっています。）

届出事項は、①氏名、②在留資格（＊）、③在留期間、④生年月日、⑤性別、⑥国籍・地域、⑦資格外活動許可の有無、とされ、いずれも、在留カードに基づいて記載することになっていることから雇入れの際には、カード原本の提示を求めることが重要です。

なお、届出方法は、当該外国人が雇用保険の被保険者となるか否かによって届出様式や期限が異なっています。

＊ 在留資格には、「就労目的に基づく資格（16 種類）」「身分に基づく資格（４種類）」「その他の資格（技能実習・特定技能）」があります。

(3) 雇用管理改善の努力義務

外国人を雇用した事業主には、「外国人労働者の雇用管理の改善等に関して事業主が適切に対処するための指針」が適用され、適切な人事管理と就労環境確保が努力義務とされています。

基本的には、日本人雇用と同様の措置が求められるということですが、特に留意すべきこととして、労働契約の締結に際し、賃金、労働時間等主要な労働条件について、母国語を併記した書面等での明示に努めること、があります。

ちなみに、最近は労働契約書等について様々な言語の雛形が、厚労省や（財）国際研修協力機構（JITCO）サイトからダウンロードできるようになっています。

雇用管理に関する留意事項については厚労省作成のリーフレット「外国人雇用はルールを守って適正に」が参考になります。

⑷　不法就労者の雇入れには罰則

在留資格のない外国人を、資格がないことを知りながら雇用した場合や在留資格はあるものの就労資格外の仕事に就こうとしていることを知りながら雇用した場合は、入管法により、外国人本人には在留資格取消しや強制退去措置が取られることに加えて、雇用した事業主にも不法就労助長罪が適用され、３年以下の懲役または300万円以下の罰金（もしくは併科）が科されます。この点でも外国人雇用の際は、在留カードでの就労資格等の確認が重要です。

なお、日本滞在の外国人は、勤務先や居住地等を変更した場合、その都度入国管理局に届け出ることが義務付けられていることから前職がある外国人を雇用する場合はこの届出を行っているかの確認も必要です。

Ⅲ　裁判例

⑴　出入国管理及び難民認定法違反事件（東京高判平６・11・14 刑集 51‐3‐357）

いわゆる売春スナックにおいて、不法残留のタイ人女性５名に、事実上、売春を指導していた店長は不法就労活動をしていたとされ、不法就労助長罪により懲役１年、執行猶予３年とされた例（不法就労助長罪の成立要件を示した高裁裁判例として先例的意義を有するとされている）

(2) ナルコ事件（名古屋地判平25・2・7労判1070号38頁）

中国人研修生が自動車部品工場で負った右示指切断事故につき、安全配慮義務違反等に係る損害賠償を命じた例

関係法令等

① 労働施策総合推進法
② 入管法73条の２
③ 外国人労働者の雇用管理の改善等に関して事業主が適切に対処するための指針（平31・3・29厚労省告示第106号）
④ 外国人雇用はルールを守って適正に（リーフレット。平31・4）

コラム⑤

最低賃金制度

契約自由の原則からいえば、賃金額は、使用者と労働者の間で自由に決定できるはずです。しかしながら、労働市場においては、労働者は使用者と比較して弱い立場に置かれているため、賃金額を完全に契約の自由に委ねた場合、不当に低廉な賃金を受け入れざるを得ない労働者が発生するおそれがあります。そして、このような劣悪な労働条件が労働市場の中で放置されれば、労働者は生活することすら困難となり、ひいては社会全体に深刻な悪影響が及ぶことになりかねません。

そこで、国は、最低賃金法（以下、「最賃法」といいます。）に基づいて賃金の最低額を定め、使用者に対し、その最低賃金額以上の賃金を労働者に支払わなければならないとしています（最低賃金制度）。最低賃金制度は、すべての労働者の賃金の最低額を保障することによって、労働市場におけるセイフティ・ネットとして機能しています。

１　最低賃金の種類

最低賃金には、すべての労働者とその使用者に適用される「地域別最低賃金」と、特定の産業に従事する労働者とその使用者に適用される「特定最低賃金」の２種類があり、いずれも各都道府県ごとに決められています。両方の最低賃金の適用対象となっている場合は、いずれか高い方の最低賃金額が適用されることになります。

２　最低賃金の対象となる賃金

最低賃金の対象となるのは、「１か月を越えない期間ごとに支払われる、通常の労働時間または労働日の労働に対して支払われる賃金」です。つまり、毎月支払われる基本的な賃金のみが対象となり、実際に支払われる賃金から以下の賃金は除外する必要があります。

① 臨時に支払われる賃金（例えば結婚手当など）
② １カ月を超える期間ごとに支払われる賃金（賞与、一時金）
③ 所定労働時間を超える時間の労働に対して支払われる賃金（時間外割増賃金など）
④ 所定労働日以外の労働に対して支払われる賃金（休日割増賃金など）
⑤ 深夜（午後10時〜午前５時）の労働に対して支払われる賃金のうち通常の労働時間の賃金の計算額を超える部分（深夜割増賃金など）
⑥ 精皆勤手当、通勤手当及び家族手当

３ 最低賃金額以上かどうかを確認する方法

一部の特定最低賃金を除き、最低賃金は時間額で定められています。したがって、日給制または月給制の場合は、賃金を時間額に換算したうえで、適用される最低賃金額と比較します。

ここで、東京で働くＡさんを例にして、計算してみましょう。

【Ａさんの例】
年間所定労働日数：250日、所定労働時間／日：８時間
月給：25万円
内訳
基本給：14万円、職務手当：３万円、皆勤手当：３万円、通勤手当：5,000円、家族手当：２万円、時間外手当：２万5,000円

Ａさんの年間総所定労働時間は、250 日×８時間＝2000 時間となります。

Ａさんに実際に支給された賃金から、最低賃金の対象とならない賃金である皆勤手当、通勤手当、家族手当、時間外手当を除くと、25 万円－(３ 万円＋ 5,000 円＋２ 万円＋２ 万 5,000 円)＝17 万円／月となります。

Ａさんの賃金を時間額に換算すると、(17 万円× 12 か月)÷2000 時間＝1,020 円となります。

そうすると、Ａさんの賃金は、令和元年度の東京都の最低賃金額である 1,013 円以上であることになります。

４　最低賃金の効力

使用者は、最低賃金の適用を受ける労働者に対し、その最低賃金額以上の賃金を支払わなければならず（最賃法４条１項)、最低賃金額より低い賃金を労働契約で定めても、その部分は無効となり、最低賃金額と同様の定めをしたものとみなされます（同法４条２項)。なお、使用者が労働者に地域別最低賃金額以上の賃金を支払わない場合は、50 万円以下の罰金に処されます（同法 40 条)。

また、使用者は、最低賃金の適用を受ける労働者の範囲及びこれらの労働者に係る最低賃金額、最低賃金において算入しない賃金並びに効力発生年月日を常時作業場の見やすい場所に掲示するなどの方法により周知する必要があり（同法８条、同法施行規則６条)、これを行わない場合は、30 万円以下の罰金に処されます（同法 41 条１号)。

第8章 労働安全衛生

1 労働災害と安全配慮義務
2 民法上の損害賠償請求
3 健康診断と受診義務
4 ストレスチェックとメンタルヘルス

8-1

労働災害と安全配慮義務

Ⅰ トラブル事例

　テレビ番組制作会社に働く従業員Ａは、自らまとめた番組企画が採用され、入社５年目にして、はじめて新番組の制作責任者を任されました。体力には自信があったこともあり、Ａはタイトな制作期間と低予算の中、平日・休日を問わず、深夜残業や職場に泊まり込む日々を続けていました。

　そうした生活が６か月あまり続いたある日、Ａは外出先で倒れ、病院に緊急搬送されました。Ａは過労による狭心症を発症していました。Ａの家族が調べたところ、制作責任者になってからの時間外・休日労働時間の合計は月平均 80 時間超、直近１か月では 100 時間を超えていたことがわかりましたが、会社は「制作責任者ならそれくらいの残業はごく普通。皆それを乗り越えている」と責任を認めようとしませんでした。

　納得できないＡの家族は労基署に申告するとともに、裁判を起こす準備を始めたところ、会社が謝罪し、労災適用と慰謝料の支払いなどを申し出て、和解することとなりました。

Ⅱ 問題の所在

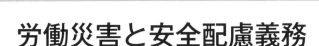

1　会社が、Ａの仕事の状況、健康状態を正しく把握していなかっ

たこと。

2 会社が、慢性的な長時間労働を放置していたこと。

3 会社にコンプライアンス（法令遵守）の意識が薄く、労災発生により会社が負うリスクを理解していなかったこと。

4 会社がAの労働状況の産業医への報告を怠っていたこと。

労働災害と安全配慮義務

Ⅲ 実務上の留意点

(1) 安全配慮義務法理の確立

従業員が安全に業務に従事できるようにする安全配慮義務の考え方は、裁判例の積み重ねにより判例法理として確立され、現在では労契法に反映されています。同法では「使用者は、労働契約に伴い、労働者がその生命、身体等の安全を確保しつつ労働することができるよう、必要な配慮をするものとする」（5条）として、会社の安全配慮義務を明文化しています。

📖 **菅野「労働法」より** ・・・・・・・・・・・・・・・・・・・・・・・・・・・・

使用者の損害賠償責任を追及する法的構成としては、3つのものがありうる。第1は、民法上の通常の不法行為責任（民709条・715条）の追及である。第2は、土地工作物の設置または保存の瑕疵による損害についての所有者または占有者の責任（民717条）の追及である（中略・筆者）。そして第3の構成は、契約関係における債務不履行責任（民415条）の追及である。

1971年頃までは、大部分の損害賠償請求は第1または第2の法的構成によって行われ、認められてきた。（中略・筆者）

このような一般的な安全保証義務の概念は、学説の一致した支持を受けたのち、1975年の判例（自衛隊車両整備工場事件・筆者）において確立されるに至った。すなわち、同判例は（中略・筆者）「右のような安全配慮義務は、ある法律関係に基づいて特別な社会的接触の関係に入った当事者間において、当該法律関係の付随義務として当事者の一方又は双方が相手方に対して信義則上負う義務として一般的に認められるべきものであ」る、と判示した。この判決は、労働契約関係よりも広い法律関係に関する安全配慮義務の法理を宣明したものであるが、同判決によって労働契約関係における「使用者の安全配慮義務」の観念も判例法上揺るぎないものとなり、以後この観念に基づく第３の構成が使用者に対する損害賠償請求の主流の法的構成となっている。（670～671 頁）

⑵　安全配慮義務の内容

安全配慮義務に関する裁判例は当初、労働者の身体的な安全を保護対象とすることが主流でした。初の最高裁判例（昭和 50 年）となった自衛隊車両整備工場事件は自動車事故死、同じく民間企業における初の最高裁判例（昭和 59 年）である川義事件は、宿直勤務中の従業員が夜間に押し入った元従業員に殺害された事例でした。

川義事件判決では、「雇用契約上の安全配慮義務を、「労働者が労務提供のため設置する場所、設備もしくは器具等を使用し又は使用者の指示のもとに労務を提供する過程において、労働者の生命及び身体等を危険から保護するよう配慮すべき義務」と定義」（671 頁）としましたが、現在ではその内容を「最高裁判所は、安全配慮義務を、使用者が業務遂行に用いる物的施設（設備）および人的組織の管理を十全に行う義務」（673 頁）としています。

近年では、過労を理由とした疾患、死亡、自殺が社会問題化するなか、身体的・精神的な健康に対する安全配慮義務が問われる事例が増えています。長時間労働が続いた従業員がうつ病に罹患し自殺したケースでは、当該従業員の業務量の適切な調整等を行う義務が会社にあったとして安全配慮義務違反を認めました（電通事件）。また、過重な業務が続くなかで体調悪化が見られる場合には、神経科医院への通院など従業員のプライバシーに属するメンタルヘルス情報は本人からの積極的申告は期待し難いことを前提とした上で、申告がなくても労働環境等に十分な注意を払い、過重な業務の軽減等を行うべきと判示しています（東芝〔うつ病・解雇〕事件）。

⑶ 事故の予見（結果回避）の可能性

安全配慮義務構成にせよ、不法行為構成にせよ、まずは、当該事故の予見可能性があってその発生を回避する可能性が存したことが、責任発生の要件となります。たとえば、七十七銀行（女川支店）事件では、東北大震災で、支店長の指示により高さ10ｍの銀行支店屋上に避難して津波で流されたスタッフの遺族による安全配慮義務違反の損害賠償請求を、10ｍを超える津波が来ることは予測可能だったと認められないとして棄却されています。

⑷ 使用者の健康配慮等義務違反による損害賠償

最近は、過重な業務や心理的負荷の高い業務に従事したことが心臓疾患などの身体的障害や精神的障害の発症原因であるとして、使用者の健康配慮義務違反（債務不履行）や注意義務違反（不法行為）を問い、損害賠償を求めるケースが多くなっています。

菅野「労働法」より

労働者が過重な業務に従事したことによって脳・心臓疾患が発症した（そしてその疾病により死亡した）と主張される事案においては、（中略・筆者）健康配慮義務違反（債務不履行）ないしは注意義務違反（不法行為）を請求原因とする損害賠償請求が多数行われている。この労災民訴（＊）においても、まずは、業務への従事と疾病（ないし死亡）との間の相当因果関係の有無が問題となり、それが認められる場合には、使用者に安全配慮義務ないし注意義務の違反が認められるかが問題となる。

これらの損害賠償請求に関する近年の裁判例については、「脳・心臓疾患の業務上認定の基準」において定立されている労働時間基準（654頁）を超える長時間労働などの過重な業務への従事が認められれば、（中略・筆者）健康配慮（注意）義務の違反も肯定される傾向にある。いいかえれば、脳・心臓疾患については、使用者の損害賠償義務の成否は、業務上認定に近い手法で判定される傾向にある。（674～675頁）

労働者が過重な業務や心理的負荷の高い業務に従事したことによって精神障害を発症した（そしてその精神障害により自殺した）と主張される事案においても、（中略・筆者）健康配慮義務違反（債務不履行）ないしは注意義務違反（不法行為）を請求原因とする損害賠償請求が多数行われている。

この労災民訴においても、まずは、業務への従事と精神障害発症（それによる自殺）との間の相当因果関係の有無が問題となり、それが認められる場合には、使用者に健康配慮義務ないし注意義務の違反が認められるかが問題となる。（676頁）

＊　労働災害について使用者に対し安全配慮義務違反または不法行為を理由として損害賠償請求を行う訴訟（筆者注）

⑸　産業医との連携

常時50人以上の労働者を使用する事業場には、産業医を選任し、労働者の健康管理等を行わせなければなりません。（50人未満の場合は努力義務）また、使用者は、1か月当たりの時間外・休日労働時間の合計が80時間を超える場合、その労働者の情報を産業医に報告しなければならず、産業医は、その労働者からの申し出があった場合、面接指導を行わなければなりません。なお、使用者は、当該事業場に所属する労働者に対し、産業医の業務内容（面接の申出方法を含む）を周知する必要があります。

(6) 安全配慮義務の具体的対策

会社が安全配慮義務を果たすための対策では、職種、業務内容、就労場所などの違いにより、さまざまなものが考えられます。

工場など従業員の身体への危険度が高い職場では、安全管理マニュアルの作成や職場環境調査、安全衛生教育の充実などがあります。また、長時間労働（2019.4 から時間外労働の規制が強化）が目立つ職場や心理的負荷がかかる職場では、従業員の状況を日常的に把握し、業務の再分担、ノー残業デーの実施、年次有給休暇の取得促進（2019.4 から有給休暇の取得義務化がスタート）などの施策を講じたり、休職制度において職場復帰時に「ならし期間」を設けたりするなど職場復帰プログラムを作成・充実しておくことも重要です。

外部の専門機関を利用する仕組みでは、近年、EAP（Employee Assistance Program ＝従業員支援プログラム）なども注目されています。EAP は、企業や団体の従業員を対象としたカウンセリングサービスであり、健康増進や法令遵守、組織的なメンタルヘルス対策の推進など、さまざまな目的で EAP を導入する企業が増えています。

Ⅲ 裁判例

⑴　自衛隊車両整備工場事件（最三小判昭 50・2・25 労判 222 号 13 頁）

公務員の事例においても使用者の安全配慮義務が認められるとした例

車両整備工場において車両整備に従事していた被害隊員が、後進していた大型自動車に頭部をひかれ即死。被害隊員の両親が国を相手取り損害賠償請求を提訴した事案。一審および原審とも両親の請求を棄却したため両親が上告し、最高裁は原判決を破棄し、高裁差戻しとした。

最高裁は「国が、不法行為規範のもとにおいて私人に対しその生命、健康等を保護すべき義務を負っているほかは、いかなる場合においても公務員に対し安全配慮義務を負うものではないと解することはできない。」としたうえで、「右のような安全配慮義務は、ある法律関係に基づいて特別な社会的接触の関係に入った当事者間において、当該法律関係の付随義務として当事者の一方又は双方が相手方に対して信義則上負う義務として一般的に認められるべきものであって、国と公務員との間においても別異に解すべき論拠はなく、公務員が前記の義務を安んじて誠実に履行するためには、国が、公務員に対し安全配慮義務を負い、これを尽くすことが必要不可欠」であるとした。

⑵　川義事件（最三小判昭 59・4・10 労判 429 号 12 頁）

宿直勤務中の従業員が殺害された事故につき、会社に安全配慮義務違反に基づく損害賠償責任があるとした例

⑶　電通事件（最二小判平 12・3・24 労判 779 号 13 頁）

労働者が過労によるうつ状態が深まり、突発的に自殺に至った事案において、当該労働者の死亡につき、使用者に注意義務違反を根拠とする不法行為に基づく損害賠償責任を認めるとした例

⑷　東芝〔うつ病・解雇〕事件（最二小判平 26・3・24 労判 1094 号 22 頁）

労働者がうつ病を発症・増悪したことに対する使用者による損害賠償額を定めるにあたり、当該労働者が自らの精神的健康に関する一定の情報を申告しなかったことをもって過失相殺することはできないとされた例

⑸　七十七銀行〔女川支店〕事件（仙台高判平 27・4・22 労判 1123 号 48 頁）

東日本大震災で、支店長の指示により高さ 10 m の銀行支店屋上に避難して津波で流された行員および派遣スタッフの遺族による安全配慮義務違反による損害賠償請求について、震災発生前及び発生後津波襲来前に収集可能であった情報によっては、10 m を超える津波が来ることは予測可能だったと認められないとして請求を棄却した例

⑹　社会福祉法人和歌山ひまわり会ほか事件（和歌山地判平 27・8・10 労判 1136 号 109 頁）

使用者は労働者が業務遂行に伴って心身の健康を損なうことがないよう注意する義務があるとし、長時間労働（時間外労働が発症 1 ヵ月前 92 時間近く、2 ヵ月前 99 時間、3 ヵ月前 146 時間余、所定休日の日、月のうち月曜は出勤が多かった）に従

事していた介護施設事務管理室長のくも膜下出血死につき、過重労働と死亡との相当因果関係を認め、上記の注意義務違反に基づく損害賠償請求を認めた例

関係法令等

①　民法415条（債務不履行）、709条（不法行為）、715条（使用者責任）

②　労基法８章（災害補償）

③　労契法３条（労働契約の原則）、５条（労働者の安全への配慮）

④　安衛法４章（労働者の危険又は健康障害を防止するための措置）、６章（労働者の就業に当たつての措置）、７章（健康の保持増進のための措置）

⑤　平13･12･12基発1063号（脳血管疾患及び虚血性心疾患等（負傷に起因するものを除く）の認定基準）

⑥　平23･12･26基発1226第１号（心理的負荷による精神障害の労災認定基準）

8-2

民法上の損害賠償請求

Ⅰ トラブル事例

従業員10人の建設会社A社で働く作業員Bは、同僚が運転する大型クレーンで運ばれる建設資材の積み下ろしを担当していました。あるとき、クレーンが突風にあおられ、吊り上げていた建設資材が落下。不幸にもBの頭を直撃し、Bは死亡しました。

A社はただちに労災保険を手続きし、遺族補償給付と葬祭料がBの遺族に支給されたほか、A社の慶弔見舞金規程に基づき死亡弔慰金100万円を支払いましたが、遺族から民事損害賠償を請求されました。

A社は「会社としてやるべきことはやった。これ以上賠償できない」として、遺族の請求を拒否しましたが、双方の弁護士が協議した結果、事故当時、Bはヘルメットを着用しておらず、A社がヘルメット着用の指導を怠っていたことが確認されたため、A社は賠償金2,000万円を追加して支払いました。

Ⅱ 問題の所在

1 会社が、ヘルメット着用など労働災害防止策の徹底を怠っていたこと。

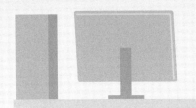

2 会社が、労基法、労災保険法の災害補償と民法上の損害賠償と

の違いを理解していなかったこと。

3　会社の事故に対する経済的な備え（引当金の設定や民間保険の加入など）が不十分であったこと。

III　実務上の留意点

(1)　労災補償と民事損害賠償

労災事故が発生した場合、会社は、労基法に基づき労災補償義務を負いますが、労災保険法に基づく各種給付が行われた場合は、当該給付に相当する労基法上の補償義務を免れることになります。また、民法上の損害賠償についても「使用者は、労基法の定める労災補償を行った場合においては、同一の事由については、その価額の限度において民法による損害賠償の責を免れる」（労基法84条）とされています。しかし、労災保険法による給付の価額を超える損害や補償額が現実損害に見合わないケースについては、被災労働者または遺族（死亡災害の場合）から損害賠償請求があった場合には賠償責任を免れることはできません。

典型的には慰謝料ですが、他にも休業補償における平均賃金の80％（特別支給金20％を含む）を超えて本来得られたであろう賃金、ピアニストが指先先端切断事故を被ったときの、現実損害額と障害補償との差額など補償額が現実損害に適応しないケース等があります。

菅野「労働法」より

労災補償や労災保険給付の価額の限度を超える損害については、使用者は民法上の損害賠償の責を免れず、被災労働者または遺族は使用者に対して民法上の損害賠償請求をなしうることを意味する。これを、労災補償制度（労災保険制度を含めて）と損害賠償制度の

併存主義と呼ぶことができる。（669頁）

(2) 過失相殺による賠償額の減額

労災事故であっても、被災労働者自身に安全配慮義務違反や注意義務違反などの過失がある場合、裁判例では、過失に相当する価額が、賠償額から相殺されています。例えば、業務中に脳梗塞を発症した場合でも、労働者が、自らの慢性的基礎疾患に対してかねてから医師より指示されていた注意事項を守らず、医師より注意を受けていたことを使用者に隠して働いていた場合などは使用者にすべての責任負わせるのは公平を欠くとされるなどです。

菅野「労働法」より

労働災害について被災労働者に過失がある場合、安全配慮義務違反（債務不履行）であれば、「裁判所は、これを考慮して、損害賠償の責任及びその額を定める」（民418条）とされ、不法行為であれば、「裁判所は、これを考慮して、損害賠償の額を定めることができる」（民722条2項）とされている。すなわち、法文上は、（中略・筆者）違いがあるように読める。しかし、近年には、このような法文上の違いには合理的な根拠がなく、安全配慮義務違反でも不法行為でも、過失相殺は同様に行われてよいというのが学説・実務上の支配的な考え方となっている。（680～681頁）

(3) 第三者に対する損害賠償請求

労災事故が、被災労働者の、労働契約上の使用者以外の第三者（例えば、末端の下請会社で働いている労働者からみた元請会社の社員）の故意・過失や第三者が所有または占有する土地工作物の瑕疵によって生じた場合、被災労働者（またはその遺族）は、当該第三者に対して不法行為責任（民法709条）または工作物責任（同717条）、さらには債務不履行責任（同415条）を問うことができるとされています。

この法理が適用される例として、製造業や土木・建設業における実際の作業が数次の請負によって行われるケースがあり、菅野「労働法」では以下のように整理しています。

菅野「労働法」より

実際上、この第三者の責任が最も頻繁に問題となるのは、末端下請労働者の労災における元請企業または中間下請企業の責任および社外労働者の労災における受入（発注）企業の責任についてである。労基法上の労働災害の補償責任においても、製造業および土木・建設業（労基法別表第１第３号の事業）が数次の請負によって行われる場合には、そこで生じる労働災害の補償については、被災者が下請負人の雇用する労働者であっても、元請負人を使用者とみなすとされている。（中略・筆者）

最高裁判例も、元請人の安全配慮義務違反は「雇傭契約ないしこれに準ずる法律関係上の債務不履行」であると判示するに至った。

（683頁）

⑷　労災上積み補償制度

法定労災補償の枠を超えて民法上の損害賠償責任が問われるケースが増えていることを踏まえると、その対策を講じておくことは重要です。公的な労災補償に加え、民間の労災上積み補償保険などからも給付があれば、それだけ被災従業員や遺族への補償が手厚くなります。実際にも、法定労災補償に一定の補償を上積みする制度は、今日、相当普及しています。

また、労災補償以外の観点から、あるいは、上積み補償があってもそれ以上の損害賠償を求められるケースもあります。一時的な多額の賠償金支出への対応策としては使用者賠償責任保険なども有効な選択肢の1つであり、会社経営上、重要なリスクマネジメントと言えるでしょう。

労災上積み補償制度を設ける際には、就業規則や労使協定、労働協約で定めておくことが重要です。

上積み補償制度および損害賠償との法的な関係は次のように整理されます。

菅野「労働法」より

上積み補償が労働協約上のものである場合は、それは一種の「労働者の待遇に関する基準」を定めたものであって、労組法上の規範的効力（16条、875頁）を有すると考えられる。（中略・筆者）上積み補償が就業規則上定められている場合は、その労働契約規律効（労契7条・10条）または労働者と使用者間の合意（同8条）によって労働契約を規律するので、やはり被災労働者は、就業規則の定めどおりの上積み補償の請求権を取得する。（中略・筆者）

上積み補償制度は、通常は労働災害の補償について法定補償の不足を補うべく、それに一定の補償を上積みする趣旨のものなので、上積み補償の支払は原則として使用者の労災補償責任や労災保険の給付へ影響を与えるべきものではない（中略・筆者）。

これに対して、上積み補償と損害賠償との関係については、一般的には、使用者は、上積み補償をなすことによって、その価額の限度で同一事由につき被災労働者またはその遺族に対して負う損害賠償責任を免れ、また第三者行為災害の場合には、被災労働者（遺族）が第三者に対し有する損害賠償請求権を代位取得すると解すべ

きである。(688～689 頁)

Ⅲ 裁判例

⑴ 三菱重工業神戸造船所事件（最一小判平３・４・11 労判 590 号 14 頁）

下請会社の労働者が、作業に伴う騒音により聴力障害に罹患した件につき、元請会社が管理する設備、器具等を使用し、事実上、元請会社の指揮、監督を受けて作業しており、作業内容も元請会社の従業員とほぼ同じであったという事実関係の下では、元請会社が下請会社の労働者に対し、信義則上、安全配慮義務を負うとした例

最高裁は、「安全配慮義務が、ある法律関係に基づいて特別な社会的接触の関係に入った当事者間において、当該法律関係の付随義務として信義則上、一般的に認められるべきものである点にかんがみると、下請企業（会社又は個人）と元請企業（会社又は個人）間の請負契約に基づき、下請企業の労働者（以下「下請労働者」という。）が、いわゆる社外工として、下請企業を通じて元請企業の指定した場所に配置され、元請企業の供給する設備、器具等を用いて又は元請企業の指示のもとに労務の提供を行う場合には、下請労働者と元請企業は、直接の雇用契約関係にはないが、元請企業と下請企業との請負契約及び下請企業と下請労働者との雇用契約を媒介として間接的に成立した法律関係に基づいて特別な社会的接触の関係に入ったものと解することができ、これを実質的にみても、元請企業は作業場所・設備・器具等の支配管理又は作業上の指示を通して、物的環境、あるいは作業行動又は作業内容上から来る下請労働者に対する労働災害ないし職業病発生の危険を予見し、右発生の結果を回避することが可能であり、かつ、信義則上、当該危険を予見し、結果を回避すべきことが要請されてしかるべきであると考えられるから、元請企業は、下請労働者が当該労務を提供する過程において、前記安全配慮義務を負うに至るものと解するのが相当である。そして、この理は、元請企業と孫請企業の労働者との関係においても当てはまるものというべきである。」とした。

⑵ 東芝（うつ病・解雇）事件（最二小判平26·3·24労判1094号22頁）

労働者が過重な業務によってうつ病が発症し増悪したことによる損害賠償請求において、会社が労働者の言動から過重な業務による体調不調の状態を認識しうる状態にあり、その状態の悪化を防ぐための措置をとることは可能であったのだから、労働者によるメンタルヘルス情報の申告がなかったことを理由とする過失相殺をすることはできないとした例

⑶ 青木鉛鉄事件（最二小判昭62·7·10労判507号6頁）

休業補償給付もしくは傷病補償年金または障害年金から、財産的損害のうちの積極損害や精神的損害（慰謝料）を控除すべきではないとした例

関係法令等

① 民法415条（債務不履行）、418条（過失相殺）、709条（不法行為）、715条（使用者責任）、717条（土地の工作物等の占有者及び所有者の責任）、722条（損害賠償の方法及び過失相殺）
② 労基法75条以下（災害補償）、84条（他の法律との関係）
③ 労契法３条４項（信義則）、５条（安全配慮義務）
④ 安衛法３条（事業者等の責務）ほか

⑤　労災保険法12条の４（第三者行為の損害賠償との調整）、12条の８～20条（業務災害に関する保険給付）、附則64条（事業主の損害賠償との調整）

8-3

健康診断と受診義務

Ⅰ トラブル事例

機械製造業のＡ社は毎年、年１回の定期健康診断を約 40 名いる全従業員を対象に実施していますが、毎回数名の未受診者が出ています。なかでも、ベテラン従業員Ｂは、会社が繰り返し受診命令を出しているにもかかわらず、長年、受診を拒否し続けてきました。

これに対し、１年前に先代の後を継いだＣ新社長はこれまでのＢの対応に業を煮やし、「次回、受診拒否した場合は懲戒処分する」旨を事前通告し、次の定期健康診断の日を迎えました。しかし、Ｂは「会社が指定する医院は評判がよくない。自分の健康は自分が責任をもつ」と言い張り、今回も受診を拒否しました。

そこで、会社はやむなく、就業規則に照らしてＢを懲戒処分したところ、Ｂは処分を不服として自主退職しました。

Ⅱ 問題の所在

1 会社がＢに対し、会社には健康診断の実施義務があること、従業員には健康診断の受診義務があることを理解させていなかったこと。

2 会社がＢに対し、会社指定以外の他の健診機関で受診してもよいことを説明していなかったこと。

Ⅲ 実務上の留意点

(1) 健康診断における会社の義務

会社は、従業員の雇入れ時および年１回（深夜業や坑内労働などの特定業務従事者は年２回）の一般健康診断を実施しなければなりません。また、一定の有害業務に従事する従業員についても特殊健康診断を実施する義務があります（*）。

また、会社はこれら健康診断の結果を記録し５年間（特殊健診には別途法定保存期間あり）保存するとともに、異常所見があった従業員に対しては、医師または歯科医師の意見を聴かなければならず、必要に応じて就業場所の変更、作業の転換、労働時間の短縮、深夜業の回数の減少等の措置を講ずるほか、作業環境の測定、施設・設備の設置・整備その他の措置を講じなければなりません（ただしこれらの事後措置義務は、労働者側から使用者に対して履行請求できるような具体的義務ではありません）。健康診断の実施事務担当者は、健康診断実施に際して知り得た個人の健康情報などの秘密を漏らすことを禁じられています。

なお、常時50人以上の従業員を使用する事業場は、対象者全員の「定期健康診断結果報告書」を遅滞なく、所轄労基署へ提出しなければなりません。

*　定期健康診断を実施すべき時期に、育児休業、療養等により従業員が休業中の場合は、当該休業終了後に速やかに実施することとされています。

(2) 従業員の受診義務

従業員にも健康診断の受診義務が課せられています。ただし、会社指定以外の医師による健康診断を受ける「医師選択の自由」が認められており、従業員が会社指定の医師の健康診断の受診を希望しない場合は、別の医師による健康診断を受けて、その結果を会社に提出すればよいとされています。

菅野「労働法」より

これは、労働者に対し自己の身体に接する者を選択する自由権を保障するという趣旨ではなく、事業者の指定する医師が事業者の意に影響されて診断結果を作成するおそれなしとしないので、労働者に自己の信頼する医師による診断結果を得る途を与えたものである（中略・筆者）。（595 頁）

安衛法では、従業員の受診義務違反に対して罰則を設けていませんが、裁判例では、従業員に対して法定の健康診断の受診を職務命令として命じることができ、受診拒否に対しては懲戒処分を行うことを認めています（愛知県教育委員会事件）。

なお、法定の健康診断は「常時使用する労働者」に対して行う必要がありますが、この場合の対象者は、通達で次のいずれの要件も満たすものとされています。

① 期間の定めのない労働契約により使用される者（期間の定めのある労働契約により使用される者であって、1年以上使用されることが予定されている者および当該労働契約の更新により1年以上引き続き使用されている者を含む）であること。

② その者の1週間の労働時間数が当該事業場において同種の業務に従事する通常の労働者の1週間の所定労働時間数の4分の3以上であること。

パート・アルバイト従業員であっても上記要件に該当する場合がありますので、正社員でないからといって、機械的に健康診断を受診させないなどの対応は改める必要があります。

⑶　法定外の健康診断

会社が任意に実施する法定外の健康診断、精密検査あるいは健康診断で異常所見があった者の再検査などについても、従業員の受診義務・医師選択の自由が問題となることがあります。

菅野「労働法」より

判例は、使用者が頸肩腕症候群の長期罹患者たる労働者に対し、就業規則および労働協約の規定に基づき使用者指定の病院における精密検診を命じたところ、労働者が受診を拒否したという事案について、精密検診が労働者の病気治癒という目的に照らして合理的で相当な内容のものであれば、労働者において受診の自由や医師選択の自由を理由に受診を拒否することは許されない、と判示している（中略・筆者）。（596 頁）

法定外の健康診断、精密検査等についても、それが就業規則や労働協約等に定められ、目的に照らして合理的な内容のものであれば、従業員の受診の自由や医師選択の自由は、ある程度制限されるものといえます。

⑷　労災保険法の二次健康診断等給付

健康診断の結果、脳血管疾患や心臓疾患に関する一定の検査項目のいずれにも異常所見があった場合、労災保険給付として「二次健康診断」や「特定保健指導」を受けることができます。

菅野「労働法」より

業務に起因した脳血管疾患または心臓疾患の問題（いわゆる「過労死」）への社会的関心の高まりのなかで、その防止のための保険給付が、2000年11月に労災保険法改正（平12法124）によって制度化された。すなわち、労働安全衛生法が義務づけている定期健康診断（法66条）の結果、脳血管疾患または心臓疾患にかかわる検査項目（血圧、血中脂質、血糖、BMI）（労災保則18条の16第1項）のいずれでも異常の所見が生じた場合に、脳血管・心臓の状態を把握するために必要な検査（「二次健康診断」）（その内容は労災保則18条の16第2項）、および、その結果に基づきそれら疾患の予防のために医師または保健師によって行われる1回の保健指導（「特定保健指導」）を、労災保険制度における保険給付として行うこととした（労災保26条1項・2項）（598〜599頁）

二次健康診断等給付は、一般的に異常所見があった際のいわゆる「再検査」とは区別されるものですが、あくまで当該従業員が請求した場合に実施するものとされており、会社は受診させる義務までは負っていません。しかし、厚労省の「健康診断結果に基づき事業者が講ずべき措置に関する指針」では、「二次健康診断の対象となる労働者を把握し、当該労働者に対して、二次健康診断の受診を勧奨するとともに、診断区分に関する医師の判定を受けた当該二次健康診断の結果を事業者に提出するよう働きかけることが適当である」としていることから、会社としては受診勧奨することが望まれます。

(5) 健康診断費用と受診時間の賃金

法定の健康診断の費用については、会社負担となります。通達では「健康診断を実施するのに要する費用については、法により、事業者に健康診断の実施が義務づけられている以上、当然に事業者が負担すべきもの」とされています。一方、法定外の健康診断、精密検査等については、法令等に定めはなく、会社と従業員の間の取り決めによりますが、制度趣旨から考えると、会社負担（または従業員負担の軽減）が望ましいと考えられます。

また同通達は、健康診断受診中の賃金の取扱いについても触れています。特殊健康診断については「特定の有害な業務に従事する労働者について行われる健康診断、いわゆる特殊健康診断は、業務の遂行にからんで当然実施されなければならないもの」であるため、受診時間は労働時間であり、時間外に行われた場合には割増賃金の対象になるとされています。

これに対し、一般健康診断については、「一般的な健康の確保を図ることを目的に実施されるため、受診時間は当然には会社負担とはならず、労使協議によって定めるべきものであるが、労働者の健康の確保は事業の円滑な運営の不可欠な条件であることを考えると、その受診に要した時間の賃金を事業主が支払うことが望ましい」とされています。

Ⅲ 裁判例

⑴ 電電公社帯広電報電話局事件（最一小判昭61・3・13労判470号6頁）

就業規則の規定に基づく健康診断受診命令に対し、医師選択の自由を理由に受診を拒否することを認めないとした例

頸肩腕症候群と診断されていた職員に対し、公社が就業規則の規定および労働組合との取り決めに基づき精密検査の受診命令を出したが、当該職員が拒否したため懲戒処分としたところ、当該職員はこの処分を無効として提訴した事案。一審および原審とも職員の請求を容認したため、公社が上告。最高裁は原判決を破棄し、当該職員の請求を棄却した。

最高裁は、公社就業規則および健康管理規程について「職員は常に健康の保持増進に努める義務があるとともに、健康管理上必要な事項に関する健康管理従事者の指示を誠実に遵守する義務があるばかりか、要管理者は、健康回復に努める義務があり、その健康回復を目的とする健康管理従事者の指示に従う義務があることとされている」とし、健康管理従事者の指示に合理性や相当性が肯定できる以上、「被上告人に対し頚肩腕症候群総合精密検診の受診方を命ずる本件業務命令については、その効力を肯定することができ、これを拒否した被上告人の行為は公社就業規則59条3号所定の懲戒事由にあたるというべきである。」とした。

⑵ 愛知県教育委員会事件（最一小判平13･4･26労判804号15頁）

法定の健康診断の受診拒否に対する懲戒処分を有効とした例

⑶ システムコンサルタント事件（東京高判平11･7･28労判770号58頁）

精密検査未受診を放置した会社に安全配慮義務違反があったとした例

関係法令等

① 民法1条2項（信義則）、415条（債務不履行）
② 安衛法7章（健康の保持増進のための措置）、104条（健康診断等に関する秘密の保持）
③ 安衛令22条（健康診断を行うべき有害な業務）
④ 安衛則43条（雇入時の健康診断）、44条（定期健康診断）～52条（健康診断結果報告）
⑤ 昭47･9･18基発602号（健康診断の受診時間）

⑥　平４・３・13基発第115号（育児休業等により休業中の労働者に係る健康診断の取扱いについて）
⑦　平５・12・１基発663号（常時使用する労働者）
⑧　平16基発1029009号（雇用管理に関する個人情報のうち健康情報を取り扱うに当たっての留意事項）
⑨　平19・10・１基発1001016号（短時間労働者の雇用管理の改善等に関する法律の一部を改正する法律の施行について）
⑩　平８・10・１公示（健康診断結果に基づき事業者が講ずべき措置に関する指針、改正平12・３・31、改正平13・３・30、平14・２・25公示４、改正平17・３・31、改正平18・３・31、改正平20・１・31、改正平27・11・30、改正平29・４・14）

8-4

ストレスチェックとメンタルヘルス

Ⅰ トラブル事例

医療用機器を販売するA社は、全国に支店、営業所がありますが、それぞれの拠点に所属する従業員は5人～60人と規模に差がありました。今回ストレスチェックを実施するにあたり、総務部では、50人以上の支店のみならず、すべての拠点に所属する全従業員560人を対象に検査を受けるよう通知しました。

ところが、西日本のB営業所から「うちは7人しかおらず対象外ではないか。しかも、全員ストレスチェックを受けたくないと言っているので除外してほしい」と連絡が入りました。報告を受けた総務部長は、「医療関連の仕事をしている以上、全従業員必須」との社長指示に基づき、B営業所に出向いた上で、業務命令違反による懲戒もちらつかせながら説得しましたが、そのことでかえって余計な混乱を招いてしまいました。

総務部長が顧問社労士に相談したところ、検査を希望しない者には強制してはならないことがわかったため、改めて全拠点に対し詳細な制度説明と理解を求める通知を出し直しました。

Ⅱ 問題の所在

1 ストレスチェック制度を受けることを強制してはならないこと

を、会社が理解していなかったこと。

2　50人未満の拠点においてもストレスチェックの実施が望ましいことを、会社が周知していなかったこと。

3　ストレスチェックを受けた（または拒否した）従業員に対して、いずれの場合にも不利益な取扱いをしてはいけないことを、会社が理解しておらず、またその事を従業員に周知をしていなかったこと。

III　実務上の留意点

(1)　メンタルヘルス対策

　近年、市場の競争激化、雇用環境の不安定化などが会社の人事管理施策や職場の人間関係に影響し、メンタル面の不調に陥る従業員が増えています。このような状況に対応するため、安衛法には職場のメンタルヘルス対策が盛り込まれています。平成26年に成立したこの改正法により常時50人以上（＊）の従業員を使用する事業主は「ストレスチェック制度」（心理的な負担の程度を把握するための検査等）を毎年実施しなければならないことになりました。

　ストレスチェック制度の主たる目的は、精神疾患の発見ではなく、メンタルヘルス不調の未然防止にあるとされています。

＊　50人以上とは法人単位ではなく事業場単位（産業医の選任義務と連動）。
　（筆者）

📖 菅野「労働法」より ･･････････････････････････････････

　ストレスチェック制度の基本趣旨は、「定期的に労働者のストレスの状況について検査を行い、本人にその結果を通知して自らのストレスの状況について気付きを促し、個人のメンタルヘルス不調のリスクを低減させるとともに、検査結果を集団的に分析し、職場におけるストレス要因を評価し、職場環境の改善につなげることで、リスクの要因そのものも低減させるものであり、さらにその中で、メンタルヘルス不調のリスクの高い者を早期に発見し、医師による面接指導につなげることで、労働者のメンタルヘルス不調を未然に防止しようとする国を挙げた取組である」とされている(「労働安全衛生法に基づくストレスチェック制度に関する検討会報告書」2014年12月17日)。(600頁)

なお、常時50人未満の事業場については、ストレスチェック制度の実施は当分の間、努力義務とされていることから、複数の拠点を有する会社では拠点ごとの扱いが異なることも考えられますが、従業員の公平感、対象・対象外事業場間の異動などを踏まえると、全従業員を対象に実施することが望ましいでしょう。

(2) ストレスチェック制度の概要

ストレスチェック制度の概要は次のとおりです。

① 検査の実施

事業者は、1年以内ごとに1回、定期にストレスチェックを実施しなければならない。検査項目は「職場における当該従業員の心理的な負担の原因に関する項目」、「当該従業員の心理的な負担による心身の自覚症状に関する項目」、「職場における他の従業員による当該従業員への支援に関する項目」とし、医師または保健師、一定の研修を受けた看護師、精神保健福祉士(以下「医師等」)が行う。ただし、検査を受けるかどうかは従業員の選択による。

② 検査結果の通知

事業者は、検査を受けた従業員に対し、検査を行った医師等から検査結果が遅滞なく通知されるようにしなければならない。その際、当該医師等は、従業員の書面または電磁的記録による同意を得ずに当該従業員の検査結果を事業者に提供してはならない。

③　検査結果の集団的分析

事業者は、検査を行った医師等に対し、部署ごとや一定規模の集団ごとに検査結果を集計させ、分析させるよう努めなければならない。事業者は当該分析結果を勘案して、必要があると認めたときは、当該集団の心理的な負担を軽減するための適切な措置を講ずるように努めなければならない。

④　面接指導の実施

事業者は、②の通知を受けた従業員であって、その検査の結果が医師による面接指導が必要であると認められる場合、その従業員が面接指導を希望する旨を申し出たときは、その従業員に対し、遅滞なく医師の面接指導を行わなければならない。

⑤　従業員の健康保持に必要な措置の実施

事業者は、面接指導の結果に基づき、当該従業員の健康を保持するために必要な措置について、医師の意見を聴かなければならない。事業者は当該医師の意見を勘案して、必要があると認めたときは、就業場所の変更、作業の転換、労働時間の短縮、深夜業の回数の減少等の措置を講じなければならない。

⑥　守秘義務

ストレスチェック制度による検査・面接指導の実施の事務に従事した者は、実施に関して知り得た従業員の秘密を漏らしてはならない。

⑶　規程の整備と留意点

ストレスチェック制度の実施にあたっては、厚労省より指針（「心理的な負担の程度を把握するための検査及び面接指導の実施並びに面接指導結果に基づき事業者が講ずべき措置に関する指針」）が示されており、衛生委員会などで自社の実態を検討し、実施方法などについて規程を定める必要があります。なかでも、次のような不利益取扱いは禁止されており、注意が必要です。

① ストレスチェックを受けないことを理由とした不利益な取扱い（就業規則等によるストレスチェック受検義務化は不可）
② ストレスチェック結果を事業者に提供することに同意しないことを理由とした不利益な取扱い
③ 面接指導の要件を満たしているにもかかわらず、面接指導の申出を行なわなかったことを理由とした不利益な取扱い
④ 面接指導の申出を行なったことを理由とした不利益な取扱い
⑤ 面接指導結果を理由とした不利益な取扱い
例１：医師の意見と著しく異なる内容になっている又は当該労働者の実情が考慮されていない措置の実施をしたことによる不利益な取扱い
例２：当該労働者に対して、解雇・退職勧奨・契約更新をしない（期間雇用者の場合）・不当な動機や目的をもっての配置転換や職位変更・その他労働関係法令に違反する措置を講じること

(4) 精神障害の業務上認定

従業員のうつ病などの精神障害は、従来、労基則の業務上疾病の列挙（35条別表第１の２）では明示されておらず、「その他業務に起因することの明らかな疾病」に該当するかどうかという基準で処理されていました。

それが、社会の変化とともに精神障害の労災申請が増えてくるにつれ、「心理的負荷による精神障害等に係る業務上外の判断指針」（平成11年）が「改正指針」（同21年）に発展し、平成22年に

は、労基則の業務上疾病の例示列挙に「人の生命にかかわる事故への遭遇その他心理的に過度の負担を与える事象を伴う業務による精神及び行動の障害又はこれに付随する疾病」が追加されました。さらに平成23年には、「心理的負荷による精神障害の認定基準について」が示されるなど、認定実務における基準や手法が改良されてきています。

菅野「労働法」より

「判断指針」、「改正指針」および「認定基準」は、精神障害が生じるかどうかは環境由来の心理的負荷（ストレス）と個体側の反応性・脆弱性との関係で決まり、ストレスが非常に強ければ個体側の脆弱性が小さくても精神障害が起きるし、逆に脆弱性が大きければストレスが小さくても精神障害が生じるという「ストレス－脆弱性」理論に依拠している。（657～658頁）

現在、精神障害の業務起因性の認定要件としては、次の３点が示されています。

① 当該精神疾病が業務との関連で発病する可能性のある一定の精神疾病（対象疾病）にあたること
② 発病前のおおむね６か月間に業務による強い心理的負荷が認められること
③ 業務以外の心理的負荷および個体側要因により発病したとは認められないこと

②の「業務による強い心理的負荷」の評価は、当該従業員がその出来事および出来事後の状況が持続する程度を主観的にどう受け止めたかではなく、職種、職場における立場や職責、年齢、経験等が類似する同種の従業員が一般的にどう受け止めるかという観点で行

われているとされています。

(5) 心身の状態に関する情報の取扱い

平成30年の労安衛法改正により、労働者の心身の状態に関する情報の取扱いについてのルールが明確化されました。

菅野「労働法」より

労働者の心身の状態に関する情報を収集し、保管し、または使用するにあたっては、労働者の健康の確保に必要な範囲内で収集し、当該収集の目的の範囲内で保管し、使用しなければならない。ただし、本人の同意がある場合その他正当な事由がある場合は、この限りではない（法104条1項）。(602頁)

Ⅲ 裁判例

(1) 日本ヒューレット・パッカード事件（最二小判平24·4·27労判1055号5頁）

従業員の欠勤が就業規則所定の懲戒事由である正当な理由のない無断欠勤に当たるとしてされた諭旨退職の懲戒処分が無効とされた例

会社（上告人）に雇用された従業員（被上告人）が、会社から、就業規則所定の懲戒事由である正当な理由のない無断欠勤があったとの理由で諭旨退職の懲戒処分を受けたため、会社に対し処分は無効であるとして、雇用契約上の地位を有することの確認および賃金等の支払いを求めた事案。

最高裁は、「精神的な不調のために欠勤を続けていると認められる労働者に対しては、精神的な不調が解消されない限り引き続き出勤しないことが予想されるところであるから、使用者である上告人としては、その欠勤の原因や経緯が上記のとおりである以上、精神科医による健康診断を実施するなどした上で、その診断結果等に応じて、必要な場合は治療を勧めた上で休職等の処分を検討し、その後の経過を見るなどの対応を採るべきであり、このような対応を採ることなく、被上告人の出勤しない理由が存在しない事実に基づくものであることから直ちにその欠勤を正当な理由なく無断でされたものとして諭旨退職の懲戒処分の措置を執ることは、精神的な不調を抱える労働者に対する使用者の対応としては適切なものとはいい難い。」と判断した。

⑵　東芝〔うつ病・解雇〕事件（最二小判平26·3·24労判1094号22頁）

労働者がうつ病を発症・増悪したことに対する使用者による損害賠償額を定めるにあたり、当該労働者が自らの精神的健康に関する一定の情報を申告しなかったことをもって過失相殺することはできないとされた例

⑶　みずほトラストシステム事件（東京高判平20·7·1労判969号20頁）

新入社員の入社半年後の自殺について、同人が心の脆弱性を有しており、うつ病の罹患についても同居の家族すら認識することができなかったという事案において、安全配慮義務の違反を否定した例

関係法令等

① 安衛法66条の10（心理的な負担の程度を把握するための検査等）

② 安衛則52条の9～21（心理的な負担の程度を把握するための検査の実施方法ほか）

③ 平11・9・14基発544号（心理的負荷による精神障害等に係る業務上外の判断指針）

④ 平21・4・6基発0406001号（改正指針）

⑤ 平23・12・26基発1226第1号（心理的負荷による精神障害の認定基準について）

⑥ 平27・4・15（心理的な負担の程度を把握するための検査及び面接指導の実施並びに面接指導結果に基づき事業者が講ずべき措置に関する指針）

第9章
企業秩序と懲戒

1	企業秩序・服務規律
2	懲戒権の根拠と限界
3	懲戒の手段・事由・相当性
4	秘密保持義務
5	競業避止義務
6	インターネットの私的利用
7	個人情報保護
コラム⑥	労働局における紛争解決制度

9-1

企業秩序・服務規律

Ⅰ　トラブル事例

内装設備工事会社の現場監督者Ａは、タバコの吸殻の不始末により新築工事先でボヤを発生させ、消防車が出動する事態となりました。この火災によりワンフロアの内装を全面的にやり直したことから、最終的に大幅な赤字工事となりました。Ａは以前にも仕事中に指定喫煙場所を無視して喫煙していたことがあり始末書を提出していました。

会社は、就業規則の懲戒事由（＊１）に該当し、かつ監督者でありながら服務規律違反（＊２）が再犯であるとして、Ａを懲戒解雇（退職金不支給）にしましたが、Ａは「処分が重過ぎる」として会社の苦情処理委員会へ異議申立てを行いました。同委員会は前例を参考に、諭旨退職（退職金支給）が相当との結論を出し、会社・Ａともこれを了承し決着しました。

＊１　故意または過失により会社に重大な損害を与えたとき

＊２　休憩時間以外の喫煙禁止。喫煙は指定場所厳守

Ⅱ　問題の所在

1　Ａが喫煙に関する服務規律違反を繰り返していたことに示されているように、就業規則に定める服務規律が形骸化していたこ

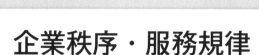

と。

2 現場を管理する監督者が服務規律を遵守していないことに示されるように、会社としての企業秩序維持の問題意識が希薄であったこと。

3 一工事における損害発生であり、かつ前例では諭旨退職であったことからすると、懲戒解雇処分は相当性に疑問があったこと。

Ⅲ 実務上の留意点

(1) 服務規律の遵守・徹底

　服務規律は「従業員として当然に遵守すべきこと」とされているだけに、会社としても「従業員は遵守しているはず」となりがちですが実は形骸化しているというケースが少なくありません。しかし、従業員による服務規律の遵守は、会社組織における指揮・命令・統制の遵守とともに企業秩序の定立・維持における重要な要件です。

　会社としては、「労働者は、労働契約を締結して企業に雇用されることによって、企業に対し、労務提供義務を負うとともに、これに付随して、企業秩序遵守義務その他の義務を負う」(富士重工業事件) との立場に立って、会社としての組織的行為が展開されるすべての場面において、従業員が服務規律を遵守し、徹底するよう不断に注意しておく必要があります。ただし、企業秩序の定立・維持に伴う従業員の遵守義務は「必要かつ合理的なかぎり」という限界があることも承知しておかなければなりません。

📖 **菅野「労働法」より** ・・・・・・・・・・・・・・・・・・・・・・・・・・・・・・・・・

　最高裁判例は、使用者は企業の存立・運営に不可欠な企業秩序を定立し維持する当然の権利を有し、労働者は労働契約の締結によって当然にこの企業秩序の遵守義務を負う、とする。いいかえれば、企業秩序とその遵守義務とは企業および労働契約の本質（当然の性質・内容）に根ざす当然の権限および義務とされている。(693頁)

⑵　企業秩序の限界

一方、従業員が職場外で行った行為は、一般的には規制の対象外とされています。判例には規制対象になるとした例もありますが、個別事案の具体的検討によるものであり安易な適用は注意が必要です。

菅野「労働法」より

企業秩序とその遵守義務とは、(中略・筆者) 企業および労働契約の本質によって根拠づけられるがゆえに、その本質によって範囲（限界）を画されることともなる。つまり、労働者は企業および労働契約の目的上必要かつ合理的なかぎりでのみ企業秩序に服するのであり、「企業の一般的な支配に服するもの」ではない。(中略・筆者)

たとえば、事業場の風紀秩序を乱すおそれがないと認められる行為については、企業秩序の違反は成立しない（711頁参照）。また、労働契約は労働者の私生活に対する使用者の支配までを正当化するものではないので、労働者の私生活上の行為は実質的にみて企業秩序に関連性のある限度においてのみその規制の対象とされうる（712頁参照）。(中略・筆者) 企業秩序による規制も労働者の人格・自由に対する行きすぎた支配や拘束となるものは許されない。(694頁)

(3) 従業員による内部告発

　食品の偽装表示、リコール隠しなどについて従業員による内部告発が行われることがあります。この従業員の行為に対して、就業規則上の企業秘密漏洩禁止規定や企業の名誉棄損禁止規定への違反であるとして懲戒の対象とした事例がありました。しかし、今日では、消費者保護の分野を中心に、従業員の内部告発行為を保護する目的で公益通報者保護法が制定（平成16年）され、関連する訴訟が増えています。

💡 菅野「労働法」より ・・・・・・・・・・・・・・・・・・・・・・・・・・・・

　企業が従業員の内部告発行為に対して企業秩序違反として行った懲戒処分や報復的処遇等について、従業員がこれを争う訴訟が増加した。裁判所は、それらにおいて、当該内部告発の内容、目的、態様、その他諸般の事情を総合的に勘案して、服務規律との衝突にもかかわらず保護に値する行為か否かを判定している。(697頁)

・・

　同法では、「公益通報」とは労働者が不正目的でなく、その労務提供先の事業者、役員、従業員等について「公益」に資する通報すべき事実（通報対象事実）が生じ、または生じようとしている旨を、会社や監督官庁等に通報することをいい、通報対象事実について公益通報をしたことを理由とする解雇、降格、減給、労働者派遣契約の解除や派遣労働者の交代を求めることその他の不利益取扱いを禁止しています。（第10章1　解雇に対する法規制〈本書404頁〉、第10章2　懲戒解雇〈本書412頁〉参照）

Ⅲ 裁判例

⑴　富士重工業事件（最三小判昭 52·12·13 労判 287 号７頁）

労働者は企業の一般的な支配に服するものではないとして譴責処分を無効とした例

「企業秩序は、企業の存立と事業の円滑な運営の維持のために必要不可欠なものであり、企業は、この企業秩序を維持確保するため、これに必要な諸事項を規則をもって一般的に定め、あるいは具体的に労働者に指示、命令することができ、また、企業秩序に違反する行為があった場合には、その違反行為の内容、態様、程度等を明らかにして、乱された企業秩序の回復に必要な業務上の指示、命令を発し、又は違反者に対し制裁として懲戒処分を行うため、事実関係の調査をすることができることは、当然のことといわなければならない。しかしながら（中略）いつ、いかなる場合にも、当然に、企業の行う右調査に協力すべき義務を負っているものと解することはできない。けだし、労働者は、労働契約を締結して企業に雇用されることによって、企業に対し、労務提供義務を負うとともに、これに付随して、企業秩序遵守義務その他の義務を負うが、企業の一般的な支配に服するものということはできないからである。右の観点に立って考えれば」「調査対象である違反行為の性質、内容、当該労働者の右違反行為見聞の機会と職務執行との関連性、より適切な調査方法の有無等諸般の事情から総合的に判断して、右調査に協力することが労務提供義務を履行する上で必要かつ合理的であると認められない限り、右調査協力義務を負うことはないものと解するのが、相当である。」

(2) 国鉄中国支社事件（最一小判昭49・2・28民集28巻1号66頁）

職場外でなされた職務遂行に関係のない行為であっても、企業の社会的評価の低下・毀損につながると客観的に認められる場合は企業秩序維持のため規制対象となり、公務執行妨害罪により執行猶予つき有罪判決を受けたことを理由とする免職処分は有効とした例

(3) 国鉄札幌運転区事件（最三小判昭54・10・30労判392号12頁）

企業の物的施設は企業秩序定立の要素でありその目的外利用に対する中止、原状回復命令の無視は、就業規則所定の懲戒事由に該当し、組合活動に際しロッカーに要求事項等を記入したビラを貼付する行為は正当な組合活動な該当せず、組合員たる労働者に対してなされた戒告処分を有効とした例

(4) オリンパス事件（東京高判平23・8・31労判1035号42頁）

会社の配転命令を、公益通報者保護法の適用外の内部通報行為を問題視し、業務上の必要性とは無関係に個人的な感情にものと推認した上で、かかる配転命令は、不当な動機によるものとして配転命令権の濫用に当たるとした例

関係法令等

① 労基法20条（解雇の予告）、89条（就業規則作成及び届出の義務）、90条（作成の手続）、91条（制裁規定の制限）
② 労契法15条（懲戒）

9-2

懲戒権の根拠と限界

トラブル事例

従業員Aは、友人BがC社を起業するにあたり50万円融資しました。1年ほど経ってから、就業中のAに突然消費者金融から電話があり、Bへの融資金返済の肩代わりを求められました。Bに確認したところ、運転資金に行き詰まり消費者金融から200万円を借り入れたが返済できず、厳しい返済督促にあっていて出資者名簿を求められたとのことでした。

Aは弁護士に依頼し消費者金融に対応していましたが、就業中にも3回ほど電話がかかってきました。この一連の経過を知った会社は、就業規則（服務規律）の「会社の許可なく他社に雇用されてはならない」に準じた行為であり、かつ、職務中の私用電話は職務専念義務違反であるとしてAを譴責処分（始末書提出）にしました。Aは、Bへの貸付であってC社に雇用されたものではなく、電話も短時間でありいずれも服務規律違反には該当しないとして始末書の提出を拒否したところ、会社は「拒否は上司の指示命令に従わない行為となり、より重い懲戒処分になる」と警告しました。Aが労働局の総合労働相談コーナーへ相談したことが契機となり、最終的には上司による口頭注意で決着しました。

II 問題の所在

1 会社が、就業規則（服務規律および懲戒事由）を拡大解釈して懲戒処分（譴責）をしたこと。

2 就業中の私用電話は「短時間」かつ「３回」であり、懲戒処分もやむを得ないほどの職務怠慢や企業秩序違反とはいえなかったこと。

III 実務上の留意点

(1) 懲戒権根拠

民法の契約原則によれば、会社と従業員は独立対等な契約関係にあるにもかかわらず、会社が従業員に対して懲戒処分の権限を有するのは何故かについて、菅野「労働法」では、代表的な２学説（＊1）と判例の二つの立場（＊2）を紹介した上で以下のように整理しています。

＊1 ①固有権説……使用者は企業運営者として当然に固有の懲戒権を有し、就業規則上の懲戒事由や手段の列挙は例示的な意味

②契約権説……労働者が同意した労働契約の限りで使用者は懲戒権を有し、就業規則上の懲戒事由や手段の列挙は限定列挙

＊2 「基本的には固有権説に属する」とする判例（筆者注・関西電力事件）と「規則に明定して初めて行使できる」とする判例（筆者注・フジ興産事件）がある。

菅野「労働法」より

たしかに、使用者は企業の存立・運営に不可欠な企業秩序を定立し維持する権限を本来的に有し、労働者は労働契約の性質・内容上当然に企業秩序遵守義務負うが（692～３頁）、使用者が企業秩序

違反者に対し前述の意義の懲戒処分（700 頁）を当然に課しうるかは、なお一層の検討を必要とする。懲戒処分は、企業秩序違反者に対し使用者が労働契約上行いうる通常の手段（普通解雇、配転、損害賠償請求、一時金・昇給・昇格の低査定など）とは別個の特別の制裁罰であって、契約関係における特別の根拠を必要とすると考えられる。すなわち、使用者はこのような特別の制裁罰を実施したければ、その事由と手段とを就業規則において明記し、契約関係の規範として樹立することを要する。（702 頁）

(2)　懲戒権の限界

従業員は労働契約締結により企業秩序遵守義務を当然に負い、その違反に対して会社は懲戒処分を課すことができますが、無限に処分できるわけではありません。裁判例で「規則の定めるところに従い制裁として懲戒処分を行うことができるものと解するのが相当である」（国鉄札幌運転区事件）とされたように、会社は懲戒の事由と手段を就業規則に明記した場合のみ懲戒処分が可能となります。そして、それらの定めは例示列挙ではなく、限定列挙として有効とされています。

菅野「労働法」より

使用者は懲戒の事由と手段を就業規則に明定して労働契約の規範とすることによってのみ懲戒処分をなしうるし、また就業規則上のそれらの定めは限定列挙と解すべきこととなる。（中略・筆者）裁判所は、従業員の当該行為が就業規則上の懲戒事由に該当するものであり、しかも発動された処分の内容も就業規則に則っていることを要求している。（702 頁）

(3) 懲戒処分の本来の目的

会社の継続、発展のために重要なことは懲戒権を背景にした強制力・強権性などではなく、会社と従業員との相互信頼に基づく創造的緊張関係です。就業規則には懲戒条項を設けていたとしてもそれを発動することがない状態が好ましいことはいうまでもありません。やむを得ず発動する場合も処分自体を目的とするのではなく、当該従業員の反省、再起を促す目的で検討されるべきです。懲戒権を発動する前に、通常の人事権行使による手段（配転、降格、賞与の低査定等）の余地はないかも十分検討されなければなりません。

裁判例

(1) 関西電力事件（最一小判昭58･9･8労判415号29頁）

就業時間外、職場外における労働者のビラ配布を理由とする懲戒を有効とした例

「労働者は、労働契約を締結して雇用されることによって、使用者に対して労務提供義務を負うとともに、企業秩序を遵守すべき義務を負い、使用者は、広く企業秩序を維持し、もって企業の円滑な運営を図るために、その雇用する労働者の企業秩序違反行為を理由として、当該労働者に対し、一種の制裁罰である懲戒を課することができるものであるところ、右企業秩序は、通常、労働者の職場内又は職務遂行に関係のある行為を規制することにより維持しうるのであるが、職場外でされた職務遂行に関係のない労働者の行為であっても、企業の円滑な運営に支障をきたすおそれがあるなど企業秩序に関係を有するものもあるのであるから、使用者は、企業秩序の維持確保のために、そのような行為をも規制の対象とし、これを理由として労働者に懲戒を課することも許される。」

⑵　フジ興産事件（最二小判平 15･10･10 労判 861 号５頁）

就業規則による懲戒にはあらかじめ就業規則に懲戒の種類、理由を定めかつ、周知の手続きが採られていることが必要とした例

「使用者が労働者を懲戒するには、あらかじめ就業規則において懲戒の種類及び事由を定めておくことを要する」「そして、就業規則が法的規範としての性質を有する」「ものとして、拘束力を生ずるためには、その内容を、適用を受ける事業場の労働者に周知させる手続が採られていることを要するものというべきである。」

⑶　国鉄札幌運転区事件（最三小判昭 54･10･30 労判 392 号 12 頁）

企業の物的施設は企業秩序定立の要素でありその目的外利用に対する戒告処分は有効とした例

関係法令等

① 労基法 89 条（就業規則作成及び届出の義務)、90 条（作成の手続)、91 条（制裁規定の制限）

② 労契法 15 条（懲戒)、16 条（解雇）

9-3

懲戒の手段・事由・相当性

I トラブル事例

従業員Aは、終業後、同僚と会社の最寄駅近くの居酒屋で飲酒中、隣の客と足を「踏んだ」「踏まない」の口論から喧嘩となり、相手を床に押し倒し右膝に打撲傷を与えてしまいました。Aは、駆けつけた警察官の制止を振り切ったことから公務執行妨害罪で警察署に身柄を拘束されましたが、夜半に会社のB総務課長が来署して釈放されました。打撲傷を与えた相手とは慰謝料を払うことで和解も成立しました。

会社は、B課長が動いたことから会社名が明らかになったとして、就業規則（懲戒）に定める「刑事罰の対象となる行為を行い会社の名誉と信用を傷つけたとき」に抵触したとして、Aを出勤停止10日間の懲戒処分としました。これに対してAは、「私生活上の出来事であり処分は重過ぎる」として処分の軽減を求めましたが、会社が応じなかったため労働局へ助言を求めました。最終的には会社が労働局の助言に従い、一段階軽い懲戒（始末書を出させ減給とする）に変更し、Aもこれを了承しました。

II 問題の所在

1 私生活上の行為であること、刑事罰を受けていないこと、喧嘩

の相手とは和解済みであること等を総合的に考えると、出勤停止
（10日）処分は相当性に疑問があったこと。

2　従業員の私生活上の行為を懲戒の対象にするには限定された理
由が求められるにもかかわらず、それには該当しない「Aが警察
署に身柄拘束されたこと」を主な理由としたこと。

3　いきなり重い懲戒処分を課したことにより、Aに反省感情より
反発感情を起こさせてしまったこと。

III　実務上の留意点

(1)　懲戒の手段と注意点

　菅野「労働法」では懲戒の手段として(1)けん責・戒告、(2)減給、
(3)降格、(4)出勤停止、(5)懲戒解雇、があるとしそれぞれの留意点を
以下のようにしています。

📖 菅野「労働法」より ・・・・・・・・・・・・・・・・・・・・・・・・・・・・・・・

　(1)　けん責・戒告　（中略・筆者）問題は、けん責処分を受けた者が
始末書を提出しない場合に、使用者はこの不提出を理由に懲戒処
分をなしうるかである。これについては裁判例が分かれており、
「職務上の指示命令に従わない」ものとして懲戒の対象となると
するものと、（中略・筆者）その提出を懲戒処分によって強制する
ことはできないとするものとがある。法的にいえば後者が適切な
考え方であろう。（703頁）

　(2)　減給　（中略・筆者）「減給」については、労基法が「1回の額
が平均賃金の1日分の半額を超え、総額が1賃金支払期における
賃金の総額の10分の1を超えてはならない」と定めている（91
条）。

　　　（中略・筆者）もしこれを超えて減給の制裁を行う必要が生じた

場合には、その部分の減給は次期の賃金支払期に延ばさなければならない。(703〜704頁)

(3) 降格 (中略・筆者) 企業の人事権の行使としてのみならず、懲戒権の行使（懲戒処分の１つ）としても行われることがある(725頁参照)。そのためには、懲戒処分の１種としてどのような降格（役職を下げる降格、など）を行うことがありうるのかを、就業規則上定めておく必要がある。(704頁)

(4) 出勤停止 (中略・筆者) 出勤停止の期間は (中略・筆者) 明示の法規制はなく、異常に長い場合につき「公序良俗」(民90条)による制限がなされるにすぎない。とくに「懲戒休職」の場合には (中略・筆者) その有効性（「休職事由」該当性、処分の相当性）は厳しく判定されることとなる。(705頁)

(5) 懲戒解雇 (中略・筆者) 懲戒処分の極刑であって、通常は解雇予告も予告手当の支払もせずに即時になされ、また退職金の全部または一部が支給されない。しかし、懲戒解雇と労基法上の即時解雇（20条１項但書）とが必ずしも一致するものではないし、また退職金が全額支給される懲戒解雇も存在する。(中略・筆者)

懲戒解雇に伴う退職金の全部または一部の不支給は、これを退職金規程などに明記して労働契約を規律することによって（労契７条・９条・10条）初めて行いうるものであり、またそのように明定すれば賃金全額払の原則（労基24条）に違反するものではない(440頁)。(706頁)

(2) 諭旨解雇の法的位置づけ

懲戒解雇に関連する問題として「諭旨解雇」がありますが菅野「労働法」では「懲戒処分の一種」であり「争いうる」としています。

菅野「労働法」より

諭旨退職は依願退職のような形式をとるが、実際上は厳然たる懲戒処分の一種であるので、その法的効果は懲戒解雇同様に争いうると解される（同旨、下井・労基法399頁、私生活上の非違行為を理由とする諭旨解雇を重すぎるとして無効とした事例として、東京メトロ〔解雇・仮処分〕事件―東京地決平26-8-12労判1104号64頁参照)。(707頁)

(3)　懲戒処分の事由・有効要件・相当性

菅野「労働法」では「主要な懲戒事由について裁判所による就業規則の解釈・適用の様相をかいま見る」(707頁）として以下のように整理しています。

①　経歴詐称（業務に影響する重要な経歴の詐称）
②　職務懈怠（無断欠勤、出勤不良、遅刻過多、職場離脱など）
③　業務命令違背（違背による企業秩序侵犯が重大である場合）
④　業務妨害（正当性のない業務妨害目的の労組の争議行為、労働者個人による使用者・管理者の業務への妨害）
⑤　職場規律違反（横領、背任、会社物品の窃盗、会社情報管理規律違反、セクハラ・パワハラ等のハラスメントなど）
⑥　従業員たる地位・身分による規律違反（私生活上の非行、無許可兼職、労働契約に付随する誠実義務の違反）

その上で、これらの処分が有効とされるには、❶根拠規定の存在❷事由への該当性、❸相当性、が条件となるとしています。

菅野「労働法」より

懲戒処分が有効とされるには（中略・筆者）懲戒の理由となる事由とこれに対する懲戒の種類・程度が就業規則上明記されており、

周知されてなければならない（701～２頁）

（中略・筆者）次に、労働者の問題の行為が就業規則上の懲戒事由に該当し、「客観的に合理的な理由」があると認められなければならない。

（中略・筆者）懲戒は、理由とされた「当該行為の性質・態様その他の事情に照らして社会通念上相当なものと認められない場合」には、無効となる。いわゆる相当性の原則であって、多くの懲戒処分（とくに懲戒解雇）が、当該事犯の懲戒事由該当性を肯定されながらも、当該行為の性質・態様や被処分者の勤務歴などに照らして重きに失するとして無効とされている。（中略・筆者）

さらに、懲戒は、手続的な相当性（＊）を欠く場合にも、社会通念上相当なものと認められず、懲戒権の濫用となる。（715～717 頁）

＊　筆者注　懲罰委員会の討議、本人の弁明機会付与など

⑷　私生活上の非行行為

企業秩序の外における私生活上の行為は、それが非違行為であっても原則としては企業秩序維持にかかる懲戒の対象にはできないとされており、あえて処分を行う場合は事由と手段の相当性が厳しく問われます。

菅野「労働法」より

従業員の私生活上の言動は、事業活動に直接関連を有するものおよび企業の社会的評価の毀損をもたらすもののみが企業秩序維持のための懲戒の対象となりうるにすぎない。一般的には、判例はこのような見地から就業規則の包括的条項を限定解釈し、私生活上の非行に対する懲戒権発動を厳しくチェックしている。（712～713 頁）

Ⅲ 裁判例

⑴　関西電力事件（最一小判昭58・9・8労判415号29頁）

就業時間外、職場外における労働者のビラ配布を理由とする懲戒を有効とした例

「使用者は、広く企業秩序を維持し、もって企業の円滑な運営を図るために、その雇用する労働者の企業秩序違反行為を理由として、当該労働者に対し、一種の制裁罰である懲戒を課することができるものであるところ、右企業秩序は、通常、労働者の職場内又は職務遂行に関係のある行為を規制することにより維持しうるのであるが、職場外でされた職務遂行に関係のない労働者の行為であっても、企業の円滑な運営に支障をきたすおそれがあるなど企業秩序に関係を有するものもあるのであるから、使用者は、企業秩序の維持確保のために、そのような行為をも規制の対象とし、これを理由として労働者に懲戒を課することも許される。」

⑵　立川バス事件（東京高判平2・7・19労判580号29頁）

就業規則に記載されていない懲戒処分を無効とした例

「懲戒処分の根拠とされた「重要な経歴資格を偽ったとき」についても、原則として懲戒解雇を予定し、情状により出勤停止又は減給若しくは格下げに止めることができる旨を規定していることが明らかである。このような懲戒に関する規定からみると（中略）懲戒解雇にふさわしい態様の非行を対象とした規定であり（中略）更にそれを減じて譴責処分に付することは予定されていないものと解される。（中略）したがって、本件のように（中略）経歴詐称に該当することを理由に譴責処分に付することは、就業規則に違反し、無効といわなければならない。」

(3)　大阪海遊館事件（最一小判平27・2・26労判1109号5頁）

セクハラ行為を理由とする出勤停止の懲戒処分や、当該懲戒処分を受けたことを理由とする降格を有効とした例

(4)　M社事件（東京地判平27・8・7労経速2263号2頁）

部下に対し長期にわたり行ったパワハラを理由とする降格処分を有効とした例

(5)　東京メトロ（解雇・仮処分）事件（東京地判平26・8・12労判1104号64頁）

私生活上の非違行為を理由とする諭旨解雇につき、非違行為に比して諭旨解雇処分は重すぎるとして無効とした例

(6)　ドリームエクスチェンジ事件（東京地判平28・12・28労判1161号66頁）

会社の経理情報を把握している課長の職にある従業員に対する、社内パソコンでのチャットのやり過ぎとそれによる様々な非違行為（顧客情報持出しの教唆、会社の信用棄損等）を理由とする懲戒解雇が有効とされた例

関係法令等

①　労基法89条（就業規則作成及び届出の義務）、90条（作成の手続）、91条（制裁規定の制限）

②　労契法15条（懲戒）、16条（解雇）

9-4

秘密保持義務

Ⅰ トラブル事例

小売業Ａ社営業部のＢ課長は、営業成績が社内のトップクラスで会社幹部の信頼も厚く、仕事の進め方も、職位以上に本人に任されることが少なくありませんでした。

あるとき、新規取引を交渉中のＣ社部長から、Ａ社の既存の取引先について、Ａ社が通常開示している範囲外の情報提供を求められたＢ課長は、Ｃ社との商談が成約間近であったこともあり、提供を求められた情報が未開示のものと知りながら、「この程度なら問題ないだろう」と考え、情報提供に応じました。その後、Ｃ社との取引も成約し、ほっとしていたＢ課長でしたが、両社の役員同士の懇談の席で、Ａ社の未開示情報をＣ社が知っていることが判明。Ａ社はＢ課長から事情聴取した上で、服務規律違反にあたるとして、Ｂ課長を減給処分としました。

Ⅱ 問題の所在

1 Ａ社の就業規則には営業秘密の保持義務が規定されていたが、当該事案が発生するまで同規定の運用が形骸化していたこと。

2 従業員の職務権限範囲についてＡ社の意識が低く、運用が曖昧になっていたこと。

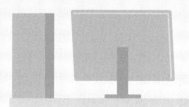

3 A社が、営業秘密の保持をはじめとする服務規律について、従業員への周知・教育を怠っていたこと。

Ⅲ 実務上の留意点

(1) 秘密保持義務の法的位置づけ

労働契約に伴う権利義務の一つとして労使双方に誠実・配慮義務があり、労契法（*）においても条文として整理されています。

* 労働者及び使用者は、労働契約を遵守するとともに、信義に従い誠実に、権利を行使し、及び義務を履行しなければならない。（3条4項）

菅野「労働法」より

この誠実・配慮の要請に基づく付随的義務の代表的なものは、使用者については労働者の生命や健康を職場における危険から保護すべき安全（健康）配慮義務である。（中略・筆者）

労働者については、営業秘密の保持義務、競業避止義務、使用者の名誉・信用を毀損しない義務などか肯定される。（157～158頁）

(2) 在職中の秘密保持義務

在職中は雇用関係があるため、会社に就業規則があって秘密保持義務の規定があれば、従業員にはそれを守る義務が生じます。

菅野「労働法」より

労働者は、労働契約の存続中は、その付随的義務の一種として、使用者の営業上の秘密を保持すべき義務を負っている（中略・筆者）。多くの企業では、就業規則に営業秘密の保持義務が謳われており、（中略・筆者）労働者がこのような秘密保持義務に違反したときは、就業規則の規定に従って懲戒処分（中略・筆者）などがなされうる。根拠が明確であれば履行請求も可能であると考えられる。（158 頁）

(3)　退職後の具体的な規定や特約

退職後の秘密保持義務については、就業規則に「退職後」に関する具体的な規定や特約がない場合は、学説・裁判例いずれも判断が分かれており注意が必要です。

菅野「労働法」より

労働関係の終了後については、就業規則の具体的な規定や個別的な特約によって一定の営業秘密の保持が約定されていると認められる場合には、その約定が必要性や合理性の点で公序良俗違反とされないかぎり、その履行請求（中略・筆者）や、不履行による損害賠償請求（中略・筆者）が可能である。問題は、そのような明示の約定が存しない場合であって、この場合については、労働関係終了後は、労働契約の付随義務としての秘密保持義務も終了するという見解と信義則上の義務として存続しうるという見解とが対立してきた（中略・筆者）。（158 頁）

(4)　不正競争防止法による保護

営業秘密の保護については、不正競争防止法においても定められており、その違反行為には刑事罰も導入されています。

菅野「労働法」より

不正競争防止法（平５法 47）においては、営業秘密を「秘密として管理されている生産方法、販売方法その他の事業活動に有用な技術上又は営業上の情報であって、公然と知られていないもの」（２条６項）と定義したうえ、現在では主として以下の行為を「不正競争」として禁止している（中略・筆者）。

① 窃取、詐欺、強迫その他の不正な手段により営業秘密を不正取得する行為（[営業秘密不正取得行為]）、または営業秘密不正取得行為により取得した営業秘密を使用しまたは開示する行為（２条１項４号）

② 営業秘密について、事前または事後に、営業秘密不正取得行為が介在したことを知って、もしくは重過失により知らないで、営業秘密を取得し、またはその取得した営業秘密を使用し、もしくは開示する行為（同項５号・６号）

③ 営業秘密を保有する事業者（「保有者」）からその営業秘密を示された場合において、不正の利益を得る目的で、またはその保有者に損害を加える目的で、その営業秘密を使用し、または開示する行為（同項７号）

④ 営業秘密について、事前または事後に、営業秘密不正開示行為であることもしくは同行為が介在したことを知って、もしくは重過失により知らないで、営業秘密を取得し、またはその取得した営業秘密を使用し、もしくは開示する行為（同項８号・９号）。

（中略・筆者）

なお、同法の 2003 年・2004 年・2006 年改正においては、不正競争の立証責任の軽減規定（６条但書）が設けられたほか、在職中の役員・従業者が不正競争目的で営業秘密管理の任務に背いて営業秘密を使用・開示し、または開示の申込みをすること、役員または従業者であった者が請託を受けて営業秘密を退職後に使用または開示することについて罰則が整備された（21 条１項）。2009 年にも改正（平 21 法 30）され、営業秘密侵害罪の目的要件の変更、営業秘密の不正取得に対する刑事罰の対象範囲の拡大、営業秘密の「領得」に対する刑事罰導入などがなされている。(158～159頁)

(5) 従業員への周知・教育

秘密保持義務を就業規則に規定したり、特約を結んだりすることと併せて、服務規律の重要性を従業員に日常的に周知し、繰り返し教育することは、実質的な秘密保持効果を上げるのに役立ちます。

入社時はもちろん、入社後一定年数を経過した時、異動時、管理職登用時など、在職中の節目ごとに研修を実施するほか、日常の職場会議等で徹底するなどの取り組みが重要になります。

裁判例

(1) 古河鉱業事件（東京高判昭55･2･18労民31巻1号49頁）

労働者の秘密漏洩行為は懲戒責任を免れるものではないとした例

会社が３年後の業務状態を数字で示して「極秘」扱いとしていた経営再建文書について、被解雇従業員らが複写し、計画に反対するための組合資料として社外の組合幹部に漏洩した行為は、労働協約ならびに就業規則上の禁止行為に当たるとして、会社が当該従業員らを懲戒解雇したことに対し当該従業員らが解雇無効を提訴した事案。

「労働者は労働契約にもとづく附随的義務として、信義則上、使用者の利益をことさらに害するような行為を避けるべき責務を負うが、その一つとして使用者の業務上の秘密を洩らさないとの義務を負うものと解せられる。」「その秘密にかかわり合う程度は労働者各人の職務内容により異なるが、管理職でないからといってこの義務を免れることはなく、又自己の担当する職務外の事項であっても、これを秘密と知りながら洩らすことも許されない。」として懲戒解雇を有効とした。

(2) 三朝電機事件（東京地判昭43・7・16判タ226号127頁）

重大な営業秘密の漏洩は秘密保持義務違反にあたるとした例

(3) 美濃窯業事件（名古屋地判昭61・9・29労判499号75頁）

労働者の情報漏洩行為と会社の損害発生との間の因果関係が認められないとした例

(4) ダイオーズサービシーズ事件（東京地判平14・8・30労判838号32頁）

一定範囲における退職後の秘密保持義務を課す合意を有効とした例

(5) メリルリンチ・インベストメント・マネージャーズ事件（東京地判平成15・9・17労判858号57頁）

弁護士に対する情報開示が秘密保持義務違反にあたらないとした例

関係法令等

① 民法1条2項（信義則）、415条（債務不履行）、709条（不法行為）

② 労契法3条4項（信義誠実の原則）

③ 不正競争防止法

9-5

競業避止義務

Ⅰ トラブル事例

外食チェーン店Ａ社はカリスマ社長Ｂの独特の営業ノウハウにより、急速に業績を伸ばしていました。Ａ社は自社の営業ノウハウが社外に漏れることに神経をとがらせ、正規従業員、パート従業員を問わず、在職中および退職後において自社ノウハウを社外に漏らさないこと、退職後少なくとも３年間は競業他社に就職しないことなどを定めた誓約書を、入社時と退職時に提出させていました。

ところが、ある日、幹部従業員Ｃが突然退職し、３か月後に競業Ｄ社の取締役に転職したことが判明。さらに、Ｄ社はＡ社のノウハウを真似たとみられる方法で急速に業績を伸ばし始めていました。Ａ社はただちにＣおよびＤ社に対して法的措置をとることを通告し、訴訟を起こしましたが、最終的には和解することになりました。

Ⅱ 問題の所在

1 退職後の競業避止義務が認められるのはどのような場合か、Ａ社が正しく理解していなかったこと。

2 Ａ社が定めていた競業避止ルールが具体的でなかったこと。

3 Ａ社の従業員管理が不十分だったこと。

Ⅲ 実務上の留意点

(1) 在職中の競業避止義務

在職中の従業員は、会社の利益に著しく反する競業行為を行わない義務を負っており、実際に競業行為が行われた場合は、労働契約や就業規則に基づいて懲戒処分や損害賠償請求の対象になり得ます。

菅野「労働法」より

労働者は、労働契約の存続中は、一般的には、使用者の利益に著しく反する競業行為を差し控える義務がある。したがって、そのような行為がなされた場合には、就業規則の規定（「会社の利益に反する著しく不都合な行為」など）に従った懲戒処分や損害賠償請求がなされうる。（159 頁）

(2) 退職後の競業避止義務

実際上多いのは労働者が、退職後に、同業他社に転職したり、同業を開業したりすることに伴う損害賠償請求、競業行為差止め請求などの問題です。

菅野「労働法」より

労働契約の終了後については、労働者に職業選択の自由があるので、労働契約存続中のように一般的に競業避止義務を認めることはできず、当該措置の法的根拠と合理性を問題ごとに吟味すべきこととなる。（中略・筆者）

同業他社に転職した者に対する退職金の減額ないし没収については、退職金規程にその旨の明確な規定が存在することが必要であり、同規定の合理性と当該ケースへの適用の可否が、退職後の競業制限の必要性や範囲（期間、地域など）、競業行為の態様（背信性）等に照らして判断される。（中略・筆者）

退職後の競業行為の差止めは、退職者の職業選択の自由を直接侵害する措置なので、競業制限の合理的理由が認められ、合理的な範囲（期間・活動、等）内での競業制限特約が存在する場合にのみ、その特約を根拠に行いうる。（中略・筆者）

最近の裁判例は、退職後の競業避止特約に基づく損害賠償債務について、労働者の職業選択の自由に照らして、特約における制限の期間・範囲（地域・職種）を最小限にとどめることや一定の代償措置を求めるなど、厳しい態度をとる傾向にある（159～160頁）。

(3)　競業制限特約がない場合

競業制限特約がない会社からの退職者が同業を開始した場合は、従前の会社に対する不法行為（民法709条）の存否が問題になることがあります。

菅野「労働法」より

退職後の競業を制限する規則や特約が格別存しない企業から退職した者の競業行為が、当該企業に対する不法行為を構成するかという問題は、退職者の職業選択の自由とは別の、退職者の営業（取引）の自由の限界の問題となる。これについては、退職従業員が同業他社を設立し、前使用者の取引先と取引を開始したことにつき、（中略・筆者）自由競争の範囲を超えていないとされた事例がある。（160頁）

⑷ 特約締結の方法とタイミング

競業避止義務は、就業規則や役員規程等に明記しておくことが重要です。同時に、退職後にも競業制限の効果が及ぶことを明確にするため、特約として個別の誓約書などを求めることも有用です。

特約締結のタイミングとしては、入社時、退職時に加え、在職中の管理職登用時なども考えられます。退職時は特約締結を拒否されることがあることも想定しておく必要があります。

Ⅲ 裁判例

⑴ アメリカン・ライフ・インシュアランス・カンパニー事件（東京地判平24・1・13労判1041号82頁）

退職後２年以内の競業他社への転職禁止特約に違反したとして退職金を不支給としたことにつき当該特約は合理性を欠き無効とした例

X（原告）の退職前の地位は相当高度ではあったが、Xの長期にわたる機密性を要するほどの情報に触れる立場であるとはいえず、また、本件競業避止条項を定めたＹ社の目的はそもそも正当な利益を保護するものとはいえず、競業が禁止される業務の範囲、期間、地域は広きに失するし、代償措置も十分ではないのであり、その他の事情を考慮しても、本件における競業避止義務を定める合意は合理性を欠き、労働者の職業選択の自由を不当に害するもので判断されるから、公序良俗に反するものとして無効であるというべきである。（Ｙ社は控訴したが東京高裁は平24・6・13棄却判決とした）

⑵ サクセスほか（三佳テック）事件（最一小判平22・3・25労経速2073号）

退職従業員が同業他社を設立し、前使用者の取引先と取引を開

始したことにつき、前使用者が競業避止義務違反として損害賠償を請求したが、前使用者の営業秘密情報を用いたり、前使用者の信用を貶める等の不当な方法で営業活動を行ったとは認められず、前使用者の取引先との取引開始は退職後５か月経過後であった等を総合的にみると社会通念上、自由競争の範囲は超えておらず不法行為には当たらないとした例

⑶　三晃社事件（最二小判昭52･8･9労経速958号25頁）

同業他社に就職した退職社員に対する退職金を半額と定めることを有効とした例

就業規則に、同業他社への転職の場合は自己都合の退職金の２分の１になる旨規定していた会社において、営業担当社員が退職後に同業他社に転職したため、会社が退職金の半額返還を求めて提訴した。一審は退職金半額不支給は労基法16条に違反し無効としたが、高裁は会社の請求を容認。当該社員が上告したが、最高裁は上告を棄却した。

⑷　Ａ特許事務所事件（大阪高決平18･10･5労判927号23頁）

入社時に提出した同業他事務所への再就職禁止誓約書につき、職業選択の自由を制限する内容の約束として合意されたものとは認められないとした例

⑸　ヤマダ電機事件（東京地判平19･4･24労判942号39頁）

店長、地区部長等を勤め販売ノウハウ等を熟知した者につき同業他社への転職を禁止し、これに違反した場合に定めた違約金の支払合意を有効とした例

関係法令等

① 民法1条2項（信義則）、415条（債務不履行）、709条（不法行為）

② 労契法3条4項（信義誠実の原則）

③ 不正競争防止法

9-6

インターネットの私的利用

Ⅰ トラブル事例

ゲームソフト制作会社のＡ社は、社内LAN（ローカル・エリア・ネットワーク）で接続されたパソコンを全従業員に使用させていました。パソコンはインターネットに接続され、業務のためインターネットへのアクセスや電子メールの送受信も頻繁に行われていました。

あるとき、LANの不調が発生したため、システム担当者がサーバーを調べたところ、情報蓄積量の異常な増加が見つかり、従業員Ｂら数名が就業時間中や休憩時間中に、パソコンを個人的な株のインターネット取引に利用したり、WEBサイトの私的閲覧や画像のダウンロードなどを行ったりしていたことがわかりました。

Ａ社はさっそくこの問題を役員会で取り上げ、就業規則と「パソコン・インターネット管理規程」に基づき、Ｂらを厳重注意処分としました。

Ⅱ 問題の所在

1 会社が、就業規則や「パソコン・インターネット管理規程」の内容を従業員に周知していなかったこと。

2 従業員に、インターネットや電子メールの私的利用の問題性について認識が弱かったこと。

Ⅲ 実務上の留意点

(1) 私的利用と職務専念義務

インターネット利用の危険性では、社内コンピュータシステムへのウイルス感染や、電子メールによる会社の機密情報漏洩などが考えられますが、それの原因が従業員の私的利用によるものであった場合、職務専念義務違反にあたるか否かという点が問題になります。

裁判例では、就業時間中の私用メール送信の程度が相当に重いとして職務専念義務違反を認めている事例がある一方、就業時間中の私用メールが就業規則等で明確に禁止されていなかったこと、私用メールの頻度が低かったことなどから職務専念義務違反を否定したケースもあります。

菅野「労働法」より

使用者は、私用のための通信を使用規程において禁止することができる。そのような禁止規定がない場合にも、労働者は、企業の業務用機器を私的な用事のために使用するのは差し控えるべきであるし、特に労働時間中は、職務専念義務との関係でそうである。ただし、このような原則にもかかわらず、勤務に付随した軽微な私的使用は、労働生活に必然的に伴うものとして社会通念上許容されることがありうる（グレイワールドワイド事件－東京地判平 15・9・22 労判 870 号 83 頁）。（695 頁）

(2)　会社が行う監視・点検の許容範囲

　会社の監視・点検については、権限が明記された社内規程があり、社員に周知されている場合は肯定されるのに対し、それらがない場合は、目的、必要性、手段の相当性などの総合判断によりプライバシー侵害とされることがあります（F社Z事業部事件）。

📖 菅野「労働法」より・・・・・・・・・・・・・・・・・・・・・・・・・・・・・・

　より難しい問題は、使用者が、私的使用の有無・程度について、常日頃から監視したり、問題が生じた場合に点検したりできるかであるが、使用規程においてその権限を明らかにしておけば、労働者はプライバシーのない通信手段として日頃から使用することとなるので、可能となる。その権限が規定されていない場合には、使用者は、企業秩序違反の有無の調査に必要である場合（712頁参照）など、事業経営上の合理的な必要性があり、その手段方法が相当であるかぎり許容されることとなる。(695頁)

(3)　SNSに関する諸問題

　近年、会社のリスクとして大きな問題になっているのが、インスタグラム、TwitterkなどのSNS（ソーシャル・ネットワーキング・サービス）に従業員などから不適切な投稿がなされ、それが拡散して批判が拡大する、いわゆる「炎上」事案です。

　SNSには、次のような特徴があるとされています。

　①　文字のほか画像や位置情報など多様な情報が投稿できる
　②　日記や仲間うちの会話のつもりで気軽に投稿しがち
　③　シェア、リツイートなどにより急速に不特定多数に拡散する
　④　一度拡散された情報を完全に削除することは事実上不可能
　⑤　個人の投稿であっても会社に結び付けられやすい

会社担当者は、これらSNSの特徴を理解したうえで「炎上」リスクへの対策を講じる必要があります。事前の防止策としては就業規則等への明記や教育研修の実施、相談・通報窓口の設置などが考えられます。教育研修では、アルバイト、派遣社員、関連会社や子会社の従業員も対象にするのが望ましいでしょう。また、「炎上」事案が発生した際の事後対応としては、懲戒処分、損害賠償などについて検討しておくことが重要です。場合によっては刑事告発もありえます。同時に、早期のプレスリリースへの対応策も考えておきましょう。

総務省の公式サイト「国民のための情報セキュリティサイト」では、企業や組織における情報セキュリティマネジメントを紹介しており参考になります。

裁判例

(1) K工業技術専門学校事件（福岡高判平17・9・14労判903号68頁）

私用メールの頻度および内容が重大であり職務専念義務違反にあたるとして行った懲戒解雇は有効とした例

「勤務時間中、職務に用いるために貸与されたパーソナルコンピューターを用いた私用メールのやり取りを長期間にわたり、かつ膨大な回数にわたって続けることが許容されるはずがないことは自明のこと」「本件懲戒解雇が過去の被控訴人の行為に対する報復と認めるに足りる証拠はない上、被控訴人の非違行為の程度及び被控訴人が教育者たる立場にあったことからすれば、本件懲戒解雇はやむを得ないものであって、不当に苛酷なものということもできない。」

⑵　グレイワールドワイド事件（東京地判平 15･9･22 労判 870 号 83 頁）

取引先や友人宛の私用メールにおいて上司を批判し、会社の対外的信用を害しかねない行為を繰り返した従業員につき、当該従業員が約 22 年にわたり会社に勤務し、特段の非違行為もなく、良好な勤務実績を挙げて会社に貢献したことを考慮すると、解雇処分の合理性を欠き、解雇権の濫用に当たるとして無効とした例

⑶　Ｆ社Ｚ事業部事件（東京地判平 13･12･３労判 826 号 76 頁）

監視の目的、手段および態様等を総合判断し、従業員の送受信したメールに対する会社の点検行為につきプライバシー侵害とはいえないとした例（第９章７　個人情報保護〈本書 394 頁〉参照）

⑷　日経クイック情報事件（東京地判平 14･２･26 労判 825 号 50 頁）

企業秩序違反事件の調査という目的を踏まえ私用メールに対する調査・事情聴取を適法とした例

⑸　北沢産業事件（東京地判平 19･９･18 労判 947 号 23 頁）

月２～３通程度の私用メールは社会通念上許容される範囲を超えたとは認めがたく、他の違反事由も、会社が事実を把握した後、１年間も事情聴取や注意を行わず放置し、かつ告知・聴聞の機会もないまま行った解雇は、社会通念上相当性を欠き無効と判断した例

関係法令等

① 民法１条２項（信義則）

② 労契法３条（労働契約の原則）

③ 総務省「国民のための情報セキュリティサイト」

http://www.soumu.go.jp/main_sosiki/joho_tsusin/security/

9-7

個人情報保護

I トラブル事例

ソフトウェア製作会社A社の人事部主任Bは、年1回の社内人事考課の実施を目前に控え、全従業員100名余りの人事情報を社内データベース内で整理していましたが、準備が遅れていたため、人事部長の許可をとり、週末に自宅で追加作業を行おうと、全従業員の人事情報を業務用USBメモリに保存、持ち帰りました。

ところが、自宅で作業を始めようとアタッシュケースを開けたところ、入っているはずのUSBメモリが見当たりません。思い当たったのは、帰宅途中のコンビニで買い物をした際、誤ってアタッシュケースを落とし書類などを散乱させてしまったことでした。慌ててコンビニに戻り、店員の協力も得て捜しましたが、USBメモリは見つかりません。Bはその場で人事部長に電話し、事の顛末を報告しました。

最終的には、翌日コンビニ店員が店内清掃中にUSBメモリを見つけて連絡してくれたため事なきを得ましたが、Bは人事部長とともに担当役員から厳重注意を受け、始末書を提出しました。

II 問題の所在

1 従業員の人事情報の取扱いについて会社の理解度が低く、社外秘の個人情報を社外に持ち出すことを容認してしまったこと。

2 会社に個人情報管理に関する規程が整備されておらず、全社に共通した個人情報の取扱いルールが確立していなかったこと。

3 個人情報の取扱いについて、従業員への教育が十分行われていなかったこと。

III 実務上の留意点

(1) 新たな保護対象となった個人情報

近年、従業員の人的利益を保護する裁判例が増えてきています。個人情報保護もその一つであり、個人情報保護法（平成15年）をはじめとする関連法令の整備が急速に進んでいます。

菅野「労働法」より

インターネットの普及など情報通信・利用技術の飛躍的な発達のなかで、個人情報の流出・悪用が容易になされる時代となり、個人情報保護が重大な社会的課題となった。かくして政府全体において個人情報保護のための立法制定に向けた努力が行われたが、雇用管理情報については、労働者の収入、家族、病歴などの個人情報が多数含まれているために労働省においても独自の検討が行われた。（中略・筆者）

厚生労働省は、個人情報保護法の制定に対応して、雇用管理の観点から同法上事業者が講ずべき措置に関する指針を策定した。（中略・筆者）事業主の行うべき措置ないし留意すべき事項を具体的に列挙した（中略・筆者）。

また、労働者の健康情報の保護については、とくに機微にわたるもので、厳格に保護する必要があるとして、別途の専門的検討を行い（中略・筆者）、指針に定めるものに加えて、事業者が留意すべき事項を通知した（中略・筆者）。そして、2018年の労働安全衛生法の改正に際しては、同法のなかに「心身の状態に関する情報の取扱い」に関する基本規定を設けた。（262～263頁）

⑵　加害者・被害者の側面とその対応

個人情報の管理においては、会社は加害者にも被害者にもなり得ます。加害者になるリスクとしては、会社（または会社の命を受けた従業員）が、他の従業員やその家族の個人情報を漏らすケースなどが考えられ、一方、被害者になるリスクには、従業員が社外に情報漏洩するほか、悪質ハッカーなど社外の第三者による情報の盗み取りなどがあります。

個人情報保護法など関連法令に基づいた社内規程を整備・運用すること、社内のコンピュータシステムに十分なセキュリティー対策を講じること、個人情報の重要性やその取扱いについて従業員教育を通じて徹底することなどが重要です。

⑶　プライバシー侵害のリスク

従業員の個人情報に対して、会社が十分な保護措置を講ずることができなかった場合、プライバシーの侵害として不法行為責任や債務不履行責任を問われることがあります。

裁判例では、監視の目的、手段およびその態様等を総合考慮し、監視される側に生じた不利益と比較して、その行為の適否が判断されています（Ｆ社Ｚ事業部事件）。

菅野「労働法」より

近年においては、個人情報保護法制定の動きもあって、労働関係における労働者のプライバシー権の保護が盛んに論じられている。

プライバシー権は、憲法上、個人の尊重・幸福追求権（13条）に由来する人権として確立しており、（中略・筆者）私法上も、プライバシー権の不当な侵害は不法行為となることが確立している。（中略・筆者）使用者による雇用管理においては、労働者の様々な個人情報の取得が必要となるので、労働者のプライバシー権の侵害となるか否かは使用者による情報取得の必要性と方法を勘案しての具体的な利益衡量が必要となる。（中略・筆者）

採用の際の健康診断や定期健康診断などにおいて労働者に無断でHIV検査等を行ったケースでは、企業にプライバシー侵害としての不法行為責任が認められている（中略・筆者）。職場におけるインターネット利用の監視も労働者のプライベートに関わる新たな問題である（695頁）。（264～265頁）

裁判例

(1) 関西電力事件（最三小判平7・9・5労判680号28頁）

会社が「不健全分子」とみる従業員らに対し、職場内外での行動監視や尾行、電話の相手方調査、個人ロッカー内の所持品無断検査などを行い、職場での孤立化施策を行ったことはプライバシーを侵害する不法行為を構成するとした例

「上告人（会社・筆者注）は、被上告人（従業員・筆者注）らにおいて現実には企業秩序を破壊し混乱させるなどのおそれがあるとは認められない」にもかかわらず、職場の内外で被上告人らを継続的に監視し、被上告人らを職場で孤立させるなどした行為は、「被上告人らの職場における自由な人間関係を形成する自由を不当に侵害するとともに、その名誉を毀損するもの」であり、「被上告人らに対する行為はそのプライバシーを侵害するものでもあって、同人

らの人格的利益を侵害するものというべく、上告人の各被上告人らに対する不法行為を構成する」とした。

(2)　B金融公庫事件（東京地判平15･6･20労判854号5頁）

本人の同意のない健康情報の調査・取得を違法とした例

(3)　警視庁警察学校事件（東京地判平15･5･28労判852号11頁）

本人の意思に反する個人情報取得をプライバシー侵害とした例

(4)　F社Z事業部事件（東京地判平13･12･3労判826号76頁）

監視の目的、手段および態様等を総合判断し、従業員の送受信したメールに対する会社の点検行為につきプライバシー侵害とはいえないとした例

関係法令等

① 民法709条（不法行為）、710条（財産以外の損害の賠償）、715条（使用者責任）
② 労契法3条（労働契約の原則）
③ 安衛法66条（健康診断）
④ 個人情報保護法
⑤ 平16厚労告259号（雇用管理に関する個人情報の適正な取扱を確保するために事業者が講ずべき措置に関する指針）
⑦ 平16基発1029009号（雇用管理に関する個人情報のうち健康情報を取り扱うに当たっての留意事項について）
⑧ 平24厚労告357号（雇用管理分野における個人情報保護に関するガイドライン）

コラム⑥ 労働局における紛争解決制度

労働組合と事業主との間の集団的労使紛争が減少傾向にある一方で、労働者個人と事業主との間の個別労働紛争が増加しています。

個別労働紛争は、私人間の法的紛争ですから、最終的には民事訴訟手続によって裁判所で解決されることになります。しかしながら、民事訴訟は、手続が厳格で解決方法としては柔軟性に乏しく、また、少なくない時間や費用がかかります。

このような個別労働紛争について、その実情に即した迅速かつ適正な解決を図ることを目的として、「個別労働関係紛争の解決の促進に関する法律」(以下、「個別労働紛争解決促進法」といいます。)が制定され、①総合労働相談コーナーにおける情報提供・相談、②都道府県労働局長による助言・指導、③紛争調整委員会によるあっせん、の3つの紛争解決援助制度が整備されました。いずれの制度も利用は無料です。

当該制度の利用者数は年々増加しており、平成30年度の総合労働相談件数は111万7983件となっています。また、助言・指導は1か月以内に96.4%が、あっせんは2か月以内に86.5%が何らかの処理をされており、民事訴訟と比較して迅速な手続であるといえます。

以下、紛争調整委員会によるあっせんを中心に、簡単に、3つの制度の内容をみていきましょう。

1 総合労働相談コーナーにおける情報提供・相談

総合労働相談は、個別労働紛争解決のためのワンストップ・サービスとして、相談の受付はもちろん、適切な紛争解決手続の教示や他機関への橋渡しなどを行っています。

２　都道府県労働局長による助言・指導

紛争当事者が助言・指導の申出を行った場合、都道府県労働局長は、事実関係の調査や、専門家からの意見聴取をしたうえで、当該紛争の問題点の指摘・解決方針の提示などを行い、当事者間での自主的な紛争解決を促します。

なお、労働者が当該制度を利用したことを理由として、事業主が労働者に対して不利益な取扱いをすることは法律で禁止されています（個別労働紛争解決促進法４条３項）。

この手続で解決が図れなかった場合は、当事者の希望に応じて、次のあっせんへの移行や他の紛争解決機関の教示などが行われます。

３　紛争調整委員会によるあっせん

あっせんは、紛争当事者のあっせんの申請から始まります。この申請を受けた都道府県労働局長は、弁護士、社会保険労務士、学者などの労働問題の専門家で組織される紛争調整委員会にあっせんを委任します。

あっせんの手続は非公開なので、紛争当事者のプライバシーは守られます。ただし、あっせん手続への出席は、あくまで紛争当事者の任意であるため、一方の申請により手続が開始されても、他方が出席を拒否する場合には、手続は打ち切りとなってしまいます。

あっせんが実施される場合、あっせん委員は、紛争当事者の主張の要点を確認し、必要に応じて参考人からの意見聴取などを行ったうえで、当事者間の話し合いを促したり、具体的なあっせん案を提示したりすることができます。その結果、当事者間で何らかの合意が成立した場合や当事者双方があっせん案を受諾した場合には、民法上の和解契約が成立したものとして、紛争の解決が図られることになります。ただし、あっせん手続における紛争当事者の合意には、強制力がない（強制執行できない）ことに注意が必要です。

なお、労働者が当該制度を利用したことを理由として、事業主が労働者に対して不利益な取扱いをすることは法律で禁止されています（個別労働紛争解決促進法５条２項）。

さて、事業主が、上記のような個別労働紛争解決促進法に基づく助言・指導を受けたり、あっせんへの出席を求められたりしたときには、どのような対応をとるべきでしょうか。

この点、助言・指導やあっせんには強制力がなく、事業主が助言・指導やあっせんに従わなかったとしても罰則等はありません。

したがって、労働者による濫用的な制度利用に対しては、あえて応じないケースも考えられなくはありませんが、その前に、事業主としては、一度冷静に考えてみる必要があります。

労働者がこの制度を利用するのは、事業主との深刻な対立を望まない場合や、話し合いによる円満な解決を求める場合が多いのではないかと思われます。そのような場合にまで、事業主が労働者との話合いを一切拒絶するのは、労務トラブルへの対処方法として得策ではありません。

紛争が生じた場合に最も重要なことは、早い段階で、問題となっている事実関係を調査・整理し、最終的な見通しを立てることです。これらの作業を行ったうえで、具体的な対処方法を決めることになりますが、事業主に何らかのトラブルの原因がある場合には、いたずらに問題をこじれさせるよりも、誠実な話し合いによる解決の道を探る方が望ましいかもしれません（平成30年度の紛争当事者双方が出席したあっせんにおける合意率は65.7%）。

第 10 章
解　雇

1	解雇に対する法規制
2	懲戒解雇
3	整理解雇
コラム⑦	裁判所における労働審判

10-1

解雇に対する法規制

トラブル事例

コンピューターソフトウエアハウスA社は、従業員Bをプログラマーとして雇用しましたが、能力が期待どおりではなかったため、営業職へ転換しました。ホームページに問合せをしてきた会社を訪問し、業務契約を取る仕事でした。Bは「自分には不向きだ」と不満を示しましたが、A社は「他に仕事が無い」として変更しませんでした。しかし、Bの営業実績は芳しくなく、業務契約へ至ったのは1年間で3件だけでした。

毎月1回、上司が相談に乗っていましたが、最近になって、Bは訪問先と約束しておきながら訪問しなかった件数が相当数あったことや、上司には「営業に行く」と言いながら実は喫茶店でスマホゲームに興じていたことが再三にわたっていたなどがわかりました。

会社は、Bの営業職としての1年は就業規則「普通解雇」条項の「勤務成績が著しく不良で就業に適しないとき」に該当し、かつ、職務専念義務に違反するとして普通解雇しました。

Bは「不当解雇だ」として労働局へあっせんを申請、復職を求めましたが、和解案（会社は解雇を撤回し、Bは一定の慰労金受領を条件として任意退職する）を双方が受諾し、決着しました。

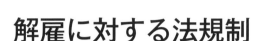

II 問題の所在

1 解雇に必要な段階的手順（けん責・出勤停止・減給）を踏まず、いきなり解雇したこと。

2 勤務成績不良による解雇は慎重であるべきにもかかわらず安易に解雇したこと

3 毎月、上司が相談に乗っていたにもかかわらず、Bの業務遂行の実態を把握できず、管理、指導していなかったこと。

III 実務上の留意点

(1) 勤務成績不良を理由とする解雇

「業務に必要な能力を欠くとき」（成績不良）を就業規則の普通解雇理由に定めることは、厚労省のモデル就業規則でも推奨されています。しかし、その適用による解雇については、被解雇者による提訴が増えていることから、経営への影響いかんまで含めた明確な根拠が求められます。

菅野「労働法」より

ある裁判例（エース損害保険事件・筆者注）は、長期雇用下の正規従業員の成績不良を理由とする解雇については、長期雇用・長期勤続の実績に照らして、単に成績が不良というだけでなく、それが企業経営に支障を生ずるなどして企業から排斥すべき程度に達していることを要すると述べており、これが裁判所の典型的な判断態度といえよう。（790頁）

⑵　就業規則への解雇事由の明記と意義

労基法では「解雇の事由」を就業規則の絶対的記載事項としています（89条3号）。これにより解雇を巡る争いにおいては、解雇事由が就業規則に明示されているか否かが大きな判断要素とされ、次にその事由に該当するか否かが問題となります。

ちなみに就業規則に明示された解雇事由については、学説・裁判例上では例示列挙説もありますが、菅野「労働法」では限定列挙説を採っています。

菅野「労働法」より

使用者が就業規則に解雇事由を列挙した場合は、通常は、使用者が、労働契約上、解雇権限を行使できる場合を自らそれら事由に制限したものとして、列挙された以外の事由による解雇は許されないこととなろう。（801頁）

⑶　労契法上の解雇権濫用法理

期間の定めのない雇用契約の場合、民法（627条）では使用者にも「解約の自由」があるとしていますが、実際には使用者に対しては、労基法（20条）による「解雇予告義務」と労契法（16条）による「解雇権濫用法理」の２条文を基本とする法的規制があり解雇は決して「自由」ではありません。

とりわけ、判例の集積によって確立された解雇権濫用法理（解雇は、客観的に合理的な理由と社会通念上の相当性がいずれも認められなければ解雇権濫用となる）は、ますます重要になっています。

菅野「労働法」より

労基法の制定・施行後しばらくの間は、解雇には正当事由が必要であるとの説が唱えられていたが、(中略・筆者) やがて権利濫用の法理(民1条3項)を応用して、実質的に同一の帰結をもたらす解雇権濫用法理が多数の裁判例の積み重ねによって確立された。

そして最高裁判例が、「使用者の解雇権の行使も、それが客観的に合理的な理由を欠き社会通念上相当として是認することができない場合には、権利の濫用として無効になる」(日本食塩製造事件・筆者注) と述べてこの法理の内容を定式化した。次いで、「普通解雇事由がある場合においても、使用者は常に解雇しうるものではなく、当該具体的な事情のもとにおいて、解雇に処することが著しく不合理であり、社会通念上相当なものとして是認することができないときには、当該解雇の意思表示は、解雇権の濫用として無効になる」(高知放送事件・筆者注) と述べて、同法理における「相当性の原則」を宣明にした。(784頁)

(4) 「客観的に合理的な理由」と「相当性の原則」

解雇権濫用法理の下での解雇に対しては「客観的に合理的な理由」と「社会通念上相当であること」(相当性の原則) が求められます。

「客観的に合理的な理由」について菅野「労働法」では、「第1は、労働者の労務提供の不能や労働能力または適格性の欠如・喪失」「第2は、労働者の職場規律(企業秩序)の違反の行為」「第3は、経営上の必要性に基づく理由」「第4は、ユニオン・ショップ協定に基づく組合の解雇要求」の「4つに大別できる」(786〜787頁) としています。

「社会通念上の相当性」とは、例えば、制裁の対象となった従業員の非違行為が減給ないし出勤停止程度であったにもかかわらず解雇した場合は、相当性を欠いた解雇権濫用となるということです。

菅野「労働法」より

解雇権濫用規定によれば（中略・筆者）「客観的に合理的な理由」が認められなければ、当該解雇は解雇権を濫用したものとして無効となる。また、そのような「客観的に合理的な理由」が認められる場合であっても、当該解雇が「社会通念上相当として是認することができない場合」には、解雇権を濫用したものとして無効となる。後者のいわゆる相当性の要件については、裁判所は、一般的には、解雇の事由が重大な程度に達しており、他に解雇回避の手段がなく、かつ労働者の側に宥恕すべき事情がほとんどない場合にのみ解雇相当性を認めているといえよう。（787頁）

解雇の効力を争う訴訟の実際においては（中略・筆者）就業規則の解雇事由該当性が中心的争点となる。就業規則に解雇事由が列挙されていれば、それに基づかずに行われた解雇は「客観的に合理的な理由」なしと事実上推定されてしまうためである。そして、該当性ありとされる場合においても、なお当該解雇の相当性が検討される。（801頁）

(5)　解雇が「無効」とされた後の実務的問題

会社が行った解雇の有効性が裁判で争われる場合、「解雇権濫用法理の１つの重要な内容は、合理的理由（ないし相当性）のない解雇は『無効』とされることである。すなわち、合理的理由のない解雇については、裁判所は使用者に対し労働関係の継続を一律に強制すべく、『労働契約上の権利を有する地位』を確認し（本案訴訟）、または仮に定める（仮処分）。」（802頁）とされていますが、無効とした後に労使が取るべき措置までは判示されません。そのため無効後の当該労働者の処遇をどうするか（会社側）、いかなる選択が現実的かを迫られる（労働者側）という問題が生じます。

この点につき、解雇に対する金銭解決方法が厚労省の下で検討されましたが菅野「労働法」では疑問を呈しています。

菅野「労働法」より

解雇の金銭解決の立法論議は、2000年代初めの政府の規制改革の動き以来行われてきたが、(中略・筆者) そもそも、労働者が望む場合の解雇の金銭解決は、わが国ではすでに、労働局におけるあっせん、労働審判における調停・審判、民事訴訟における和解等によって可能であり、実際上も大部分の解雇訴訟はこれらにおいて解決されている。したがって、解雇の (中略・筆者) 金銭解決基準は実際上機能しうるものを考案できるか疑問である。(807〜808頁)

裁判例

(1) 日本食塩製造事件 (最二小判昭50・4・25労判227号32頁)

解雇有効とした原審を破棄し、解雇権濫用により解雇無効とした例

労働組合が除名した労働者について、ユニオン・ショップ協定に基づき使用者に対して解雇するよう求め、使用者がそれに応じて労働者を解雇した事案。原審 (東京高裁) は解雇有効としたが最高裁は原審を破棄、差し戻しとした。

「労働組合から除名された労働者に対しユニオン・ショップ協定に基づく労働組合に対する義務の履行として使用者が行う解雇はユニオン・ショップ協定によって使用者に解雇義務が発生している場合にかぎり、客観的に合理的な理由があり社会通念上相当なものとして是認することができるのであり、右除名が無効な場合には、前記のように使用者に解雇義務が生じないから、かかる場合には、客観的に合理的な理由を欠き社会的に相当なものとして是認することはできず、他に解雇の合理性を裏づける特段の事由がないかぎり、解雇権の濫用として無効であるといわなければならない。（中略）原審が、本件離籍（除名）の効力について審理判断することなく、除名の有効無効はユニオン・ショップ協定に基づく解雇の効力になんら影響を及ぼすものではないとして、上告人の主張を排斥したのは、ユニオン・ショップ協定に基づく解雇の法理の解釈を誤り、そのため審理不尽におちいり、ひいては理由不備の違法をおかしたものというべきである。したがって、論旨は理由があり、原判決は破棄を免れない。」

⑵　高知放送事件（最二小判昭52·1·31労判268号17頁）

普通解雇の事由がある場合でも社会通念上相当と認められないときは解雇無効となるとした例

⑶　ブルームバーグ・エル・ピー事件（東京高判平25·4·24労判1074号75頁）

能力・適格性低下は解雇理由となるほど重大なものとは認められず解雇は無効とされた例

⑷　日本アイ・ビー・エム（解雇・第5）事件（東京地判平29·9·14労判1183号54頁）

普通解雇処分につき、客観的に合理的な理由、社会通念上の相当性のいずれも認められず解雇権の濫用とされた例

⑸　カジマ・リノベイト事件（東京高判平14·9·30労判）

企業全体として統一的・継続的な事務処理が要求される事柄に対するXの態度からすれば、解雇は権利濫用とはいえず、解雇

は有効とした例

関係法令等

① 労基法20条（解雇の予告）、89条（就業規則の作成及び届出の義務）

② 労契法16条（解雇）

③ 民法627条（期間の定めのない雇用の解約の申入れ）

10-2

懲戒解雇

I　トラブル事例

排気設備工事業A社の従業員B（勤続13年の職長）は工事責任者の立場を悪用し、銅線等の工事材料を数回にわたって盗み出し売却していました（200万円相当）。社長と専務が、本人の弁明を聞いたところ事実を認めたので、（1）発覚日をもって即日・懲戒解雇とする、（2）発覚日までの既往労働分賃金は支払うが、解雇予告手当は支払わない、（3）中退共による退職金（約200万円）は全額減額を共済機構へ申し出る、との懲戒処分を行いました（他の２名の取締役には事後報告）。

２か月後、Bの代理人弁護士より、（1）解雇予告手当の支払請求、（2）中退共退職金の全額減額の申出は不当、との申入れがあったため協議に応じ、最終的には普通解雇とし、解雇予告手当の支払いと、中退共へ会社（共済契約者）として申し出る退職金減額率を５割とすることで決着しました。

II　問題の所在

1　懲戒解雇により予告手当の支払いをせずに即日解雇する場合は、労基署長の解雇予告除外認定が必要であるにもかかわらず、その認識がなかったこと。

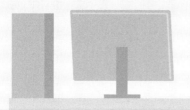

2 懲戒解雇と退職金全額不支給は別問題であるにもかかわらず、同一視したこと。

3 懲戒委員会規程がない場合でもそれに準ずる手続き（懲戒委員会を設置するか取締役全員の合議）の履行が望ましいにもかかわらず、社長と専務のみで決定したこと。

III 実務上の留意点

(1) 懲戒解雇と解雇規制

懲戒解雇は、懲戒処分に係る規制と解雇に係る規制の双方の性格を有し、解雇権濫用法理による規制が厳しく適用されます。

菅野「労働法」より

懲戒解雇（706頁）は懲戒処分たる性格と解雇たる性格の双方を有し、両者に関する法規制をともに受ける（懲戒処分としての規制は715～7頁）。そしてそれは、普通解雇よりも大きな不利益を労働者に与えるものゆえ、解雇権濫用法理の適用上普通解雇より厳しい規制に服する。一般的には、そこにおける服務規律違反は、たんに普通解雇を正当化するだけの程度では足りず、「制裁としての労働関係からの排除」を正当化するほどの程度に達していることを要する。(805頁)

(2) 懲戒解雇と即時解雇

懲戒処分の中でも懲戒解雇は最も重い制裁罰として執行されることから、懲戒解雇＝即時解雇であるとの誤解も少なくありません。

しかし、懲戒解雇であっても労基署長の認定を受けない場合は、労基法20条1項（少なくとも30日前の予告または30日分以上の平均賃金の支払い）が適用され、解雇予告期間を設定するかまたは解雇予告手当を支払わなければなりません。

菅野「労働法」より

「懲戒解雇」は懲戒処分の極刑であって、通常は解雇予告も予告手当の支払もせずに即時になされ、また退職金の全部または一部が支給されない。しかし、懲戒解雇と労基法上の即時解雇（20条1項但書）とが必ずしも一致するものではないし、また退職金が全額支給される懲戒解雇も存在する。懲戒解雇に通有の性質は、「懲戒」の名が付されることによって秩序（規律）違反に対する制裁としての解雇たることが明らかにされ、再就職の重大な障害となるという不利益を伴うことである。（706頁）

「労働者の責に帰すべき事由」に関する通達（昭31・3・1基発111号）では、「労働者の責」として認定すべき事例を示していますが、事例に該当する場合であっても、労基法20条の適用除外には労基署長の認定が必要です。

菅野「労働法」より

「天災事変その他やむを得ない事由のために事業の継続が不可能となった場合」または「労働者の責に帰すべき事由に基いて解雇する場合」においては、予告または予告手当の支払を要しない（20条1項但書）。これらの場合にあたるとして即時解雇するには、行政官庁（労働基準監督署長）の認定を要する（同条3項）。（781頁）

(3) 懲戒解雇と退職金不支給

懲戒解雇に該当する者には、退職金は当然に不支給となる、という考え方がありますが、退職金の支給・不支給は、懲戒解雇規程とは別に、退職金規程により判断しなければなりません。

裁判例の多くは、退職金の功労報償的性格の視点から懲戒事由に該当する場合でも、退職金の減額、不支給は制約しています。

菅野「労働法」より

懲戒解雇に伴う退職金の全部または一部の不支給は、これを退職金規程などに明記して労働契約を規律することによって（労契7条・9条・10条）初めて行いうるものであり、（中略・筆者）退職金不支給規定を有効に適用できるのは、労働者のそれまでの勤続の功を抹消（全額不支給の場合）ないし減殺（一部不支給の場合）してしまうほどの著しく信義に反する行為があった場合に限られると解すべきである。（706 頁）

(4) 諭旨解雇・諭旨退職

本来は懲戒解雇に該当するが、当該労働者が退職届（退職願）を提出すれば諭旨退職とし、退職金も一部支給するという場合があります。この措置は一見、自発的退職のような形式となりますが、争いになった場合には事由、手続きにおいて懲戒解雇と同様の相当性が検証されます。

菅野「労働法」より

企業によっては、懲戒解雇を若干軽減した懲戒処分として「諭旨解雇」を設けているものがある。また、退職願もしくは辞表の提出を勧告し、即時退職を求める「諭旨退職」と呼ばれるものもある

（中略・筆者）。諭旨退職は依願退職のような形式をとるが、実際上は厳然たる懲戒処分の一種であるので、その法的効果は懲戒解雇同様に争いうると解される（同旨、下井・労基法399頁）。（706～707頁）

(5) 中退共退職金の減額

中退共による退職金は、原則として退職理由のいかんにかかわらず全額が従業員（被共済者）に支払われることになっていますが、「被共済者の責めに帰すべき事由により退職し、かつ、共済契約者（会社）の申出があった場合において、厚労省で定める基準に従い厚労大臣が相当であると認めたときは（中略・筆者）減額して支給することができる」（中退共法10条）とされています。

従業員を懲戒解雇した場合、この条項により会社が減額を申し出ることがありますが、減額には厳しい制約（*）があり、会社が意図した減額までは認められないケースも少なくありません。

*① 減額の認定基準（従業員の責めに帰すべき事由）は重大な3事由に限定されている。
② 厚労大臣の認定が必要（減額事由該当の可否と減額率）。

Ⅲ 裁判例

(1) 崇徳学園事件（最三小判平14·1·22労判823号12頁）

法人の事務局最高責任者が会計処理上、違法行為を行ったことにつき法人が当該責任者を懲戒解雇したことは有効とした例

「Xは、法人事務局次長であり、職員としては法人事務局の最高責任者であったのに、会計処理上違法な行為を行い、Y学園の信用を失墜させ、Y学園に損害を与えたのであって、その責任を軽視することはできない。（中略）Y学園がXに対し本件懲戒免職に及んだことは、客観的にみて合理的理由に基づくものというべきであり（中略）社会通念上相当として是認することができ、懲戒権を濫用したものということはできない」

⑵ 千代田学園事件（東京高判平16・6・16労判886号93頁）

懲戒手続規定に違反した懲戒解雇を無効とした例

⑶ 小田急電鉄事件（東京高判平15・12・11労判867号5頁）

電車内での痴漢行為で逮捕、起訴され執行猶予付の有罪判決を受けた従業員（なお、当該従業員は複数回、痴漢行為によって逮捕、起訴されている）に対する懲戒解雇を相当としつつ、退職金を全額不支給とすることは許されないとし、3割につき支払を命じた例

⑷ 東京メトロ（解雇・仮処分）事件（東京地決平26・8・12労判1104号64頁）

私生活上の非違行為（痴漢行為。東京都迷惑防止条例違反の被疑事実により罰金20万円の略式命令を受けた。痴漢行為による逮捕、起訴はこのときのみ）を理由とする諭旨解雇は重きに失し、相当性を欠くとして無効とした例

関係法令等

① 労契法15条（懲戒）、16条（解雇）

② 労基法20条（解雇の予告）、労基法21条（解雇予告の適用除外）

③ 昭23・11・11基発1637号、昭31・3・1基発111号

10-3

整理解雇

Ⅰ トラブル事例

大手電気通信工事会社の下請会社であるＡ社（従業員 160 人）は、近隣４県に支店を置いていました。Ｂ県Ｂ支店（従業員 15 人）管轄の工事について、元請会社より「今後の発注はない」と通告されたため、メンテナンス要員２人を残し他の 13 人を、就業規則に定める解雇事由の「事業の縮小その他やむを得ない事由」に基づいて解雇しました。被解雇者 13 人はＢ支店近辺からの採用であったため、本社または他支店へ通勤するには最短者でも２時間 30 分、最長者は４時間かかるという事情がありました。この解雇について従業員代表との協議で合意した条件は、「会社都合による退職」の退職金の他に平均賃金３か月分を上乗せするものでした。

13 人中６人が労働局へ雇用継続を求めてあっせん申請しましたが、最終的には全員に上乗せ退職金を積み増しすることで合意しました。

Ⅱ 問題の所在

1 元請会社の発注量は、毎年漸減していたことから、希望退職募集や配置転換などの解雇回避措置を事前に計画的に行うことが可能であったにもかかわらず、行ってこなかったこと。

2 手続きの合理性（従業員との協議、再就職あっ旋、上乗せ退職金の額等いずれも不十分）に疑問があったこと。

3 解雇事由について「仕事がないのだからやむを得ない」程度の認識であったこと。

Ⅲ 実務上の留意点

(1) 整理解雇判例法理の重要性

整理解雇は、会社が経営上の理由から行う解雇であり労働者には責任はないものです。それだけに「解雇権濫用法理の適用においてより厳しく判断すべきもの」（793頁）とされています。

「大野野上事件」（長崎地大村支判昭50･12･24労判242号14頁）を嚆矢として長年にわたって積み上げられてきた整理解雇の判例法理（解雇権の濫用とならないかどうかの判断のための4要件または4要素）とその重要性を十分に認識し、かつ会社の実態を踏まえて具体化していかなければなりません。

4要件（要素）については、①人員削減の必要性、②整理解雇（指名解雇）という人員削減手段の選択の必要性、③被解雇者選定の妥当性、④手続きの妥当性、を言います。

菅野「労働法」では、①に関しては、人員削減措置が企業経営上の十分な必要性に基づいていること、ないしは「企業の合理的な運営上やむをえない措置」と認められること、②に関しては、使用者は解雇回避の努力をする信義則上の義務（「解雇回避努力義務」）を負うこと、③に関しては、客観的で合理的な基準の設定とその公正な適用、④に関しては、対象者へは誠意をもって協議すべき信義則上の義務を負うこと、となるとしています（794頁）。

因みに、4要件説ではなく4要素説による裁判例が増えていることから整理解雇の判断基準が緩和されつつあるかのような誤解が一部に見られます。しかし、裁判においてはあくまでも個別事案ごとに、具体的に判断されています。

菅野「労働法」より

裁判所は、近年までは、ほぼ一様に、これらの４つの事項を、整理解雇が有効となるためにはすべてを満たすべき「４要件」と解してきた。しかし、（中略・筆者）日本経済の長期低迷を背景とした企業の事業再構築の進展以降、裁判所は、４要件説から４要素説へ流れているのみならず、各要素の判断の内容においても、整理解雇規制を部分的に緩和する傾向を示している。（中略・筆者）ただし、これらの傾向が整理解雇法理の全面的な規制緩和をもたらしているわけではない。４要素説の枠組みでも、いずれかの要素に問題がある事案では、それを理由に整理解雇が無効とされている。（中略・筆者）総じて裁判例は、市場競争の激化や企業再編等の新たな動向をふまえて整理解雇法理を適宜修正しつつ、使用者の恣意的な解雇をチェックする姿勢を堅持しているといえる。（797～798頁）

⑵「企業の合理的運用上やむをえない措置」か、否か

会社が従業員の整理解雇を実施するときに適用するのが就業規則に規定されている「事業の縮小その他事業運営上やむを得ないとき」です。しかし、「やむを得ない」かどうかの判断は経営の立場と従業員の立場では喰い違いが生じやすいところです。

それだけに、「人員削減措置（これを内容とする企業の縮小、整備、合理化計画）の実施が不況、斜陽化、経営不振などによる企業経営上の十分な必要性に基づいていること、ないしは「企業の合理的な運営上やむをえない措置」と認められること」（794頁）という要件を真に充たしているかどうかが問われることになります。

(3) 解雇回避努力と整理解雇対象基準

整理解雇の必要性が認められる場合でも「使用者は、配転、出向、一時帰休、希望退職の募集などの他の手段によって解雇回避の努力をする信義則上の義務（「解雇回避努力義務」）を負う」（794頁）とされ、そうした努力を試みることなく整理解雇を行った場合は、ほとんど例外なく解雇権濫用とされています。

菅野「労働法」より

客観的で合理的な整理基準と認められるものとしては、欠勤日数、遅刻回数、規律（命令）違反歴などの勤務成績や、勤続年数などの企業貢献度、さらには「30歳以下の者」などの経済的打撃の低さなどがある。ただし、（中略・筆者）裁判例のこの点の判断も一貫していない。結局のところ、被解雇者の人選基準については（中略・筆者）当該労使の全体的な了解（納得）を尊重すべきと思われる。（797頁）

(4) 手続きの妥当性

裁判例では、その整理解雇が経営上必要であることは認めるものの、手続きの妥当性において問題ありとして否認されているケースが少なくありません。実施する場合は労働協約・就業規則がある場合は勿論のこと、それらがない場合であっても適切かつ着実な手続きを踏んでいかなければなりません。

菅野「労働法」より

裁判例は、そのような協約上の規定（労働協約・筆者注）がない場合にも、使用者は労働組合または労働者に対して整理解雇の必要性とその時期・規模・方法につき納得を得るために説明を行い、さ

らにそれらの者と誠意をもって協議すべき信義則上の義務を負うとしている。(795頁)

Ⅲ 裁判例

(1) 山田紡績事件（名古屋高判平18･1･17労判909号5頁）

整理解雇法理をないがしろにした解雇権濫用に当たり解雇は無効とした原判決を是認した例

「前記認定事実によれば、本件解雇は、労働者に帰責性なく（中略）整理解雇に当たり、これまでの判例法理によって形成されてきたいわゆる整理解雇法理が適用されると解される。(中略) 本件解雇が有効となるには、被告（会社・筆者）がこの解雇事由に当たることを主張立証しただけでは足りず、さらに整理解雇法理適用を受けて、その法理を充たすことが必要であると解される。(中略) いわゆる整理解雇法理の第1要素（人員削減の必要性）を完全には充足していないばかりか、第2要素（解雇回避努力義務の履践)、第3要素（被解雇者選定基準の合理性）及び第4要素（解雇手続の妥当性）については全くこれを充たしておらず、しかも、その検討すら行っていないものである。本件解雇は、これまで裁判例等により形成されてきた整理解雇法理をないがしろにするものであって、極めて乱暴な解雇であるといわざるを得ず、解雇権の濫用に当たり無効というべきである。」との原判決（名古屋地判平17･2･23）を是認した上で「整理解雇の有効性を判断するための4要素を具備していない本件解雇は解雇権の濫用として無効である。」とした。

(2) 東洋酸素事件（東京高判昭54･10･29労判330号71頁）

整理解雇の要件を満たしており、解雇を有効とした例

⑶　あさひ保育園事件（最一小判昭58·10·27労判427号63頁）

解雇回避努力を行わず整理解雇を無効とした例

⑷　ナショナル・ウェストミンスター銀行事件（東京地判平12·1·21労判782号23頁）

解雇権濫用の判断は、事案ごとの個別具体的な事情を総合考慮して行うものであり整理解雇4要件のすべてが揃わずとも濫用とは限らないため解雇を有効とした例

⑸　泉州学園事件（大阪高判平23·7·15労判1035号124頁）

高給教員7人を整理解雇し、同数の若年教員を採用するような、いわば人を入れ替える目的の人員削減は必要性を認め難く、解雇権を濫用したものとして、解雇無効とした例

関係法令等

① 民法1条（権利・義務の基本原則）
② 労契法3条（労働契約の原則）、4条（労働契約の内容の理解の促進）、16条（解雇）

コラム⑦ 裁判所における労働審判

労働者側が労働審判を申し立てた場合、手続がどのような流れで進んでいくのかを整理しながら、使用者側が注意すべきことについて解説していきます。

1　手続の選択

裁判所における労働紛争の解決手続としては、大きく分けて民事訴訟と労働審判があります。

労働審判の対象となる事件は、「労働契約の存否その他の労働関係に関する事項について個々の労働者と事業主との間に生じた民事に関する紛争」（労働審判法（以下、「法」といいます。）1条）であり、具体的には、解雇、雇い止め、配転、出向、賃金、退職金請求権、懲戒処分、労働条件変更の拘束力、等々多岐にわたります。

また、労働審判手続は、「3回以内の期日において、審理を終結しなければならない」（法15条2項）とされ、迅速で集中的な紛争解決が図られます。民事訴訟では、3回以内の期日で審理が終結することはほとんどないので、この迅速性は労働審判の大きなメリットです。もっとも、当事者は、労働審判に対し、裁判所に異議の申立てをすることができ（法21条1項）、これによって労働審判の効力は失われ（同条3項）、民事訴訟に移行します（法22条1項）。

したがって、労働者側は、このメリットを生かすことができる事件類型、すなわち、3回以内の期日で解決可能性のある事件について労働審判手続を選択するべきであるといえます。反対に、争点が多数かつ複雑な事件や、当事者間の対立が激しく譲歩が期待できない事件では、民事訴訟手続を選択するべきでしょう。

2　第１回期日の審理方法

⑴　第１回期日前の準備

労働審判の第１回期日は、申立てがされてから、おおむね40日以内に指定されます（労働審判規則（以下、「規則」といいます。）13条)。民事訴訟の場合、提訴から30日以内に指定される（民事訴訟規則60条２項）のと比べ長めの期間が設けられているのは、第１回期日までに各当事者に主張及び立証を尽くさせ、相互に相手の主張及び証拠を検討させたうえで、充実した集中審理を行う趣旨です。

したがって、労働審判手続は、事実上、第１回期日が正念場であるといえます。

まず、労働者側としては、労働審判委員会に当該事件に関して有利な心証を抱かせるため、申立ての段階で、すべての主張・立証を出し尽くさなければなりません。

これに対し、使用者側は、申立書に対する答弁書を、第１回期日の10日ないし１週間程度前に定められる提出期限までに提出しなければなりません。申し立てを行う時期を選択できる労働者側と異なり、突然対応の負担を強いられる使用者側は、時間がない中で主張・立証を尽くさなければならず、相当の労力を要することになります。このような負担を軽減するために、使用者側としては、将来的に労働審判手続の利用が想定される労働紛争を抱えている場合には、あらかじめ専門家に相談しておくのがよいかもしれません。

なお、第１回期日前に答弁書を受け取った労働者側は、かなり時間が限られてはいますが、さらに使用者側の反論に対する再反論の主張・立証をまとめ、第１回期日前に補充書面を提出することが望ましいです。

以上のような各当事者の事前準備の結果、第1回期日において、効率的な労働審判手続の進行が可能となります。

(2)　第1回期日

第1回期日では、争点及び証拠の整理とともに、書証の取調べや人証調べが行われる場合が極めて多いです（規則21条1項）。したがって、労働者側は申立人本人、使用者側は代表者や事案に精通している上司・人事担当者等が必ず出席するべきです。労働審判委員会は、個別に審尋を行う場合もありますが、当事者双方に対質的な質問を次々と投げかけてくることが多いので、各当事者とも、それを前提とした準備をしておくことが不可欠です。

また、労働審判委員会は、「審理の終結に至るまで、労働審判手続の期日において調停を行うことができる」（規則22条項）ので、第1回期日から調停が試みられることもあります。したがって、特に使用者側は、決裁権限を有する者を同行させることや、どの程度の水準ならば解決してよいかをあらかじめ検討しておくことが必要となります。なお、調停が成立した場合には、裁判上の和解と同一の効力を有する調停調書が作成されます。

3　その後の流れ

労働審判手続で調停が成立しない場合、審理の終結の宣言がなされ、労働審判委員会は、「審理の結果認められる当事者間の権利関係及び労働審判手続の経過を踏まえて」（法20条1項）、労働審判を行うことになります。

前述のとおり、当事者は、労働審判に対し、異議の申立てをすることができますから、労働審判が告知された後は、当該審判を受け入れるか、異議の申立てを行うかを検討する必要があります。全面敗訴の当事者としては、それほど迷うことはないかもしれませんが、問題は一部しか請求が認められなかった場合です。異議の申立てがされると、労働審判の効力が失われることになりますので、当該労働審判で示された判断による紛争解決はできなくなってしまいます。

また、異議の撤回は認められないものとされているので、一度異議を申し立てると、もう後戻りは許されません。したがって、一部認容の労働審判が出された場合には、これらのことを考慮のうえ、労働審判の解決水準で満足するのか、それとも引き続き民事訴訟で争うのか、慎重に検討することになります。

第11章 解雇以外の労働関係の終了

1	依頼退職・辞職
2	退職勧奨
3	定年制
コラム⑧	労働基準監督署による是正勧告

11-1

依願退職・辞職

Ⅰ トラブル事例

従業員25人の機械加工会社。A班長の下にいたBは日頃から作業手順書を無視して作業することが多く、ある日もそのことをA班長が注意したところ、終業後にA班長の所へ来て「馬鹿な上の下では働けない。退職します。」と一方的に言って帰宅、翌日から出勤しませんでした。無断欠勤が3日続いたので、C専務は事務社員に社会保険・雇用保険の資格喪失手続をするよう指示しました。

ところがBは4日目に出社し、C専務に「親に説得されたのでまた働きます。」と言ってきたのですがC専務は「君の身勝手は認められない。既に退職手続を進めている。」として出社を拒否しました。その2か月後に、地域ユニオンより「Bが組合員になったこと」の通告と「Bの不当解雇について」という団体交渉申入れがあり、Bの復職、Bへの謝罪と慰謝料の請求をしてきました。5回の団体交渉を経てBの退職を条件に一定の和解金を払うことで決着しました。

Ⅱ 問題の所在

1 Bの退職意思について最終確認（確信的意思なのか一時的感情なのか）をしないまま一方的に退職手続をしたこと。

2 就業規則ではBから自己都合退職による退職届を提出させる必要があったにもかかわらず、それをせずBへの確認の電話もしていなかったこと。

3 Bの態度や行動には日頃から問題があったにもかかわらず、その対応を専らA班長個人に任せ、会社として行うべき指導、教育、配転等をしていなかったこと。

III 実務上の留意点

(1) 本人の自由意思であることの確保

退職に関するトラブルの一つが「本心ではなかったが退職を強要されたのでやむをえず退職届（願）を出した」というケースです。

そうしたトラブルを回避するためには、退職の申出があくまでも本人の自由意思に基づくものでなければなりません。本人意思による本人自筆の退職届（願）は、任意性を証明する重要な資料です。

なお、労働契約解約（退職の申出）の意思表示は口頭でも有効とされていますが、後日、トラブルが発生することがありますので、文書（退職届または退職願）を残しておくことが重要です。

菅野「労働法」より

（山梨県民信用組合事件 - 最二小判平28･2･19を斟酌すると・筆者注）

使用者の退職勧奨・誘導（合意解約の申込み）による合意解約の効力についても、労働者の自由な意思による承諾と認めるに足りる客観的事情の有無が吟味されうる法的状況となっている。（750頁）

使用者が労働者に畏怖心を生ぜしめて退職の意思表示をさせたと認められる場合には、強迫（民96条）による取消が認められる（中略・筆者）。また、使用者が当該労働者につき客観的には解雇事由または懲戒解雇事由が存在しないのに、それがあるかのように労働者に誤信させて退職の意思表示をさせたという場合には、錯誤（民95条）や詐欺（民96条）が成立しうる（中略・筆者）。労働者が反省の意を強調するのみで退職の真意はもたず、使用者もその趣旨を知りつつ受領したという場合の退職願の意思表示は心裡留保（民93条）として無効とされる（中略・筆者）。（751～752頁）

(2)　退職願の撤回

退職願の場合、提出後に当該従業員がその撤回を申し出ることがあります。裁判例では、承諾（承認）者の社内における職務権限によって撤回を認めた例と認めなかった例がありますので就業規則等で承諾の手続きを明確にしておく必要があります。

菅野「労働法」より

労働者がこの依願退職における退職願を提出したのちにそれを撤回したり、意思表示の瑕疵を主張したりして、その効力を争う事件がしばしば生じる。このような事件については、裁判例は、合意解約の申込みとしての退職願は使用者の承諾（承認）の意思表示がなされるまでの間は撤回できるとしている。（749頁）

(3)　辞職（退職届）と退職願の違い

辞職（退職届）は、従業員が会社に対して辞職の意思表示を一方的に行うものであってそれが会社へ到達した時点で解約告知（民法627条）としての効力が生じるとされていますが、退職願は、従業員が会社に対して双方の合意により労働契約を解約したい旨の申込みを行うものであってその申込みを会社が承諾（承認）したときに合意の効力が生じる、とされています。

菅野「労働法」より

労働者の一方的解約としての辞職（退職）の意思表示は、合意解約の場合と異なり使用者に到達した時点で解約告知としての効力を生じ撤回しえない。ただし、意思表示の瑕疵による無効または取消（民93条～96条）の主張はなしうる。（751頁）

(4) 予告期間経過後は当然に契約解除

就業規則で「退職の申出は30日以上前に行わなければならない」と規定していても従業員がこの規定を守らず、例えば2週間前に退職届を提出することがあります。この場合、会社は30日に到達するまで退職を拒否できるのかという問題があります。

これについて、「民法627条の予告期間（2週間）は、使用者のためにはこれを延長できない」とした裁判例（高野メリヤス事件）があります。

菅野「労働法」より

期間の定めのない雇用契約においては、労働者は2週間の予告期間を置けば「いつでも」（すなわち、理由を要せず）契約を解約できる（民627条1項）。（750頁）

Ⅲ 裁判例

(1) 大隈鉄工所事件（最三小判昭62･9･18労判504号6頁）

退職願を承認決定権者が受理したことからその撤回を認めなかった例

労働者の退職願に対する承認は（中略）採用後の当該労働者の能

力、人物、実績等について掌握し得る立場にある人事部長に退職承認についての利害得失を判断させ、単独でこれを決定する権限を与えることとすることも、経験則上何ら不合理なことではない（中略）そして、A部長（人事部長・筆者）に被上告人の退職願に対する退職承認の決定権があるならば、原審の確定した前記事実関係のもとにおいては、A部長が被上告人の退職願を受理したことをもって本件雇用契約の解約申込に対する上告人の即時承諾の意思表示がされたものというべく、これによって本件雇用契約の合意解約が成立したものと解するのがむしろ当然である。」

⑵　山梨県民信用組合事件（最二小判平28・2・19労判1136号6頁）

退職金支給基準の大幅な不利益変更に異議なしとする労働者個々人の署名押印があったとしても、労働者の自由意思に基づいてされたと認めるに足りる合理的理由が客観的に存在するとはいえず、労働条件の変更に対する労働者の同意があると認めることはできないとして、不利益変更の効力を否定した例

⑶　山陽電気軌道事件（岡山地判平3・11・19労判613号70頁）

退職願の受理者が承認決定権者ではなかったことから撤回を認めた例

⑷　高野メリヤス事件（東京地判昭51・10・29労判264号35頁）

民法上の予告期間は使用者のためには延長できないとした例

関係法令等

① 民法90条（公序良俗）、93条（心裡留保）、94条（虚偽表示）、95条（錯誤）、96条（詐欺又は強迫）、627条（期間の定めのない雇用の解約の申入れ）、628条（やむをえない事由による雇用の解除）、629条（雇用の更新の推定等）

② 労基法19条（解雇制限）、20条（解雇の予告）

③ 労契法16条（解雇）

11-2

退職勧奨

Ⅰ　トラブル事例

広告代理店Ａ社。女性は結婚したら家庭に入るべきという考えを持っている社長のところへ、女性従業員Ｂが結婚の報告に行きました。それを機に社長は、「もう少し楽に仕事ができるように、別の仕事を探したらどうか。」などと暗に退職を勧奨しました。

Ｂは退職を拒否しましたが、社長はその後も上司らも加えて退職勧奨したほか、些細なことで他の従業員の前で叱責したり、プライベートな問題まで踏み込んだ発言をして退職勧奨を繰り返したため、Ｂはそれらに耐えかねてやむなく退職しました。

Ａ社では自己都合と会社都合とでは退職金の額に差がありましたが、Ａ社はＢの退職を自己都合退職として扱いました。Ｂは会社都合退職による退職金との差額と退職強要による慰謝料の支払いを求めて、労働局にあっせんを申請し、Ｂの主張がほぼ認められた内容で和解が成立しました。

Ⅱ　問題の所在

1　事実上、女性従業員Ｂの結婚を退職勧奨の理由としたこと。

2　退職勧奨の手段・方法も社会通念上相当といえない（他の従業員の前での叱責、プライバシー侵害に当たる発言）など、使用者としての地位を利用して実質的に退職を強要したこと。

3 従業員Bが一貫して就労継続の意思を表明しているにもかかわらず、執拗に退職勧奨を継続したこと。

4 退職勧奨であったにもかかわらず自己都合退職として退職金を支払ったこと。

Ⅲ 実務上の留意点

(1) 退職勧奨を行うルール

退職勧奨とは、使用者が労働者に対して行う合意解約の申込みまたは申込みの誘因をすることをいいます。この退職勧奨に対する意思の決定権は従業員にあり、労働者の自由な意思決定が妨げられるような行き過ぎた退職勧奨は、不法行為となり損害賠償の責任を負うことになります。それゆえ退職勧奨には限界があり、以下のような注意が必要です。

① 退職勧奨は解雇ではないこと、退職勧奨の諾否を決定する権限は被勧奨者にあることを十分に説明する。

② 拒否しているにもかかわらず頻繁にまたは長時間・長期間にわたって勧奨行為を行わない。

③ 勧奨時に被勧奨者の名誉や感情を害する発言や高圧的な態度をとらない。また、懲戒に該当する事由がないにもかかわらず、退職勧奨に応じなければ懲戒解雇処分になる可能性があるなどの虚偽の説明をしない。

④ 結婚や出産・育児、年齢を理由にするなど、法令や公序良俗に反するような発言をしない。

⑤ 多人数で勧奨するなど被勧奨者に威圧感を与えるような方法はとらない。また、社会通念上の許容限度を超えた強要をしない。

⑥　退職誘導を目的とした降格、配転、出向などの人事上の措置をしない。

菅野「労働法」より

不況時の人員削減策や、成績不良者への退職誘導として、労働者に対して合意解約ないし一方的解約（辞職）としての退職を勧奨する場合には、その任意の意思を尊重する態様で行うことを要する。その場合、退職金の優遇は任意性の１つの有力な徴憑となろう。（中略・筆者）

使用者による退職勧奨・退職誘導行為が適法か違法（不法行為）かについては、2011年の東京地裁判決（日本アイ・ビー・エム事件・筆者注）において、労働者が自発的な退職意思を形成するために社会通念上相当と認められる程度を超えて、当該労働者に対して不当な心理的威迫を加えたりその名誉感情を不当に害する言辞を用いたりする退職勧奨は不法行為となる、との一般的判断基準が立てられ、これが以後の裁判例において用いられている。（752頁）

(2)　合意内容の記録と保管

合意解約が成立した場合は、後日合意内容の不履行、撤回などに関するトラブルが起きないよう、合意文書を残すことが大切です。

合意文書には、退職勧奨による労働契約の合意解約の事実、成立年月日、合意内容、退職年月日などを記載します。

(3)　退職勧奨拒否を理由とする不利益取扱い

退職勧奨を拒否した従業員に対して、苦痛な仕事への業務命令や何も仕事を与えない、対象従業員を職場内で孤立させるなどのいやがらせ行為、通勤不可能な職場への配置転換、懲戒事由が存在しないにもかかわらず懲戒処分として降格（降給）を行うなどの報復的な人事は退職に追いやる意図を持って行われた不法行為とみなされ、損害賠償責任を問われることがあります。

菅野「労働法」より

退職勧奨は解雇ではないから、人員整理目的であっても、整理解雇の４要素を満たす必要はない。他方、社会的相当性を逸脱した態様での半強制的ないし執拗な退職勧奨行為は不法行為を構成し、当該労働者に対する損害賠償責任を生ぜしめうる。（中略・筆者）

近年、企業による執拗な退職勧奨・退職強要や、人事異動や日常的態度による退職誘導のいじめ・嫌がらせなどを受けた労働者が、これを不法行為と主張し、企業（および実行者）の損害賠償責任を追及する訴訟が相当数提起され、退職勧奨・退職誘導行為の限界いかんが実務的な問題となっている。（752 頁）

裁判例

(1) 日本 IBM 退職勧奨事件（東京地判平 23·12·28 労経速 2133 号３頁）

会社が行った退職勧奨に違法性があるとは認められないとした例

「労働者の自発的な退職意思を形成する本来の目的実現のために社会通念上相当と認められる限度を超えて、当該労働者に対して不当な心理的圧力を加えたり、又は、その名誉感情を不当に害するような言辞を用いたりすることによって、その自由な退職意思の形成を妨げるに足りる不当な行為ないし言動をすることは許されず、そのようなことがされた退職勧奨行為は不法行為を構成する。（他方）

退職勧奨対象社員が消極的な意思を表明した場合でも（中略）具体的かつ丁寧に説明又は説得活動をし、また、真摯に検討してもらえたのかどうかのやり取りや意向聴取をし、退職勧奨に応ずるか否かにつき再検討を求めたり、翻意を促したりすることは、社会通念上相当と認められる範囲を逸脱した態様でなされたものでない限り、当然に許容されるものと解するのが相当であり、たとえ、その過程において（中略）当該社員が衝撃を受けたり、不快感や苛立ち等を感じたりして精神的に平静でいられないことがあったとしても、それをもって、直ちに違法となるものではない。」

⑵　下関商業高校事件（広島高判昭52･1･24労判345号22頁）

退職勧奨の回数、その態様や発言などすべての事情を総合して考えると、本件退職勧奨によりその精神的自由を侵害され、また、耐えうる限度を超えて名誉感情を傷つけられ、さらには家庭生活を乱されるなど、相当な精神的苦痛を受けたと容易に推認しうるとして損害賠償請求を認めた例（最高裁も「原審認定に誤りはない」とした）

⑶　リコー退職勧奨拒否事件（東京地判平25･11･12労判1085号19頁）

退職勧奨を断った従業員に対する子会社への出向命令につき、同出向命令が、退職勧奨の対象者を選ぶためのものであり、人選の合理性を認めることもできないため、無効とした例

⑷　学校法人須磨学園事件（神戸地判平28-5-26労判1142号22頁）

一連の退職勧奨行為は、業務上の必要性が認められないうえ、社会通念上相当と認められる範囲を超え、労働者の自由な意思

形成を不当に妨げるような態様でされ、原告を自主退職に追い込むという不当な動機・目的の下に行われたものとして違法、無効とし、損害賠償等の支払いを命じた例。

関係法令等

① 民法90条（公序良俗)、93条（心裡留保)、94条（虚偽表示)、95条（錯誤)、96条（詐欺又は強迫)、415条（債務不履行による損害賠償)、709条（不法行為による損害賠償)、715条（使用者等責任）

② 労契法9条（就業規則による労働契約の内容の変更)、15条（懲戒）

③ 均等法6条（性別を理由とする差別の禁止）

④ 高年法8条（定年を定める場合の年齢)、9条（高年齢者雇用確保措置）

⑤ 職場のいじめ・嫌がらせ問題に関する円卓会議ワーキンググループ報告（平24・1・30厚労省労基局）

11-3

定年制

トラブル事例

市の委託をうけて一般廃棄物の収集運搬業務を行うＡ社は、「定年60歳。ただし、希望者は65歳まで１年更新の契約社員として再雇用するが賃金は60歳到達時額の７割」という制度になっていました。

この度、60歳定年を迎える従業員Ｂに面談を実施し、定年後再雇用の希望の確認と、再雇用後の労働条件についての説明をしたところ、Ｂは「労働時間、仕事内容は変わらないのに、賃金が３割も減額されるのは納得できない」として同意せず、話合いは併行に終りました。

社長は、会員登録している商工会議所で社労士の相談会を実施していることを聞き、相談したところ、「定年後再雇用により契約社員になったことだけを理由に賃金を３割カットするのは難しい」と言われ、大変な衝撃を受けました。高年法、労契法、短時間・有期雇用労働者法等の説明を受けて帰った社長は、検討した結果、定年後再雇用する従業員については、主ドライバーではなく助手兼補助ドライバーに職種変更し、賃金は同社の助手の賃金を参考に、１～２割以内の減額で収まるように調整することで、Ｂの同意を得ることができました。

II 問題の所在

1 定年後の再雇用者は、賃金を削減できると思っていたこと。

2 定年後の継続雇用に関する各種法令についての知識がなかったこと。

III 実務上の留意点

(1) 定年制の有効性

定年制については、労働能力に関係なく年齢のみを理由に労働契約を終了させるもので合理性がなく効力がないとする見解もあります。

この点について菅野「労働法」では、「(定年制とは) 労働契約の終了事由に関する特殊の定め（約定）と解するほかない。」(755頁) とした上で「近年、企業における年功的処遇は（中略・筆者）相当に修正されてきたが、それでも（中略・筆者）なお労働者にとってメリットを伴う制度として法的に有効といえる」(756頁) としています。

菅野「労働法」より

定年は、労働者にとって、定年到達時における雇用の喪失という不利益のみならず、定年までの雇用保障や勤続年数に沿った処遇等の大きな利益も伴ってきた。したがって、長期雇用システムにおける雇用保障機能と年功的処遇機能が基本的に維持されているかぎり、定年制度はそれなりの合理性を有するのであって、公序良俗違反にはあたらない（756頁）。

⑵　継続雇用後の賃金

定年後の継続雇用者の賃金については、高年法に基づく指針（※1）の趣旨に留意することが求められています。

裁判例（※2）でも、勤務時間が短くなることを理由として時給を定年時の 25％とした事案では、合理性が認められず、高年法の再雇用義務の趣旨に反するとして慰謝料（不法行為）請求を認めています。

※1　高年齢者雇用確保措置の実施及び運用に関する指針（平 24　厚労告 560 号）

※2　九州総菜事件（福岡高判平 29・9・7 労判 1167 号 49 頁）

菅野「労働法」より

（指針によれば）継続雇用制度においては、継続雇用後の賃金は、継続雇用される高年齢者の就業の実態、生活の安定等を考慮し、適切なものとなるよう努めること（中略・筆者）なども示されている（759 頁）。

⑶　不合理な労働条件および差別的取扱いの禁止

定年後の継続雇用者については、1 年毎の期間契約とするなどの期間の定めをする契約が少なくありません。これについては、労契法 20 条の趣旨を引き継いだ短時間・有期雇用労働者法（*）においても、期間の定めがあることを理由として不合理な労働条件設定及び差別的取扱いをしてはならないとされています。

*　大企業は 2020-4-1、中小企業は 2021-4-1 施行。

菅野「労働法」より

働き方改革関連法によって改正された短時間・有期雇用労働者法

は、新たな均衡待遇（「不合理な待遇の禁止」）規定として、事業主は、その雇用する短時間・有期雇用労働者の基本給、賞与その他の待遇のそれぞれについて、当該待遇に対応する通常の労働者の待遇との間において、（中略・筆者）不合理と認められる相違を設けてはならない、と規定した（8条）。

また、同法は、均等待遇（「差別的取扱いの禁止」）規程として、「事業主は（中略・筆者）（「通常の労働者と同視すべき短時間・有期雇用労働者」）については、短時間・有期雇用労働者であることを理由として、基本給、賞与その他の待遇のそれぞれについて、差別的取扱いをしてはならない」と規定した（9条）。（361頁）

⑷　定年後の雇用延長・再雇用の成否

定年後の継続雇用については、継続のための基準や手続きを明確にしておくことも重要です。

菅野「労働法」より

近年の定年後の再雇用は、就業規則等で欠格事由を列挙し、これに該当しない定年到達者を契約書作成などの手続を踏んで嘱託等として再雇用する取扱いが多くなった。

このような再雇用制度においては、（中略・筆者）欠格事由への該当性が客観的に認められず、かつ再雇用後の賃金・労働条件が特定できる場合には、黙示の合意が成立したものと認められている。（中略・筆者）

他方、事業主の拒否理由は容認できないが、再雇用後の賃金額について合意が成立していないとみざるをえない場合には、再雇用契約の成立は認められない。（759～760頁）

(5)　70 歳までの就業機会確保が努力義務に

高年齢者雇用安定法および関連６法の改正により、65 歳から 70 歳までの就業確保措置（定年引上げまたは廃止、継続雇用制度、労使合意による雇用以外の措置のいずれかの導入）が、努力義務とされています（令和３年４月施行）。全世代型社会保障改革の一環として、働く意欲のある人は支え手に回ってもらうとの考え方で、今後は随時、指針等も提示される予定です。

裁判例

(1)　津田電気計器事件（最一小判平 24·11·29 労判 1064 号 13 頁）

60 歳定年後、１年間嘱託雇用したＸに対し、高年法改正による新基準を理由としてＹが更新拒否したことにつき、Ｘには、労使協定による継続雇用基準を満たしていて契約更新の期待には合理的な理由があり、一方、Ｙ社においてＸの雇用を終了する特段の事情もうかがわれず、更新拒否は客観的合理的理由を欠き、社会通念上相当と認められないとした例

(2)　Ｘ運輸事件（大阪高判平 22·９·14 労経速 2091 号７頁）

定年再雇用後の賃金が 54.6％まで下がったことにつき、賃金体系が異なるため、公序良俗違反とは言えないとした例

(3)　九州総菜事件（福岡高判平 29·９·７労判 1167 号 49 頁）

定年後は勤務時間が短くなることを理由に、定年時時給に比し 75％も低い嘱託再雇用契約を提示したことは合理的理由が認められず、高年法の趣旨に反するとして不法行為に基づく損害賠償（慰謝料）請求が認められた例

関係法令等

① 高年齢者雇用安定法

② 平24厚労告560号（高年齢者雇用確保措置の実施及び運用に関する指針）

③ 職安則4条（職安法4条に関する事項）

④ 短時間・有期雇用労働者法

⑤ 70歳までの就業機会確保中途採用・経験者採用の促進多様で柔軟な働き方の拡大（未来投資会議レポート）

コラム⑧　労働基準監督署による是正勧告

日本国憲法 27 条 2 項は、「賃金、就業時間、休息その他の勤労条件に関する基準は、法律でこれを定める」としており、これを受けて、労働基準法（以下、「労基法」といいます。）をはじめとする労働関係法令が制定されています。そして、国は、これらの労働関係法令による規制の実効性を確保するため、専門的行政機関による行政監督を行っており、この機能を担うための機関として、労基法は、厚生労働省に労働基準主管局、各都道府県に都道府県労働局、各都道府県管内に労働基準監督署を置いています（同法 97 条 1 項）。

このうち、労働基準監督署は、各地域における労働監督行政の第一線を担う機関です。ここでは、この労働基準監督署に配置される労働基準監督官による改善指導や是正勧告について解説します。

まず、労働基準監督官による是正勧告は、労働基準監督官が行う「臨検（監督）」と呼ばれる立入調査等により、事業場に法令違反の事実が確認された場合になされ、これがなされると事業主には是正勧告書が作成・交付されます。他方、改善指導は、法令違反の事実は確認できないものの、改善することが望ましいとされる場合になされ、事業主には指導票が作成・交付されます。いずれがなされた場合にも、指摘された事項の改善・是正状況について報告を求められるのが通常です。

これらの改善指導・是正勧告は、いずれも行政処分ではなく、法的な強制力をもたない行政指導であるとされています。そうすると、これらに従うかどうかは事業主に委ねられ、改善・是正しなくても問題はないとも考えられそうです。

しかしながら、是正勧告がなされた場合には、実際に法令違反が確認されていることは事実ですし、労働基準監督官は、労働関係法令違反等の罪に関して、司法警察員としての職務権限を有しています。つまり、事業主が、罰則が定められている労働関係法令違反の状態を是正しない場合や、悪質性が高いと判断された場合には、労働基準監督官は、当該事件を検察官に送致することができるということです（送検）。このように送検手続が採られた場合には、最終的に、各法令に規定されている罰則が適用されるおそれがあります。

これに対し、単に改善指導がなされたにすぎない場合には、法令違反が確認されているわけではないので送検手続がとられることはありませんが、改善状況の報告を怠っていると、適切な改善がなされているかどうかを確認するために、再度調査がなされる可能性があります（再監督）。

したがって、実務上は、改善指導・是正勧告が、法的強制力のない行政指導だとはいえ、従わざるを得ないというのが現実です。

さて、労働基準監督官による改善指導・是正勧告がなされた場合、事業場としては、指摘された事項について、定められた期限までに改善・是正し、その旨を報告しなければなりません。まずは指摘された事項をしっかりと把握し、改善や是正に必要な対策について十分に検討しましょう。

そして、実際に改善や是正を行った場合には、その状況を報告するために是正報告書を作成します。定められた期限までに是正や改善が完了していない場合でも、途中経過や完了しない理由を説明する報告書を作成した方がよいでしょう。定められた期限までに改善や是正ができなくても直ちに罪になるわけではありませんし、合理的な理由であれば期限の延長に応じてくれる可能性もあります。

なお、実際には指摘された事項を改善・是正していないにもかかわらず、改善・是正したように虚偽の報告を行った場合、30万円以下の罰金が科せられるおそれがあります（労基法 120 条 5 号）。

　いずれにしろ、労働基準監督官による改善指導・是正勧告がなされる場合には、労働基準監督官が当該事業場について何らかの問題があるとみていることは間違いありません。したがって、事業主としては、早急に専門家である弁護士や社会保険労務士に相談のうえ、対応を検討した方がよいでしょう。

第12章
合同労組、コミュニティ・ユニオン

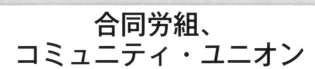

12

合同労組、コミュニティ・ユニオン

Ⅰ トラブル事例

入社５か月目の従業員Ａが３日間連続で欠勤し、その 10 日後にも２日間連続欠勤したため本人に事情を確認したところ、自分では克服したと思っていた対人恐怖症が最近またぶり返しているとのことでした。会社は、慎重を期して就業規則に基づき３か月の休職を命じましたが、３か月後に復職しなかったため就業規則により普通解雇しました。

ところがその２か月後にＢ合同労組の名で突然、会社にファックス（＊）が入りました。これに対し会社は「Ａに関しては会社が被害者であり、また見ず知らずの部外者と交渉に応じる必要はない」として無視しました。その後も２回、労組から社長宛に電話がありましたが無視していたところ、Ｂ合同労組は、会社最寄駅と会社周辺で会社を非難するビラを配布しました。会社は警察署に連絡しましたが「事件となっていない段階では警察としては動けない」と言われたため知り合いの社長から社労士を紹介してもらいました。

その後は社労士の助言に従い、社労士も出席して団体交渉に応じ、社労士による労組との事務的折衝も経て、最終的にはＡに対し若干の見舞金を払うことで決着しました。

＊　①Ｂ合同労組は労組法上の合法的労組であること、②ＡがＢ合労組の組合員になったこと、③Ａの退職に関して問題があるので団体交

渉を行いたいこと、④団体交渉拒否は労組法違反（不当労働行為）になること、⑤今後の窓口は労組なのでAと交渉してはならないこと、⑥団体交渉日時調整のため１週間以内に労組宛てに連絡いただきたいこと。

II 問題の所在

1 合同労組に関する知識が一切なく「外部の無法者」程度にしか思わなかったこと。

2 合同労組に関する知識を有していなかったにもかかわらず何の調査もせず、またどこにも相談することなく放置していたこと。

III 実務上の留意点

(1) 合同労組とは

合同労組（コミュニティ・ユニオンと称する場合もある）は、推定で全国に100以上（＊）はあると思われ、コミュニティ・ユニオン全国ネットワークという全国的組織（ホームページでは、全国70地域で約２万人が参加しているとしています）に加わっている労組もあります。数の多さに加えて、労組自身によるインターネットでの広報活動によって社会的周知も広がっています。

その存在や行動にはさまざまな意見がありますが、ごく一部を除いては労組法上の合法的労組となっています。主張や行動様式も基本的に関係法の範囲内で行われるため団体交渉（団交）の申入れ等があった場合は速やかな対応が必要です。特に、会社としては自らの主張や措置に誤りはないとしている場合ほど速やかに対応すべきです。無視や放置はトラブルが拡大する最も稚拙な対応となってしまいます。

＊　合同労組とは別組織ですが、ほぼ同様の行動をする組織として、連合、全労連などのナショナルセンター系の地域労組もあります。連合系の地域労組は全国コミュニティユニオン連合会（略称、全国ユニオン）という組織をつくり約1万人が加盟しているとしています。

菅野「労働法」より

合同労組とは、中小企業労働者を組織対象とし、企業の内部ではなく一定地域を団結の場として組織された労働組合であり、個人加盟の一般労組を純粋型とするものと把握できよう。（中略・筆者）

また、近年は、地域労働運動の新しい担い手として、中小企業のパートタイム労働者等が個人加入する小規模な地域一般労組が増加しており、コミュニティ・ユニオンと称されている。これらも、個別労働紛争を抱えて駆け込み加入した労働者のために、組合が使用者との交渉によって紛争の解決を図ることを主要な活動としている（中略・筆者）。（824頁）

⑵　合同労組の特徴

合同労組の特徴の1つは、ポリシーもそれに基づく行動様式も労組ごとに異なっていることです。（ただし、連合や全労連などのいわゆるナショナルセンターに加盟する大・中堅企業の労組に対しては「反」または「非」の立場を取る点では一致しています）

行動様式に関しては、団交（話合い）を重視する労組、街頭でのビラ配布や宣伝行動などを重視する労組、早期に労働委員会や裁判所（労働審判）などの第三者機関へ移譲する労組、また、トラブルの対象者に関しては、主に管理職を対象にする労組、主にパートタイム労働者または主に女性労働者あるいは主に外国人労働者に限定して関与する労組などがあります。

多くの合同労組は、自らの影響力の誇示や拡大を意図してインターネット上でホームページを開設しています。それにより当該労組の特徴を把握することができます。

菅野「労働法」より

近年には、管理職者、パートタイム労働者、派遣労働者など、企業別労組に組織されにくい労働者を一定地域で企業をこえて組織する、コミュニティ・ユニオンと称される組合も生成している。その他、一定地域の一定産業・職業に従事する労働者が企業の枠をこえて組織する組合も存在してきた。これら地域労組の多くは、個々の労働者の解雇その他の雇用関係上の問題を個々の企業との交渉によって解決することを試みるものであり、駆け込み寺的機能（代理機能）を果たすことに特徴がある。(824頁)

(3) 合同労組の一般的行動パターン

合同労組の行動については、一般的には次のような流れに従って行われています。

① 依頼者の相談にのる（依頼者が労組へ駆け込むことが多い）

② 依頼を受託する（この段階で会社に関する諸情報を把握する）

③ 労組としての方針検討（必要に応じて労組の顧問弁護士も入れて防衛または獲得すべき法律的権利を整理する）

④ 会社へ団交を申し込む（ファックスが多いが直接会社へ訪ねてくることもある）

⑤ 団交（依頼者である従業員を含む組合が多い。団交を会社が拒否した場合は、都道府県労働委員会へ不当労働行為を申し立

て る。都道府県労働委員会の命令・決定に不服の場合は中央労
働委員会へ申し立てる）

⑥ 街頭行動（団交で決着しない場合または労組側からみて交渉
が進展しない場合に行う。労基署等の行政機関や会社が関係し
ている金融機関へ働きかける場合もある）

⑦ 団交再開（街頭行動後の団交では、決着条件を当初団交時よ
り会社にとってより厳しい内容にすることが多い。この段階で
も決着しない場合は労働審判申立または提訴）

⑧ 決着（団交での合意、和解（＊）、命令（労働委員会）、調
停・審判（労働審判）、判決（裁判））

⑨ 協定書締結

＊ 和解とは、「当事者が互いに譲歩してその間に存する争いをやめること
を約することによって、その効力を生ずる」（民法95条）ことで、労
使交渉等の非法的手続の中で行われるほか、裁判等の法的手続の中で
も行われる解決方法。お互いの譲歩が前提となるなどのデメリットが
ありますが、経費・時間等の負担回避や双方の主張を盛り込んだ終局
的解決となるというメリットがあります。

📖 菅野「労働法」より ・・・・・・・・・・・・・・・・・・・・・・・・・・・・・
　合同労組やコミュニティ・ユニオンは、企業別組合を組織しにく
い中小企業における労働者の労働条件の維持・向上や、企業別組合
が担いがたい個別労働紛争の解決などの機能を果たすことによっ
て、企業別組合による労使関係システムを補完しているといえる。
（825頁）
・・

(4) 合同労組への対応
　会社としては労組からの団交申入れそのものに納得できないとい

う場合がありますが、通常、労組は労組法に則って行動しています。したがって原則として、団交申入れには対応していくことになります（＊）。団交を「正当な理由がなくて拒むこと」は労組法7条に定める不当労働行為とされ以後の経過において会社が不利な立場におかれます。

＊　合同労組による団交申入れは、憲法28条（勤労者の団結権）および労組法6条（交渉権限）の行使とされています。

労組が団交事項として指摘した内容や行為に対して、会社としては「納得できない」「違法、不法はない」という場合は、団交を拒否せず、団交の場で堂々と正当性を主張すべきです。

① 多くの合同労組は、自らの影響力の誇示や組合員拡大を意図してインターネット上でホームページを開設しています。それらも利用してまずは、その労組の特徴を把握することが必要です。

② 前記したように、合同労組が団交を申込むに当たっては会社の各種情報を事前に入手していることが少なくありません。虚偽や場当たり的な対応は後に、会社が不利になることがあります。

③ 団交開催日時と会場は、会社の事情により、労組の指定以外への変更を求めることもできます。ただし、開催日を無理に延期すると「時間があったので会社も十分検討されたことでしょうから」と労組側に有利な状況がつくられることになります。

④ 会社側の団交出席者には原則として当該事案に関して決定権限を有する者を含む必要があります。決定権限を有しない者のみが出席した場合、いわゆる不誠実団交とみなされ不当労働行為になる可能性があります。

⑤ 団交では、会社として言うべきことは堂々と主張し、必要に応じてその根拠も提示します。その場合、感情論や違法発言が

ないよう注意しなければなりません。労組は「交渉のプロ」であることを忘れないことです。

⑥　多くの労組では、事前に通告しておけば団交に社労士等が同席することは否定しません。ただし同席する社労士等は、不当労働行為にならないよう注意し、団交に係る代理権は有していないことを前提にしなければなりません。

⑦　労組が受け入れる場合は、団交とは別に社労士等による事務的折衝を行うとお互いの本音がわかり合え、早期決着につながる場合があります。

⑧　団交で決着しない場合は、労組は都道府県労働委員会や労働審判へ申し立てたり提訴したりすることがあります。それにより決着までにさらに時間を要することになり、会社としては弁護士の用意もしなければなりません。それらの時間や経費を考えたとき、一般的には団交段階での決着が望ましいといえます。ちなみに労組側も団交段階での決着を望んでいるケースが一般的です。

(5)　在職者の合同労組加入

在職従業員が合同労組へ加入することがあります。その従業員に対して不利益取扱い（*）を行うと労組法７条（不当労働行為）違反となり、合同労組は労働委員会へ救済申立てを行うのが一般的です。

労働委員会は、使用者を含めたすべての関係者に対して出頭、報告等の強制権限を有しているため、救済申立てが行われると会社としては様々な負担を強いられることになります。

なお、不当労働行為の行為者とみなされる使用者については、社長（事業主）のみではなく、当該従業員の上司や管理者も「使用者の意を受けた者」としてみなされる場合があります。そのことも含め当該従業員に対する不利益取扱いは厳に慎む必要があります。

＊　解雇、退職願の強要、休職命令、懲戒、不利益配転、転籍、賃金・賞与の差別、昇進昇格差別など。

関係法令等

① 労組法２条（労働組合）、６条（交渉権限）、７条（不当労働行為）、８条（損害賠償）

② 労働審判法１条（目的）、５条（労働審判手続の申立て）

■監修者略歴

高倉　光俊（たかくら みつとし） 弁護士（南埼玉法律事務所代表弁護士）

埼玉弁護士会所属。1981年埼玉県出身。中央大学法学部、明治大学専門職大学院法務研究科（法科大学院）卒業後、2007年司法試験合格。翌年埼玉弁護士会に登録し、埼玉県内の法律事務所に勤務した後、2011年に南埼玉法律事務所を開設。「地域に根ざした法律事務所」として、中小企業の法律顧問や、労働事件、相続事件等を扱っているほか、社会保険労務士会、法人会や企業等におけるセミナー、調停委員の自主的な勉強会における講師など、講演や研修講師も行っている。近著に「弁護士が独立を思い立ったら最初に読む本」（日本法令）、執筆に「ビジネスガイド」（同社）他

■コラム執筆者略歴

清水　宏（しみず ひろし） 弁護士（埼玉弁護士会所属）

明治大学法科大学院卒業。2016年司法修習終了・同年弁護士登録。南埼玉法律事務所に入所。労働問題，交通事故，相続，債務整理，刑事事件など，幅広い法律問題を取り扱うとともに，中小企業の顧問弁護士として，法律相談，契約書作成，訴訟対応など，企業活動全般のリーガルサポートも行っている

■著者略歴　（五十音順）

伊藤　光博（いとう みつひろ） 社会保険労務士

1999年社会保険労務士開業。20歳代で労組役員として人事制度改定やリストラ処理を経験した際の実績を活かし、中小企業の労務トラブルの防止策や就業規則等諸規程の整備を得意分野として活動。執筆に「ビジネスガイド」（日本法令）ほか

内山　　泉（うちやま いずみ） 社会保険労務士

2012年社会保険労務士開業。大学病院でのクラーク業務、外資系食品メーカーでの人事総務業務を経験した後、税理士事務所勤務を経て開業。大学病院での勤務経験を活かし医療機関を中心に採用や労務相談、人材定着のための働きやすい環境作りのコンサルティングを行う。執筆に「ビジネスガイド」（日本法令）

江口　麻紀（えぐち まき） 特定社会保険労務士

2003年社会保険労務士開業。2006年特定社会保険労務士付記。30年近い実務経験を生かし労務管理・労働問題を中心としたコンサルティングを展開。執筆に「中小建設業の労務管理と経営改善」（日本法令 共著）、「ビジネスガイド」（日本法令）ほか。エル労務マネジメント合同会社代表社員

太田　　彰（おおた あきら） 特定社会保険労務士

1996年社会保険労務士開業。2006年特定社会保険労務士付記。労務問題では複数の弁護士事務所と連携。執筆に「中小企業のための建設業就業規則（CD）」「中小規模建設業における日給制から月給制への移行の手順と方法（DVD）」「中小建設業の労務管理と経営改善」（共著）「ビジネスガイド」「ＳＲ」（いずれも日本法令）他

岡村　ひろこ（おかむら ひろこ） 社会保険労務士

大手電機メーカー等での勤務を経て、2016年社会保険労務士開業。産業カウンセラー、メンタルヘルス法務主任者の知見も活かし、頑張る人がのびのびと頑張れる職場環境に向けたコンサルティングに取り組む。執筆に「ビジネスガイド」「ＳＲ」（いずれも日本法令）

河原　　正（かわはら ただし） 特定社会保険労務士

2003年社会保険労務士開業。2011年特定社会保険労務士付記。企業で人事総務を担当した後、給与計算アウトソーシング会社２社を経て開業。河原給与計算センター合同会社代表社員。執筆に「ビジネスガイド」（日本法令）

高山　秀夫（たかやま ひでお） 特定社会保険労務士

東京消防庁の勤務を経て、2009年社会保険労務士開業。2006年特定社会保険労務士付記。新都心労務相談センター代表。中小企業における労務環境の向上のために各種助成金を活用して労務コンサルティングを行っている。共著に「労働基準法と労務トラブルQ&A」（同文館出版）執筆に「ビジネスガイド」（日本法令）

増田　文香（ますだ あやか） 特定社会保険労務士

2002年社会保険労務士開業。2007年特定社会保険労務士付記。経営コンサルティング会社勤務を経て開業。労務トラブルの未然防止を目的とした労務管理コンサルティングを実施。執筆に「中小建設業の労務管理と経営改善」（日本法令　共著）、「wordでつくる　三六協定届」「ビジネスガイド」（いずれも日本法令）ほか

米山　正樹（よねやま まさき） 特定社会保険労務士

2002年社会保険労務士開業。2008年特定社会保険労務士付記。企業で管理職と労働組合役員を経験後、人事コンサルティング会社を経て独立。「会社と従業員の元気のトータルサポート」を標榜して中小企業のコンサルティングに取り組む。㈱プラスワン・コンサルティング代表取締役。執筆に「ビジネスガイド」（日本法令）他

3訂版
労務トラブル予防・解決に活かす
"菅野「労働法」"

平成25年4月20日　初版発行
令和2年11月20日　3訂初版

検印省略

日本法令®

〒101-0032
東京都千代田区岩本町1丁目2番19号
https://www.horei.co.jp/

監　修　高　倉　光　俊
著　者　労使関係実務研究会
発行者　青　木　健　次
編集者　岩　倉　春　光
印刷所　日本ハイコム
製本所　国　宝　社

（営　業）　TEL　03-6858-6967　　Eメール　syuppan@horei.co.jp
（通　販）　TEL　03-6858-6966　　Eメール　book.order@horei.co.jp
（編　集）　FAX　03-6858-6957　　Eメール　tankoubon@horei.co.jp

（バーチャルショップ）　https://www.horei.co.jp/iec
（お詫びと訂正）　https://www.horei.co.jp/book/owabi.shtml
（書籍の追加情報）　https://www.horei.co.jp/book/osirasebook.shtml

※万一、本書の内容に誤記等が判明した場合には、上記「お詫びと訂正」に最新情報を掲載しております。ホームページに掲載されていない内容につきましては、FAXまたはEメールで編集までお問い合わせください。

ISBN 978-4-539-72791-1